U0666343

本书得到 2016 年度教育部人文社会科学研究规划基金一般项目"MOOC 平台与混合式学习环境下的口译人才培养模式创新研究"(项目编号：16YJAZH062）的资助。

混合式学习下

应用型口译人才培养
模式研究

吴 静 张 薇 著

中国出版集团

研究出版社

图书在版编目（CIP）数据

混合式学习下应用型口译人才培养模式研究/吴静，
张薇著. -- 北京：研究出版社，2022.12
  ISBN 978-7-5199-1259-8

  Ⅰ．①混… Ⅱ．①吴… ②张… Ⅲ．①地方高校－口
译－人才培养－研究 Ⅳ．①H059

  中国版本图书馆 CIP 数据核字(2022)第 112553 号

出 品 人：赵卜慧
出版统筹：张高里　丁　波
责任编辑：陈侠仁

混合式学习下应用型口译人才培养模式研究
HUNHESHI XUEXIXIA YINGYONGXING KOUYIRENCAI PEIYANG MOSHI YANJIU

吴静　张薇　著

研究出版社 出版发行

（100006　北京市东城区灯市口大街 100 号华腾商务楼）

北京建宏印刷有限公司　新华书店经销

2022 年 12 月第 1 版　2023 年 1 月第 1 次印刷

开本：710 毫米×1000 毫米　1/16　印张：15

字数：252 千字

ISBN 978-7-5199-1259-8 定价：79.80 元

电话（010）64217619　64217612（发行部）

版权所有·侵权必究

凡购买本社图书，如有印制质量问题，我社负责调换。

前　言

　　信息技术和移动互联网的飞速发展使学生的学习方式发生改变，加之2020年初突发的新冠肺炎疫情，倒逼教育界不得不变革教学方式。混合式学习模式由于集合了线下课堂面授与在线学习的优势，教学方式灵活，已成为应对和保障危机时期教育教学工作的重要方式。至此，学校的管理、教师的教学以及学生的学习方式都发生了变化。

　　针对长江经济带对翻译人才的市场需求，直面地方高校翻译人才培养过程中存在的供需不平衡、翻译人才培养质量不高等突出问题，本书依托湖南理工学院的办学特色和优势特色，以本校英语、商务英语专业学生为主要教育教学对象，转变教育思想观念，基于MOOC平台，将信息技术融入课堂教学的教学方法，变革终结性评价方式为过程性评价方式，采用校、企、地联合实践的方式，提出了"基于校本特色、服务地方经济"的地方高校应用型翻译人才培养理念。在梳理了国内外关于混合式学习以及口译人才培养模式的相关文献和理论基础上，设计了基于MOOC平台与混合式学习的地方高校应用型口译人才培养模式，经过近10年的多轮实验，取得了一系列成果与经验。

　　本书的研究工作得到2016年度教育部人文社会科学研究规划基金一般项目"MOOC平台与混合式学习环境下的口译人才培养模式创新研究"（项目编号：16YJAZH062）的资助。本书的第2章"2.1混合式学习的起源与发展"与第3章的"3.1口译"部分由湘南学院外国语学院的张薇副教授执笔。

　　"互联网＋"教育时代，尤其是新冠疫肺炎情防控常态化以来，混合式学习以其灵活的教学方式被广泛应用到各级教育教学中，但是基于MOOC平台与混合式学习的教学效果还需要时间的验证。本书的研究工作可以为我国信息化教学和混合式学习的教学改革工作提供参考，也可以为地方高校应用型口译人才培养提供借鉴。由于混合式学习是新出现的教学形式，在实施的过程中不可控的因素较多，再加上本人有限的研究能力，书中不当之处在所难免，敬请各位专家读者批评指正。

吴　静

2022 年 5 月 12 日于岳阳南湖

CONTENTS
■ 目 录

第 1 章 绪 论

1.1 研究背景

岳阳市既是湖南省唯一的国际贸易口岸城市，也是湖南省融入长江经济带，对接国家"一带一路"倡议的"桥头堡"。经济全球化、科技一体化、文化多元化、教育信息化技术的飞速发展，使得英语专业人才培养理念与目标发生变化。无论是石油化工行业的技术引进和输出、产品进出口和海外基地建设，还是国际物流行业的运作和服务推介，均需大批合格的专业性翻译人才。此外，岳阳市也是湖湘文化，乃至中国文化的重镇。其中，屈原文化和岳阳楼文化及其相关产业的传播与推进同样急需高层次翻译人才。然而，目前该市的翻译人才培养并不能满足地方经济的发展：翻译行业良莠不齐，翻译水准不尽如人意，且各行业对职业化、专业化、应用型中高端翻译人才求贤若渴；翻译专业毕业生就业领域单一，专业对口性不尽如人意，难以胜任相关翻译任务；地方高校的翻译师资力量相对较弱，生源质量低于重点高校，翻译人才培养面临诸多问题与挑战。

此外，信息技术的快速发展促使传统课堂的面授教学方法与实践方式进行变革，包括教、学、测及实践教学的全面变革。电子学习、在线学习、移动学习等不受时间、空间约束的教与学的方式竞相涌现，线上线下教学呈现混合与融合的趋势。在过去 20 余年间，国内外有关混合式学习的探索与研究取得了长足发展，不论是研究者、教学实践者，还是政府和教育机构，在此问题上已基本达成共识，混合式学习势必成为未来教育的"新常态"（冯晓英等，2018）。2020 年春季新冠肺炎疫情暴发后，信息化教学成为主要教学方式。2021 年疫情防控常态化后，混合式学习（Blended Learning）模式由于集合了线下课堂面授与在线学习的优势，教学方式灵活，已成为应对和保障危机时期教育教学工作的重要方式。

综上所述，在信息化和疫情防控常态化的时代，变革教学理念和方式、方法，将信息技术融入口译人才培养，提升口译人才培养质量，服务地方经济，已成为教育者必须思考的问题。

根据《普通高等学校本科专业类教学质量国家标准（外国语言文学类）（2018 版）》和《普通高等学校本科外国语言文学类专业教学指南（2020 版）》的要求，以及响应教育部的号召，地方高校应着力培养服务地方经济发展的应用型人才。因此，湖南理工学院以服务地方经济发展为导向培养应用型口译人才。近 10 年来，本院对口译人才培养模式不断进行改革与创新，随着课堂教学信息化技术的不断提升，信息技术不断融入口译课程的教、学、测以及实践教学等方面。本书对基于 MOOC（Massive Open Online Courses，大型在线公开课，中文翻译为慕课）平台与混合式学习的应用型口译人才培养模式，进行了理论研究和实践探索。由于混合式学习的实施必须依赖 MOOC 平台，提及混合式学习方式就包含了 MOOC 平台的使用，因此，后文简称为"基于混合式学习的应用型口译人才培养模式"。本书中 MOOC 平台采用的是超星泛雅平台，其移动手机版为学习通 APP，特殊时期也会采用腾讯会议、QQ 同屏分享等小程序。

1.2 研究目标与问题

本书针对长江经济带对口译人才的需求，直面地方高校口译人才培养中的突出问题，以教育部资助的"MOOC 平台与混合式学习环境下的口译人才培养模式创新研究"项目为依托，以口译名师空间（省级）、传神翻译教学实训系统、商务英语实验室、翻译实验室、同声传译实验室、精品课程网站等为平台，并以本校英语、商务英语学生为主要教育教学对象，提出了"基于校本特色、服务地方经济"的地方高校应用型口译人才培养理念。本书的实施基于混合式学习，采用专业协同、本硕衔接、校企合作、科教融合等方式，提出地方高校应用型口译人才的培养模式，以加强师资队伍、课程和教材补充资源的建设，提高口译人才培养质量，服务地方经济的发展。

本书依托信息化教学，立足中国（湖南）自由贸易试验区，主动对接长江经济带发展需求，并以"新文科"建设为指南，加强英语学科与相关学科的交叉融合，着力培养具有校本特色的应用型口译人才。基于此，本书致力于理论思考和实践探索：地方高校应确立何种体现办学宗旨的口译人才培养理念？

地方高校如何借助信息技术，通过改革口译课程教学、实践教学及评价体系，创新口译人才的培养模式，服务地方经济发展？

本书需解决的关键问题：英语专业口译课程的设置与长江经济带发展需求之间的适应问题；基于混合式学习的口译课程改革问题，以提升口译人才的专业能力；应用型口译人才实践方式的变革问题，以增强相关专业学生的职业适应能力；基于混合式学习的口译课程评价方式的变革问题，以全面提升学生口译学习兴趣和自主学习能力。

期待经过多轮实验研究，解决以上问题，不断改进基于混合式学习的应用型口译人才培养模式，使其与时俱进，日益完善，为愿意尝试混合式学习的教师提供运行框架和操作原则。

1.3 研究思路与方法

1.3.1 研究思路

本书研究以应用语言学、高等教育学以及教育信息技术中的建构主义、联通主义、布鲁姆有效教学理论与教育技术理论等为指导，综合运用社会学、教育学中的文献分析法、调查问卷、访谈法、逻辑分析法、大数据分析法以及实验法等研究方法，并运用翻转理念和混合式学习等教学理念，对地方高校应用型口译人才培养模式进行了理论思考和实践探索。

研究分为两条路径，将研究与实践同时进行。

第一条路径，通过理论研究明确混合式学习的内涵，通过立项的形式，帮助研究者在教学中实践混合式学习模式，在实践的过程中不断发现问题、解决问题。

第二条路径，研究并构建了混合式学习下应用型口译人才培养模式以及混合式学习有效性课程质量评价体系。通过理论研究确定混合式学习下的应用型口译人才培养模式和质量评价体系，通过文献研究整理出评价模式和评价体系的具体指标。

本书依托"常规线下课堂教学＋口译 MOOC 平台"的混合式口译课程体系，以完成口译课程知识传授与知识内化的重心翻转，以及开放互动式、团队协作式教学模式的实践，实现以学生为中心、自主个性化学习与小组团体协作学习相结合的学习新模式。

实践教学方面，由于口译具有实践性与职业性等特点，实践教学尤其强调专业实践与职业拓展。因此，本书的实施既注重传统课堂教学理念，又彰显翻转课堂、实践教学的动态规划思想，从单一的传统课堂教学操练逐步发展到在线 MOOC 现场模拟与实战演练相结合，实现在线校园与社会之间的连通互动。充分利用了地处长江经济带与本土传统文化（屈原文化、岳阳楼文化及岳州窑文化等）这一地方特色，跟校内强势学科教学、科研机构联合打造了翻译师资问题，与相关企业如传神语联网公司、译国译民翻译公司、甲申同文翻译公司、湖南人民出版社、屈子文化园、巴陵石化、岳阳文旅广电局、岳阳市贸促会等翻译公司和企事业单位合作，建立了 15 个实践基地，解决了实践教学难题。助力学生通过大量的线上线下口译实践，提高口译实践能力。

信息时代，混合式学习的出现，传统的课程质量评价体系已不再适用。质量评价不再是单一的试卷成绩，而是同时使用内部评价与外部评价、终结性评价与形成性评价方式对学生的口译学习过程进行总体评价。实验前期（2014－2018），本研究根据 MOOC 平台（课程中心）提供的数据，对课程教学质量建立全方位、立体式质量监控及反馈机制，对学生的学习轨迹进行记录与分析；实验后期（2020－）基于超星泛雅 MOOC 平台的学习行为分析功能，通过依托互联网和第三方（实践基地和用人单位）的评价与反馈，完善口译人才培养评价体系。通过质性与量化的方式获得科学依据，全面总结学生学习规律与存在的问题，帮助教师预测教学方向，调整教学计划和教学方法，切实提高学生的口译实战能力。

经过近 10 年的多轮实践，本书对基于混合式学习的地方高校应用型口译人才培养模式进行了探索与创新，不断调整和完善基于混合式学习的口译教学、实践与质量测评方式，并取得了一系列成效。

1.3.2　研究方法

20 世纪以来，国内外口译研究经历了从个人经验总结到心理学实验，再从直觉思辨（Intuitive Speculation）到效法自然科学的观察实验（Observational and Experimental Research）过程（胡庚申，2019）。换言之，方法上借鉴自然科学的研究方法，从主观直觉思辨逐渐转向含有更多客观成分的观察实验和量化分析。基于现代信息技术的混合式学习理念的兴起，使口译研究方法日益多样化。本书采用的研究方法主要有：

文献分析法：通过查阅现代信息教育技术、MOOC、混合式学习、大数据技术、口译人才培养模式等相关文献，了解现代信息教育技术与课程教学融合的研究成果，为本书探讨口译人才培养模式准备文献条件。

问卷调查与访谈法：对采用混合式学习的学生、教师、相关技术人员、管理者以及专家教授进行问卷调查。问卷设计按社会调查通用要求进行，采用内容效度和信度检验，同时进行咨询访问。

逻辑分析法：利用现代数理逻辑工具，对本书获取的相关资料进行归纳和（或）演绎推理分析，完成相关论证。

大数据分析法：运用基于 MOOC 平台自带的学习行为分析功能，通过信息分析和挖掘技术，整合数理科学提供的理念和方法，对基于混合式学习的口译课程教学效果进行分析，以及对基于 MOOC 平台与混合式学习的口译人才培养模式进行整体的综合研究。

实验法：2014 年，在线口译课程（微课）初步建成，开始投入使用。2014－2017 年，混合式学习方式初步融入课堂教学，基于混合式学习的口译人才培养处于起步与建设时期；2018－2019 年为发展与完善期，混合式学习方式下的口译课程教学改革不断深入，信息化技术深度融入教学，同时口译实践教学与外界拓展（与当地政府相关部门以及企业建立实习基地，国际交流项目不断增加）；2020 年至今，口译课程逐步探索与本校强势学科联合，凝练出三个特色方向：本地文化传播、国际贸易和化学化工。同时，跨界联动，实践教学手段不断丰富创新，构建校园、社会、国际三类实践基地。基于 MOOC 平台的大数据评价体系经过一系列的变迁，日臻完善。通过对以上三个阶段的在线数据分析，可以对基于 MOOC 平台与混合式学习的地方高校应用型口译人才培养的成效进行科学、有依据的分析和讨论。

1.4 研究特色与意义

本书旨在探索基于 MOOC 和混合式学习的地方高校应用型口译人才培养模式，依托互联网，以翻转课堂和混合式学习为教学理念，以考证竞赛为激励机制，构建并不断完善"常规课堂教学＋口译 MOOC 平台"的混合式学习课程体系，培养学生的自主学习能力和口译实践能力，以及学生的团队协作和创新精神。本书尤其注重对学生职业能力的培养，根据大数据技术质量监控体系反馈实施个性化教学，调研社会需求，并结合本校强势学科，制定了以服务地方经济发展需求为目的的专业培养计划与要求，使学生谙悉基本口译技巧，掌握实战应变策略，顺利完成口译任务，实现应用型与创新型口译人才培养目标。

1.4.1 特色与创新

"信息＋疫情防控常态化"时代，教育信息技术与课程教学深度融合已成为教育新形态。基于各类教育平台进行的教与学互动成为新型教育方式。跟随互联网一起成长的学生，学习方式已经改变，传统课堂教学已不能满足学生个性化学习的需求。当下，虽然 MOOC 等教学平台提供了优质教学资源，但拥有优质教育资源并不意味着有效学习行为的发生。没有更好的教学方法和理念，普通地方高等学校教育教学水平不可能提高（于歆杰，2015）。从浅层次上理解，作为兼顾面对面与在线学习长处的教育范式，混合式学习是传统面对面学习方式和以 MOOC 为核心的在线学习方式的有机结合。从深层次上看，混合式学习是多种学习理论的融合以及基于信息技术对教育教学的革命性影响形成的多样化、综合性学习模式，它是 MOOC 的升级与优化（杜世纯，2018）。历经 20 余年的发展，研究者们已深切地认识到，混合式学习将成为未来教育的"新常态"，翻转课堂与混合式学习相结合将成为未来教育研究与发展的趋势（Poter W. W. 等，2014；马志强等，2016）。因此，本书结合湖南理工学院的办学特色和优势特色，以"基于校本特色、服务地方经济"为口译人才培养目标，运用 MOOC 平台与混合式学习，打造新文科背景下的学科交叉、联合培养的应用型口译人才培养模式，该模式具有以下特色与创新。

1.4.1.1 特色

结合区域特色，确立人才培养目标。湖南理工学院所在城市为湖南省岳阳市，为湖南省第二大经济体，省域副中心城市，是湖南唯一的国际贸易口岸城市，设有国家综合保税区，石油化工和国际贸易为本市支柱产业。另外，岳阳的人文底蕴深厚，是中华文化（屈原文化、岳阳楼文化和岳州窑文化）重要的始源地之一。石油化工、外贸出口、湖湘文化走出去，都离不开高素质的翻译人才。因此，基于地方经济发展的需求，本院将口译人才培养目标设定为：服务长江经济带经济发展需求，培养高素质的应用型口译人才。

体现校本特色，凝练专业培养方向。立足地方经济特色，与本校强势专业中文、国际贸易和化学化工相结合，凝练成三个特色方向：岳阳地区传统文化口译传播、经贸英语口译（国际贸易）及化学化工口译。

突出"四新"特色，促进新文科建设。本书立足于本校办学定位、办学特色、地域特点统筹规划，促进外语学科与中文、经贸和化学化工专业交叉融合，促进新文科意识下的外语专业的转型与建设。

1.4.1.2 创新

人才培养理念的创新：结合湖南理工学院地处长江经济带的办学特色和优势特色，明确口译人才培养目标与方向为服务地方经济发展。基于本校的办学定位、办学特色和地域特点，经过统筹规划，采用学科专业交叉融合理念的复合型人才培养模式。结合师资水平和学生生源，实现了口译研究成果转化为口译教学与口译实践。

人才培养模式的创新：（1）课程设置方面：新文科背景下的学科交叉、联合培养。实施"口译＋X"（化学化工/中国语言文学/国际贸易）的口译人才培养模式，强化应用型口译人才的专业性。打通专业壁垒，培养学生一技多会、一专多能，避免千校一面的不良现象。（2）课程教学方面：结合传统课程教学精华模式，并基于现代教育信息技术的口译 MOOC 平台，以翻转课堂和混合式学习为指导，根据教学内容组合创新，构建基于 MOOC 平台与混合式学习的口译人才培养新模式。同时，采用"英语学科导师＋相关学科导师""校内导师＋行业导师"的联合培养方式。（3）口译实践方面：区别于普适性翻译（口译、笔译）技能课程教学，更新迭代教学内容，采用"自选专业基础课程"＋"自选专业翻译实践"的个性化课程体系，使学生的专业性翻译能力培养更加突出。采用校、企、地协同育人机制，发挥各部门、各行业的优势，切实提高学生的口译实践能力和综合运用能力。（4）口译课程质量评价体系方面：体现技能与创意，采用基于大数据技术的多元评价体系。以内部评价＋外部评价（第三方，实践基地/用人单位的动态评价）、形成性评价＋终结性评价的方式等取代以考试成绩为主的单一终结性评价。

研究方法的创新：采用多学科结合法。有别于人文学派基于个人的职业体验，采用直觉思辨法开展口译研究，本书采用大数据技术、观察实验和质性、量化分析等现代科学研究方法，探究口译人才培养的成效，尤其关注口译人才培养过程中监控、评价与反馈的全信息化，并对学生的学习行为进行立体、全方位监控。由于摒弃了传统教学中仅对学习结果进行评价的方式，本书采用内部评价与外部评价、形成性评价与终结式评价方式相融合的多元课程质量评价体系，使得学生口译学习全过程的评价成为可能。这样既可全面、科学地了解学习者的行为方式与特征，又可为后续的口译人才培养模式研究与教师科研提供真实的数据依据。

1.4.2　意义与价值

本书提出的基于 MOOC 平台与混合式学习，新文科背景下"学科交叉、联合培养"的地方高校应用型口译人才培养模式，是针对地方高校优势资源缺乏、课程定位模糊、学生口译实践能力训练不足、口译人才培养质量测评困难等问题，围绕高素质、应用型口译人才培养目标，依托混合式学习方式，从专业培养方案、专业导师队伍、教学方法改革、实践教学体系、评价体系五个方面，多维度、多层次协同开展的口译人才培养模式改革与实践。本书并非对传统口译人才培养模式的否定，而是对传统口译人才培养模式在新时代、新要求下的优化与升华，有关研究成果对地方高校口译人才培养模式的改革与创新具有参考价值。

1.4.2.1　理论价值

本书提出基于混合式学习的应用型口译人才培养模式。"互联网＋"模式下，运用应用语言学、高等教育学及教育信息技术理论等，构建基于混合式学习的应用型口译人才培养新模式。该模式既保留了传统课堂教学的精髓，又兼具依托先进现代教育信息技术理念的翻转课堂和混合式学习等优势，实现了线上与线下、课内与课外、现场与虚拟、质量监控与反馈、演练与实践等多种方式与途径的有机互补，以及应用型、创新型口译人才培养的全方位与立体化模式。

本书凝练了具有校本特色的应用型口译人才培养特色方向。充分利用了地处长江经济带与本土传统文化（屈原文化、岳阳楼文化及岳州窑文化等）这一地方特色，跟校内强势学科教学、科研机构联合打造了翻译（包括口译、笔译，下同）师资，培养了一批"会翻译＋懂专业"的翻译专业学生以及"有专业＋能翻译"的相关专业学生，实现了翻译与校内相关专业的资源共享、学科交叉、互动发展、协同育人，凝练了翻译人才培养的三个特色方向——岳阳地区传统文化翻译、商务翻译（国际贸易）以及化学化工翻译，为其他地方高校培养翻译人才提供参考与借鉴。

1.4.2.2　应用价值

高质量的应用型口译人才培养，既能解决国家战略与社会发展之急需，又能拓宽学生就业之机会。

地方高校外语类专业应用型人才培养具有同构性，本书研究成果对其他语种的应用型与创新型口译人才培养亦具有参考价值。本书已取得的良好教育教学效果，可以为我们继续办好 MTI（Master of Translation and Interpretation，翻译硕士，包括口译、笔译方向）奠定良好基础，与朝鲜语专业共享成果，为今后开展小语种的双语/多语翻译提供办学新思路，整合校内优势资源，联合相关教学单位和科研机构的师资，培养不同专业领域的翻译人才，如共建化学化工翻译研究基地，翻译优势学科的研究成果。同时，高素质的口译人才也可以助力学校的国际化办学进程，推动湖湘传统文化积极、有效"走出去"。

1.5　内容体系

本书共计 7 章，内容如下。

第 1 章：绪论。主要介绍了基于 MOOC 平台与混合式学习以及新文科背景下的学科交叉、联合培养应用型口译人才培养模式的研究背景、研究目标与问题、研究思路与方法、研究特色与意义。

第 2 章：混合式学习研究。主要介绍了混合式学习的起源与发展、概念演变、学习模式与分类以及教学目标等，对相关概念和术语进行了辨析和界定，对混合式学习与传统课堂的区别进行了阐述；详细介绍了混合式学习的理论基础，具体包括建构主义、联通主义、布鲁姆有效教学理论、教育技术理论等；在对国内外混合式学习研究现状进行梳理和述评的基础上，建立混合式学习的理论框架，为本书的研究对象与内容，即基于混合式学习的应用型口译人才培养模式与实践，提供理论与实践的指导。

第 3 章：口译研究。对口译进行界定，论述口译能力的构成、跨学科性及口译能力跨学科研究，概述了中西方口译理论与教学研究；对国内外口译研究方法的类型、内涵、特点与发展历程进行了述评。

第 4 章：基于混合式学习的应用型口译人才培养模式介绍。介绍了应用型人才培养模式。对比了传统口译人才的培养方式，以及信息化视角下的口译人才培养方式。以 2018 版《普通高等学校本科专业类教学质量国家标准（外国语言文学类）》和 2020 版《普通高等学校本科外国语言文学类专业教学指南》为指导，在此基础上论述了口译人才培养的新理念与新目标。介绍了应用型口译人才培养目标，构建了基于 MOOC 平台与混合式学习的应用型口译人才培养模式，阐述了具体实施方案。

第 5 章：基于混合式学习的口译课程教学设计与实施。主要介绍了口译课程类型、口译课程评价体系；构建了混合式学习下口译课程评价体系。对口译课程教学现状进行了述评，并提出了问题解决的对策；介绍了混合式学习的准备工作；包括混合式学习下教师与学生的角色转变，以及相关职能部门所必需的准备工作。阐述了口译课程群的教学与组织实施的总体思路与建设开发过程；详细介绍了基于混合式学习的口译课程教学设计，包括课程设计理念、教学目标、改革思路以及课程设置等；对混合式课堂教学组织与实施中的各个环节也进行了详细论述，包括前期分析、教学设计、课程教学模式、互动与合作以及有效性评价等；全面介绍了基于混合式学习的口译课程教学与实践方式。

第 6 章：基于混合式学习的口译课程有效性评价与分析。通过介绍传统口译课程考核现状及存在的问题，守正创新，提出了基于混合式学习的口译课程考核改革与实施方案。通过平台自带的学习行为分析功能对两个阶段课程的运行数据进行分析；通过对课堂教学效果观察、学生的在线学习行为、学习成绩、综合实践能力和职业素质等的分析，同时辅以调查问卷和访谈结果，对基于混合式学习的《经贸英语口译1》和《经贸英语口译2》实施有效性进行系统的评价。对于口译课程中的重要一环——口译实践教学的总思路、实施与成效进行了介绍。

第7章：结论与展望。介绍了基于混合式学习的口译人才培养模式的实施效果。研究的结论主要包括教师教学理念与行为的革新、学生的有效学习行为得以提升、混合式学习对口译课程教学与实践教学的适切性验证以及基于混合式学习的应用型口译人才培养模式解决的具体问题等。最后，反思本研究的问题与不足，提出后续研究的思路与方向。

第 2 章 混合式学习研究

本章系统地梳理和分析了混合式学习的相关文献；介绍了混合式学习的起源与发展、概念演变、混合式学习的模式与分类以及教学目标等；综述了对混合式学习研究产生较大影响的理论资源与文献，对比了混合式学习与传统课堂的区别；系统考察了国内外有关混合式学习的相关研究，对研究现状进行了述评，以此为基础，明确了混合式学习的核心概念和理论框架。

2.1 混合式学习的起源与发展

MOOC 指的是大规模（massive，同时学习每门课程的人数从几百到几万人不等）、开放（open，学习内容免费）、在线（online，所有学习资源都通过互联网存储与转播）的课程。另外，课程内容需要相对完整，才能算是一门课程（course）。关于 MOOC 平台，在美国有针对高等教育的 Coursera、Udacity 和 edX，英国有 Future Learn 等。目前国内大多数高校使用的平台有中国大学 MOOC、超星学银、智慧树、雨课堂等。它们都是集成开放教育资源、注重交互监控的混合式在线学习平台，是一种新型的知识传播模式。

信息时代，基于互联网的 MOOC 冲击着以"学"为本的中国传统大学教学价值理念。对于受限于时空条件的"教室型"教学模式而言，MOOC 模式的大规模、自主性、开放性等特点无疑是挑战，它翻转了课堂模式，颠覆了传统的高校教育，并对高等教育提出了新要求。2013 年，随着北京大学、清华大学加入 edX 慕课平台，MOOC 快速成为中国高等教育实现国际化和大众化的重要途径之一。在"互联网＋"的时代背景下，国内高等教育教学也进入了信息新时代。

随着移动互联网、智能手机、平板电脑的广泛使用，以及 MOOC 在全球的兴起，传统高等教育受到冲击。同时，信息技术领域的变革，以及智能化、交互式理念、云计算、大数据的引入等，也给高校教师带来了技术上的挑战与理念上的震撼。目前，在以中国大学 MOOC 和超星学银为主的平台上，已经有上万门课程，注册人数在 2016 年已接近 1000 万（于歆杰，2017），而且该数字还在持续上升。随着各大网站自行研发的各种教学平台相继出现，高校教师不得不思考传统课堂教学与在线海量优质教学资料相结合的问题。

所谓翻转课堂（Flipped Classroom），源于 2011 年美国兴起的新型教育教学理念，它颠覆了传统意义上的课堂教学模式。传统课堂上，教师通过课堂讲座形式传授知识，知识内化则需要学生在课后通过作业、实践等方式加以完成，而翻转课堂实现了传统课堂中知识传授与知识内化两个阶段的颠倒。翻转课堂中，课前通过信息化学习环境辅助，如教师通过在 MOOC 平台上传自主制作的微课或者来自网络的微课、短视频等完成知识点的传授；课中通过线下课堂多种教学形式，如小组讨论、协作探究、作业答疑等，帮助学生完成知识的内化，实现所谓课堂翻转。2012 年是国际 MOOC 元年，它的出现为课堂翻转提供了强有力的信息化平台支撑。

然而，MOOC 作为一种新兴的在线教学模式，其平台建设、更新、升级、维护需要大量的技术和资金支持。近年相关研究表明，学生学习如果仅仅依靠观看视频，而缺乏教师的监督和师生、生生之间的互动，以及及时地评价反馈等，也很难获得良好的学习效果。虽然 MOOC 平台可以提供海量的在线优质资源，但仍无法完全替代传统课堂。另外，即便拥有优质教育资源，也并非意味着可以达到良好的教学效果。只有采用良好的教学理念与教学方法，人才培养质量才能真正得到提升。

作为一种新的教学与学习模式，混合式学习（对教师而言，称为"混合式教学"，由于两个术语的内涵是相同的，因此本书将其视为一致）借鉴了 MOOC 的平台技术，将师生课堂面授与网络在线学习两相结合，该模式是国际教育技术界对网络化学习（E-learning）提出的新概念。由于混合式学习具有统筹线上与线下学习、混合多种资源和环境，以及进行线上线下实践与测评等优点，克服了以往 E-Learning 的弊端，在教育领域受到的关注日益增多（王国华等，2015）。

近年来，随着信息技术的不断革新，特别是移动互联网的出现，让新一代大学生的学习方式不断改变，教师革新传统教学模式，将信息技术融入课堂教学已成为教育教学改革的必然趋势。尤其是 2020 年春季突然暴发的新冠肺炎疫情，使得学生无法到校学习。在此背景下，教育部提出"停课不停学，停课不停教"，全国各级各类学校纷纷开启线上教学（Online Teaching）与线上学习（Online Learning），在线教育的重要性日渐凸显。2020 年 5 月 14 日，全国高教处长会暨高等学校教学指导委员会工作会议期间，教育部高教司司长吴岩明确指出："我们不可能，也不应该回到疫情前的教与学的状态，因为融合了互联网技术的在线教学已成为中国高等教育和世界高等教育的重要发展方向。"根据超星尔雅教学平台截至 2021 年 12 月 6 日的统计（见图 2-1），上线教师和学生分别达到了 430 万人和 1588 万人，相比 2019 年 5 月 10 日，短短 2 年多时间，人数分别增长了 30 多倍与 20 多倍。

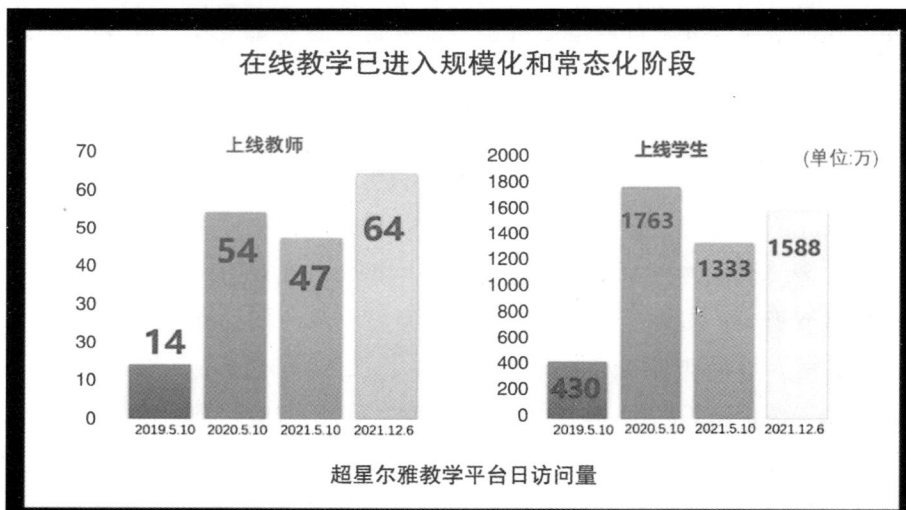

图 2-1　超星尔雅教学平台数据统计

在 2020 年春季疫情下，各级教育机构采用线上教学，2020 年秋季疫情缓解后恢复了线下教学。但由于疫情的反复，导致部分学生不能返校，于是很多学校尝试采用了线上线下混合学习的方式。尤其是 2021 年在疫情防控常态化下，线上线下混合式教学模式的使用变得更为灵活，混合式学习（教学）已成为应对和保障危机时期的重要教学方式。

2.2　混合式学习概念演变

混合式学习一词最早出现在 1999 年的一则新闻稿件中，乃是亚特兰大一家计算机技能认证和软件培训业务的 EPIC 学习项目。在教育领域,大部分研究都是围绕如何提高学生参与学习或学习效率展开的。对于 Blended Learning 这一名词,国内许多学者,如余胜泉（2005）、张奇亮（2014）等认为翻译为混合式学习或混合式教学都可以。截至 2022 年 3 月 23 日,在百度学术上以"混合式学习"为关键词进行搜索,得到 10.9 万条结果,而以"混合式教学"搜索,则得到 13.7 万条结果。可以看出,目前国内学者偏向使用"混合式教学"而非"混合式学习"的翻译。但这种提法容易让人产生研究重点为教师的教学行为,而不是学生的学习行为,这有悖于"混合式学习"设计之初的目标——以研究学生的学习模式为中心。为强调以学生为中心,提醒教师关注学生的反应和反馈,突出以学生为中心的课堂组织,本书采用"混合式学习"这一翻译。

21 世纪初,混合式学习概念被普遍认为是面对面授课和以技术为媒介（Technological Mediation）的教育的两相结合（Norm Friesn,2011）。尽管学者们普遍认为混合式学习是"在线学习与面授教学的混合",但当前的"混合式学习"与 2000 年初的"混合式学习"在内涵上已然不同,其概念经历了一个越来越清晰化的演变过程。冯晓英等（2018）认为,过去 20 年间,混合式学习概念可分为三个阶段:

20 世纪 90 年代末－2006 年为技术应用阶段,其中普遍接受的定义为:"混合式学习是面对面教学与在线教学的结合,糅合了历史上两种各自独立的教学模式:传统的面对面教学与在线学习。换言之,教学内容上综合了一定比例的在线教学与面对面教学"（Sloan Consortium,2009）。此阶段的研究者与实践者均将混合式学习看作一种新的学习方式,重点强调技术在教与学中的应用,是纯面授与纯在线教学之间的过渡形态与简单混合。

2007－2013 年为技术整合阶段。此阶段中,混合式学习的定义进一步清晰化。研究者开始尝试更加清晰地界定在线与面授的比例。例如,斯隆联盟（Allen I . E.,2003）认为,"30％～79％的教学内容采用在线教学"的方能被称作混合式学习。另外,学者们也开始从教学策略、教学方法以及混合式学习环境的交互带来的变化等教学设计的角度来界定混合式学习,其间最有代表性的定义为:混合式学习描述了一种新的学习方式,它实现了学生与学生、学生与教师、学生与资源之间面对面（现场）交互与在线交互的结合

（Bliuc，2007）。

2013 年至今，适逢所谓"互联网＋"时代，移动通信技术迅猛发展，混合式学习概念由"在线学习与面授相结合的混合"，扩展为"基于移动通信设备、网络学习环境与课堂讨论相结合的教学情境"。在此阶段，研究者不再将混合式学习看作简单的技术混合，而是将其看作"以学生为中心"，为学生创造的真正高度参与性的、个性化的学习体验，如 Goodyear（2015）强调混合式学习是以"学生为中心"的学习环境下教学与辅导方式的混合，即属此种。

混合式学习概念由含混至清晰，其过程变化体现的乃是研究者对此问题认识的逐渐深化。对他们而言，混合式学习不再是线上与线下教学的简单混合，而是在混合式学习环境下对教学模式和教学策略进行再设计，并为学生创设积极的、协作的学习体验，以帮助学生主动地参与学习，积极建构自己对知识的理解（冯晓英等，2018）。

混合式学习在历经近 30 年的发展后，其教学传递方式、学习的空间与方式、教与学的重点都发生了改变（冯晓英等，2018）。混合式学习并不是基于信息技术对传统课堂教学的简单照搬或课外延伸，并不是简单地以信息技术部分"替代"或"补充"课堂面授教学。正如在线教学有着不同于课堂面授教学的规律与方法一样，混合式学习也有着不同于课堂教学的规律与方法，混合式学习正在形成新的教学法或教法学。

尽管混合式教学强调在线自主学习和线下课堂教学两种环境的结合，然而，如果从人才培养目标达成的角度来分析，混合式学习更注重在"混合"策略的设计上以"达成性学习目标"为最终目标，进而促使混合式学习的教学内容、教学方式更为广泛和多样化。此外，学习的成效最终要落实到解决问题的能力和素养提升上。从这种意义上来说，"学"与"习"的混合才是混合式学习的真正内涵。通过"习"将学习的知识和技能应用到实践中，要求在混合式学习实施过程中，教师不仅要关注学生对知识的掌握和理解程度，更要注重促进学生从良构问题解决能力向劣构问题解决能力的提升，这也是混合式学习更高层次的目的。

信息化＋疫情防控常态化时代，人们对混合式学习更加寄予厚望，希望通过不同的混合方式能对单纯的线下传授知识的课堂教学有所改变，能够真正实现以学生为中心，加强学生的深度学习，构建基于任务型教学的交互/协

作式学习模式，使混合式学习切实成为信息时代教学改革的典范，质量提升
的抓手。

2.3　混合式学习的理论基础

不同情景下的学习需要不同的学习理论指导和教学理论指导。本节主要
梳理和分析国内外有关混合式学习的理论，具体包括建构主义、联通主义、
布鲁姆有效教学理论和教育技术理论等，并对相关理论研究现状进行述评，
以建立混合式学习的理论框架，为本书研究对象，即基于 MOOC 平台与混合
式学习的口译人才培养探索与实践，提供理论基础与方法抓手。

2.3.1　建构主义

建构主义理论（Constructivism）可追溯至皮亚杰（Piaget）的儿童认知
发展理论，其间历经科尔伯格（Kohlberg）、斯坦博格（Steinburg）和卡兹
（Katz）等人的认知建构主义学习理论，后由维果茨基将其发展为社会建构主
义学习理论。建构主义既是一种认知理论，也是一种学习哲学理论。

建构主义的认知发展心理学认为，学习者在初步了解和理解新知识后，
仍需经历知识建构（新知识与原有知识经验相互作用）及知识运用（新知识
与真实情景相互作用）的过程，才能真正掌握知识。然而，这样的知识建构
及知识运用过程是高度个性化的。因此，教学不是通过教师向学生单向传授
知识便能完成的，知识也不是通过教师传授而得到的，需要学习者在一定的
情景即社会文化背景下，借助于其他人（包括教师和学习伙伴），通过意义建
构的方式加以获取（杜世纯，2018）。

传统教学方式中，有关学习效果的评价主要关注既定知识目标的完成，
而非认知能力的培养，其环节框架约束了教学的灵活性和变通性（张春莉，
2002）。近年来，随着建构主义逐步得到关注，有关学习环境的理论基础被进
一步夯实（Woo & Reeves，2007）。建构主义者认为，学习者通过与社会、
其他个体和组织的互动，以个性化的方式构建对所学内容和技能的独特而深
刻的认识（Hannafin & Hannafin，2010）。建构主义尤其重视学习过程中的
合作，以及教师的帮助与指引对学习者建构知识过程的重要作用（朱玉彬，

许钧，2010）。建构主义偏重学习者的主动性，所谓互动式学习方法就是基于此理念，该方法已被证明在语言学习中具有关键作用（Schcolnik et al.，2016）。

混合式学习是线下课堂面授与线上相结合的一种学习方式，它借鉴了 MOOC 的平台技术，教师为学习者创设不同类型、真实复杂的学习情景，设置任务，以促进学习者协作探究和意义建构，从而达到有效学习的目的。换言之，混合式学习既充分发挥了教师的主导作用，又坚持以学生为中心，使学生在教师的指导下，通过翻转课堂，并结合自身知识结构，选择所需知识，习得、理解知识并构建新的知识，实现自主学习和个性化学习的和谐融合。正是在此意义上，混合式学习与建构主义共享了相同的事理逻辑，后者同样强调学习者的主体性和学习过程的交互性，强调以学生为中心，并肯定教师的主导作用，凡此种种皆与混合式学习理念如出一辙。在混合式学习中，教师不但对教学内容进行编排、设计、讲解，对学生进行启发式教学，而且以学习平台为基础，对学生学习轨迹进行研究，对学生学习效果进行评价，其过程与模式也契合了建构主义的核心思想。

2.3.2 联通主义

联通主义理论（Connectivism，也有译为关联理论）诞生于网络时代和信息爆炸的背景下。传统学习方式下，个人知识的积累和构建主要在于自身，而网络时代的学习强调通过联系、连接自身与外界，在点与点之间筑起学习的通道和桥梁，进而建构知识与经验。陈丽（2017）认为，联通主义既是一种学习理论，也是一种基于互联网的互联互通的组织模式。

所谓联通主义，最初由乔治·西蒙斯和斯蒂芬·唐斯（2005）将其作为数字时代的一种学习理论加以提出。联通主义理论的提出基于众多其他理论形态，其中包括复杂系统的混沌理论、自组织理论、复杂理论、网络理论等，该理论将知识看作网络现象，将学习看作连接的建立和网络的形成，后者包括神网络、概念网络和外部/社会网络等（Downes，2012；Siemens，2005）。学习目标则是基于创造的知识生长，实现知识的流通（Siemens，2011；Downes，2012）。毫无疑问，联通主义理论是现有学习理论中首个直面学习复杂性的理论，它将学习本身当作复杂系统，所谓"存在"是整体的、分布的，是对要素如何被感知者连接的反应，认为知识存在于连接之中（Rumelhart，1989；Siemens，2011）。学习就是一个在人的内部神经网络、人类社会的概念网络、外部社会网络之间建立链接的过程。作为第一个从网络化的视角和思维来认识学习的理论，联通主义已经形成相对完整的理论体系（王志军等，2014）。研究表明，联通主义观照下的学习过程是一个在操作交互、寻径交互、意会交互和创新交互等相互作用过程中进行螺旋式的知识创生和网络拓展与优化的过程（Wang Chen，Anderson，2014；王志军等，2015）。

乔治·西门斯（2005）认为"联通其实无处不在"，它也是互联网所带来的最重要的特性之一。联通主义更能体现"互联网＋"时代下混合式学习的特点：（1）个体学习层面：认知、概念、社会网络之间的联通；（2）教学层面：以资源共享、开放大学与混合式学习为代表的创新教学形态；（3）组织生态层面：以自组织、社区化教育等新业态的发展为代表的教育新生态（王志军，陈丽，2019）。本质上，人类学习的过程就是不断建构网络，以及网络之间的连接，确保信息畅通流动的过程。所谓"联通"，即此之谓。

混合式学习理念的出现，使得教学方法随之变得错综复杂。各种课堂教学互动工具与平台的快速发展为学习提供了非常重要的环境支撑，线上与线下学习空间的融合则为多种类型混合式学习带来了发展契机。联通主义认为，当学习发生在网络化和社会化环境之中，技术可以有效促进学习，网络的多样性和网络连接的强度会对学习造成影响，记忆不再仅以存储为主要特征，而是以自适应性为其特征，新的节点和连接的建立都会引起迁移的发生。显然，将联通主义理论投射至混合式学习类型的构建颇具适当性，因为该理论有助于充分阐释混合式学习的复杂性、快速变化性，以及知识来源的多样性。

2.3.3　布鲁姆有效教学理论

如何将传统课堂授课与在线学习两种教学效果评价体系有效融合，从而构建科学、合理、可操作性强的高效混合式学习评价指标体系，并通过测量、评价、界定混合式学习的有效性特征，对于以混合式学习为基础的教学改革至关重要。管恩京（2018）将混合式学习的教学有效性界定为：评价主体按照混合式学习的目标，依据有效教学的原则和标准，系统性采集教学活动信息，通过定量和定性的方法，对教师的混合式课程、教学过程、学生的学习过程和效果进行测量和描述，分析混合式学习的优缺点，并做出价值判断的过程。有效的价值判断可以为教学调整以及教育决策提供参考意见。

1956 年，由 B. S. 布鲁姆和 M. D. 恩格尔哈特等人编写的《教育目标分类学，教育目的分类法，手册 I：认知领域》一书得以出版，书中提出了教育目标的分类体系，包括"教育目标分类学""教学测评理论""掌握学习理论"。此后，布鲁姆教育目标分类及其后继"教育目标分类学"引领全球教育发展数十年，成就斐然。2014 年，安德森完成了对布鲁姆教育目标分类体系的修正。所谓布鲁姆教育目标分类学（模型），其最初目的是指导教育测评（教育评价），并探讨教育目标、课程建设和教学实践等领域。该框架能有效帮助教师完成教学的设计与实施，设计有效的测评任务和策略，确保教学、测评与目标保持一致。布鲁姆教育目标分类学认为，教学目标尤为重要，教学环境和教学活动皆应与设计的目标一致，或者相符。布鲁姆的教学测评理论（Bloom's theory of effective teaching）与教育目标分类紧密相连，它提出了集中性测评、发布性测评、形成性测评与终结性测评等新概念，强调"目标、教学、测评彼此相符的一致性"。而安德森于 2014 年提出的"掌握学习理论"则认为，教师在教学过程中，只要能给学生提供恰当的材料、充分的时间和合适的帮助，那么学生便能达到掌握学习内容的目标。

虽然混合式学习依然保有传统教学的基本规律，但从多种面向上显然有别于传统课堂。对混合式学习而言，布鲁姆的有效教学理论无疑具有启示与指导意义：可用于指导和支撑教师开展混合式学习课程设计；有助于强化教学目标的设计和测评，赋予教学目标以可测量性；有助于注重教学材料的丰富性、教师指导和反馈的及时性与恰当性。

诚然，作为发生在实地情境中充满"人性"和"人际"关系因素的活动，教学很难以按部就班的"规则"进行规范与指导，这一点取决于教学活动的艺术性质。即便如此，我们依然认为布鲁姆的有效教学理论中的许多观点对于教育者处理真实性测评的设计和实施等颇具价值。

2.3.4　教育技术理论

教育技术（Education Technology）是现代教育的重要概念，它是指在教育教学过程中利用各种技术手段，对学习资料、课程内容、课程设计、教学实施和学习干预等教学活动进行设计、利用、管理和评价的理论与实践（杜世纯，2018）。面对大数据、物联网、人工智能等信息技术在集成创新中的飞速发展，"互联网＋教育"已成为教育改革发展中不可逆转的时代潮流。随着技术水平的不断提升，以网络通信及计算机多媒体技术为核心的信息技术正在推动社会信息化的飞速发展，并对其产生重要影响。教育技术不仅涉及教学环境的建设和相关资源的开发，还涉及教学手段的使用，以及教学内容和教学方式的取舍。

混合式学习与教育技术之间无疑存在契合。换言之，混合式学习既是一个教学理念和教学方法的综合创新，也是一个基于 MOOC 平台的技术创新。它将互联网和数字媒体技术与常规的师生面授教学相结合，在教与学的过程中汲取了网络教学与面授教学的各自优势。信息技术的发展与革新改变了学生的学习模式，也改变了教师的授课风格。信息技术与课程之间的融合既是利用技术优势的外在表现，也对授课者提出了更多要求，使得后者需要不断依靠新的教学条件，运用对应方法设计相应的教学模式，改变当前的授课程序，这一点既是针对所有授课人员的共同要求，也是教育技术应用的实际需要。

混合式学习的特点是个性化学习和个性化的学习体验，它需要教师和学生掌握不同的学习媒介和教育技术，根据自身学习需要和不同媒体的特征做出适合自己的选择。教育技术理论中的"媒体选择定律"能有效帮助教师和学生选择合适的教育技术和学习媒介，避免时间、精力和金钱的浪费，提高学习效率。

不同的学习理论对学习有不同的解释，适用于不同目标层次、不同情境的学习（陈丽等，2015）。快速发展的信息技术促进了传统教学方法的变革，使教与学的方式变得多样化。"互联网＋教育"以及疫情防控常态化时代的出现，使得混合式学习成为未来教育的"新常态"。正如在线教学有着不同于课堂面授教学的规律与方法一样，混合式学习也有着不同于课堂教学的规律与方法，其正在形成新的教学法及教学评价方法。

混合式学习并非在信息技术的基础上简单照搬或延伸传统课堂教学。恰恰相反，混合式学习模式下，教学内容传递方式、学习空间、时间与方式，以及教与学的方式等均已发生变化，表现出有别于课堂面授教学的规律与方法（冯晓英等，2018）。鉴于此，以行为主义理论、认知主义理论、建构主义理论为代表的经典理论在认识与解释人类在线学习的问题上自然会存在一定的局限性，单一的某种理论并不能彻底有效地阐释学习行为的内涵和机制。

20世纪90年代至今，混合式学习经历了三个阶段的发展：技术应用阶段、技术整合阶段和"互联网＋教育"阶段。其中，第一、第二阶段（20世纪90年代－2013年）是对课堂面授教学的"替代"或"辅助"，行为主义理论和认知主义理论对其具有良好的解释力与指导作用。第三阶段（2013－）所处"互联网＋"的时代背景，此阶段的混合式学习更加关注学生的个性化学习和学习体验，教与学与传统教学相比更加复杂。面对开放、复杂、多变的信息网络学习环境，联通主义学习理论应运而生，它更好地适应了数字化时代的教与学，强调学习的网络化、复杂性和多样性，将学习看作节点的连接和个人社会知识网络的形成。

因此，在混合式学习的解释与指导问题上，建构主义、联通主义、布鲁姆目标分类法、现代教育技术等不同教学理论的良性结合不可或缺（冯晓英，2018）。唯其如此，方能对混合式学习模式下的口译人才培养展开真正意义上的有效性研究。

2.4　混合式学习模式与分类

不同的专家对混合式学习的模式与分类有着不同的理解。霍恩和斯特克（Staker，Horn，2014）认为，混合式学习模式具有四种形态：转换模式（Rotation Model）、弹性模式（Flex Model）、菜单模式（A la carte model）和增强型虚拟模式（Enriched Virtual Model）。格雷汉姆（2006）则将混合式学习分为三类，即发生型混合、促进型混合和改变型混合（见图2-2）。其中，发生型混合是针对同样的教学内容提供多模态教学媒介，方便学生选择合适的学习方法。促进型混合是使用在线教学补充传统教学，但本质上不改变教学方法。改变型混合中的在线学习和面对面学习会充分融合和相互影响，使教学理念和教学设计发生变化，换言之，即由以教师为中心向以学生为中心进行转变。

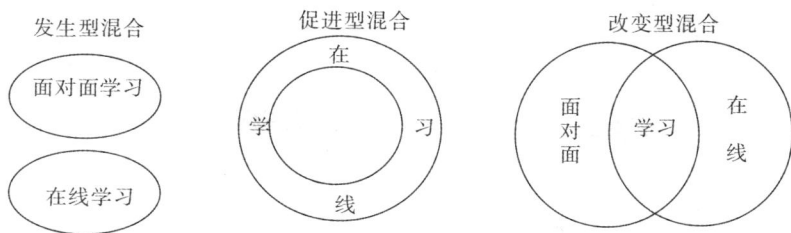

图 2-2　混合式学习模型（Graham，2006）

　　冯晓英等（2018）提出，依据不同学习方式在混合式教学中所占的比重，可将混合式教学模式分为三类：线下主导型混合式教学、线上主导型混合式教学以及完全融合型混合式教学。其中，线下主导型以面授的现场教学、交流、讨论为主导，在线和移动技术可辅助教学资源的呈现扩展以及课堂讨论的延伸。线上主导型以基于在线教学和移动学习的自主学习为主，辅以线下教学和讨论，如线下集中面授（数天）＋数周的在线学习和讨论＋线下集中面授（数天）等工作坊即属此类。完全融合型则打破前两种模式明显的模块式痕迹，将线下面授教学、基于网络的在线教学、移动学习三种方式完全融合、无缝连接。

　　以上所述为三种具有代表性的混合式学习模式，这些模式分别从不同角度对混合式学习的内涵、课程设计、应用模式进行了阐释。无论从哪一种方式，都可以看出混合式学习的多元混合与系统化的特质。鉴于口译课程需要面对面进行技能传授、口译技能训练与点评的特点，本书自 2017 年开始采用的混合式学习模式与冯晓英等（2018）提出的线下主导型混合式教学模式不谋而合。但 2020 年春季学期，由于新冠肺炎疫情的突然暴发，便尝试了一个学期的线上教学。

2.5　混合式学习的教学目标

　　混合式学习是以学习者为中心，以多种学习理论为指导，以在线学习为突破，以培养学生个性化学习、自主学习、探究协作学习为目的的新型学习方式和教育模式，是"互联网＋"时代教育信息化的新途径。由于混合式学习兼具传统线下课堂本质和线上在线学习的特质，因此教学目标也发生了相应的变化。管恩京（2018）提出混合式教学的目标为：

实现信息技术与课程教学的深度融合，提高教育教学水平和人才培养质量。

实现课程的数字化与网络化改造，师生共建共享优质教学资源。

实现人才培养由偏重"知识"向"重素质、强能力、全面发展"转变；着力培养学生的责任意识和价值判断，理解、沟通、表达能力，批判性、建设性观察和解决问题的综合能力。

实现教学模式转变，强化互联网环境下的教学设计，采用启发式、探究式、讨论式、参与式等多样化混合式教学模式。

实现学习方式转变，提高学生利用信息技术自主学习、协作学习、探究学习，以及自我管理、自我服务的意识与能力。

实现"课内课外、线上线下、校内校外"互补的全方位学生培养系统，营造人人爱学习、课课有研讨、堂堂有互动、时时能创新的学风。

实现课程考核方式改革，利用信息技术记录学生的学习行为，注重学生的学习过程、学习投入和学习效果。

基于混合式学习预设的目标，以此为指导，构建基于混合式学习的口译课程质量评价指标，通过实验法、对学生的问卷调查和访谈法等方法，对口译人才培养效果进行检验。

2.6　混合式学习与传统课堂的区别

混合式学习是面对面学习与在线学习精心结合的产物。它在结合两者优势的基础上，为学习者提供更多参与性的学习体验。讲座式的教学适合信息传播，但对于每天面对海量信息需要进行批判性的筛选和理解的学习者并不一定有效。复杂的教学主题更加需要学生一起参与，一场讲座型的教学方式解决不了问题。研究者们普遍认为互动与合作学习更适合用来获取高阶的学习成效。混合式学习并不是线上课程与线下课程的简单叠加，它代表了一种新的学习途径，将课堂活动与在线活动相混合。虽然面对面的线下课程学习与在线学习的比例可能差别很大，但一定要与特定课程或与专业目标一致。也就是说，混合式学习改变了教与学的结构与途径，是对课程的再设计。总的来说，混合式学习不仅是教育技术的提升，更是信息时代高等教育教学方法、教学理念的创新，是以学习者为中心的全新教育范式（杜世纯，2018）。

　　诸多研究表明，在线教学的教学效果与面授教学的教学效果存在一定差距。混合式学习能够结合在线教学与面授教学二者之间的优势，将在线教学的便捷性与面授教学的高质量结合起来，是一种适合于开放教育的教学模式。

　　混合式学习课堂采用在线开放式教学方式。表 2-1 为开放式教学方式与传统教学方式的对比（赖炜华，祝伟国，2018）。

表 2-1　开放式教学方式与传统教学方式对比

区别	传统教学方式	开放式教学方式
教师的作用	教师主要直接传授知识	教师主要指导学生探究问题、学习方向和学习方法
课堂时间的利用	教师是课堂的主角，占据大部分时间	学生是课堂的主角，占据大部分时间
课内外的重点	课内学习、课外练习并内化知识	课外学习、课内练习并内化知识
学生的表现	学生被动接受知识	学生在实践中主动构建知识和技能
学习内容	主要来自固定教材	包括教材及丰富的网络资源
练习方式	听录音，同学翻译，教师纠错	模拟现场发言及翻译，教师和同学共同评价
评价方式	评价侧重语言形式的错误	评价兼顾内容的组织与逻辑、角色风格的顺应

　　从上表可以看出，混合式学习与传统课堂相比，有很多方面发生了较大的改变。但混合式学习并不是对传统课堂的全面颠覆，而是在传统课堂上融入新的教学理念和信息化教学手段，既保留了传统线下课堂的特征，又对传统课堂进行更新升级，以便适应新时代高等教育的需求。以下从知识传授方面、授课形式和教学方式等方面进行对比论述。

　　知识传授方面，在传统线下课堂上，知识内容主要来源于教师平时的积累和准备，但拓展资源是有限的，这也导致教师无法指导或促进学生更广泛地探索与所学学科相关的知识。基于混合式学习的课堂，在线资源是传统课堂的延伸，教师可以根据学生的个性化需求，及时调用在线优质资源，丰富课堂教学内容，与学生一起探索不同的学习领域。

　　授课形式上，在传统线下课堂中，大多数的学习是基于教师的讲授或讲座，课程设计受时间和空间的限制，灵活性不够，很多活动难以实施。而在混合式学习下，资源丰富，教师可以根据学生的学情或者学生根据个人学习需求，制订个性化的学习计划，推荐不同的在线学习资料，更有针对性地界定学习范围和学习内容。

教学方式上，传统课堂以教师为中心，以知识和技能传授为主导。混合式学习则采用开放式教学方式，教师的角色转变为设计者、引导者和训练者等，课堂从教师为中心转变为以学生为中心，采用翻转课堂形式，知识的习得由课堂内翻转到课堂前，学习内容得到扩展，练习方式多样化，评价方式多元化。另外，传统线下课程的教学方式只有一种，即教师＋黑板＋多媒体（U 盘）。但在混合式学习中，尤其是自 2020 年新冠肺炎疫情暴发后，其学习方式更加灵活多变：腾讯会议、钉钉直播＋学习通互动：电脑＋手机；腾讯会议、钉钉直播＋超星网络教学平台：电脑或手机；超星网络教学平台 MOOC、SPOC 教学＋学习通互动：必备手机；超星网络教学平台 MOOC、SPOC 教学＋后期线下补课：电脑或手机；引用超星教学资源库 MOOC、SPOC 教学：电脑或手机。

总的来说，混合式学习是基于技术的新型教学方式，与传统教学相比，具有以下特征：

（1）以学习者为中心

教师以学生的需求和学习状态为参照，设计混合式学习的教学方法。利用线下教学与在线学习的优势，启发学生的主动性、热情和创造性，使学生在学习过程中获得探索知识的经验和能力。学生拥有选择的权利，可以根据自身的喜好和基础，调节学习节奏和进度。让学生深度参与学习，给学生提供个性化学习、自主学习和探究学习的途径。

（2）多元混合

混合式学习并不是简单机械地将学习内容、教学方法、学习策略和教学工具等掺杂在一起，而是高效地、有规律地、有原则地混合。混合式学习课程在实施过程中结合了多种方式，如翻转课堂、小组讨论、协作学习、模拟仿真等。

（3）多理论融合

混合式学习理论是多种理论的融合，包括建构主义、联通主义、布鲁姆有效教学理论和教育技术理论等，这些学习理论有机地混合在一起，形成全新的学习理论。它不是多种理论的简单叠加，而是多理论的扩展性创新。也不是新技术与旧教学法的简单叠加，而是不断探索如何在移动互联网时代将不同教学方法和教学要素结合起来，提供更优质的教学方案，提高教学质量。

（4）交流互动频繁

基于信息技术的混合式学习的重要特征之一就是师生、生生交流与沟通变得便利。在平台等教学软件的帮助下，师生、生生之间的互动不受时间和空间的限制。线下课堂有助于教师直接观察和了解学生对相关知识点的掌握情况，为学生提供一定的讲解和辅导。课后线上的深度交流与沟通，能让教师获得学生学习情况的反馈，从而及时调整教学方案，真正满足不同学习背景的学生的要求。

2.7　国内外混合式学习研究

21 世纪初，国外已开始进行混合式学习的相关研究，内容涵盖教学模式的宏观描述、教学方法设计，以及研究成果在各级教育学科中进行应用的实证研究。比如，美国宾夕法尼亚大学对在线学习和传统教学的相互结合进行了深入研究，认为混合式学习是"当今高等教育领域内一个必然的发展趋势"。加里森和沃恩（Garrison，Vaughan，2007）阐述了三种不同类型的课程教学，分别是小规模班、大规模班和基于项目开设的"科学写作""护理学"等课程。研究表明，混合式学习能为学习者提供交流渠道，增进师生交流，培养学习者解决问题的能力，以及为学习者提供参与课程与协作学习的机会。此外，国外学者对以混合式学习为主题的国际期刊和硕博论文进行了相关分析与研究（Halverson 等，2012；Drysdale 等，2013；Halverson 等，2014）。其中，霍尔沃森（Halverson）等（2012）主要将研究内容集中在定义、教学模型和主题之上。特拉斯代尔（Drysdale）等（2013）对混合式学习实践研究的迅速发展进行了总结，但对理论缺乏深入探讨。霍尔沃森等（2014）则从研究方法、研究主题及参考的理论框架三个方面进行了相关研究。

国内的混合式学习研究虽起步较晚，却颇受关注。2003 年，何克抗在第七届全球华人计算机教育应用大会上首次将混合式学习的概念引入国内。祝智庭等（2003）首次对混合式学习进行了全面系统的介绍。自此，国内的混合式学习研究拉开了序幕。

何克抗（2004）认为，混合式学习是把师生课堂面授与网络在线学习进行结合的一种新型学习方式，它既要发挥教师引导、启发、监控教学过程的主导作用，又要充分体现学生作为学习过程主体的主动性、积极性与创造性。黄荣怀等（2009）指出，混合式学习是学习理念的一种提升，这种提升使学生的认知方式以及教师的教学模式、教学策略和角色发生改变，其核心思想是根据不同的问题、要求，采用不同的方式解决问题，具体到教学就是采用不同的媒体和信息传递方式解决问题，而且这种解决方式的目的就是要付出最小的代价，取得最大的效益。李逢庆（2016）提出，混合式学习教学模式的设计与构建应贴近师生与课堂，不可忽视教师对学习的引导和组织作用。罗冬梅（2010）对混合式学习课程设计现状进行了考查与分析，认为混合式学习的课程设计应关注学生的学习过程与感受。郑静（2018）在对国内高校混合式教学现状进行调查与分析之后，指出了教师在实施促进性混合中的不足，即传统教学模式和教学方法并未改变这一基本事实。马志强等（2016）对国内外混合式学习研究热点进行了对比研究，并分析了有关研究的发展态势。马志强等认为，就研究主题而言，国外研究更倾向于针对具体的教学情境，从微观角度提出并验证混合式学习的策略与方法，研究方法上多采用多种实证分析法的混合。在理论框架的构建上，国外研究则较多关注设计性研究，而较少关注探索性研究和解释性研究。

自2006年以来，混合式学习的理论与实践研究领域不断拓宽，其范围涵盖混合式学习的理论基础研究、基于技术平台的混合式学习系统建设与应用研究、基于网络公开资源的混合式学习与实践研究、以实证研究为基础的混合式学习有效性研究，以及混合式学习设计在某个具体课程中的应用研究，等等。概言之，混合式学习研究仍呈上升趋势，研究领域逐渐均衡化，混合式学习系统设计的发展趋势逐渐多元化、专业化。

2.8 本章小结

2020年春季学期开学以来，教育界适逢所谓"后疫情时代"，常规的学习方式和教育模式受到冲击，并且不得不做出改变。然而，经过 2020 年上半年的在线教学效果的检验之后，人们逐渐发现了线上教学的弊端，那就是师生之间缺乏面对面的交流，线上教学缺乏互动，教师课堂监管乏力，缺乏教师的现场管理，凡此种种造成了学生专注力的下降，学习效率严重受挫。同时，教师对学生的人文关怀和情感交流也面临挑战（邢西深，李军，2021）。

　　无论是理论研究者、教学实践者，还是教育管理者，都认识到线上教学与线下教学有机结合的重要性，强调形成口头交流与文本交流、同步 SPOC 或异步 SPOC、直接与间接通过媒介交流的融合体。一方面，混合式学习能够兼收在线教学与面授教学二者之长，并能有效规避二者之短；另一方面，混合式学习能够推动教学模式的变革，将移动终端、互联网等信息技术有机整合到学习活动和课程中（冯晓英，2018）。据美国教育部 2009 年发布的研究报告，混合式学习是最有效的学习方式之一，这一点远非单纯的课堂面授教学、远程在线学习所能比（詹泽慧等，2009）。

　　由上可知，信息化教学是未来教育的发展方向，尤其是 2020 年新冠肺炎疫情暴发以来，混合式学习（教学）已成为疫情防控常态化下应对和保障危机时期教学工作的重要方式。因此，对混合式学习模式构建以及教学成效的研究具有重要意义。

第 3 章　口译研究

　　本章首先对口译、口译能力以及口译的跨学科性进行了详细的辨析，系统梳理了国内外关于中西方口译理论与教学研究的相关文献，综述了国内外口译研究方法发展历程。

3.1　口　译

　　随着国家战略的转变，国内外交往的日益频繁，对高素质口译人才的需求日益增多。研究和实践证明，口译是一个非常复杂的动态过程。成功的口译是译员一整套知识体系和各种能力在这一动态交际过程中相互作用的结果（李芳琴，2004）。高质量的口译活动要求译员不仅要掌握扎实的双语知识，还要具有与跨文化交际相关的百科知识体系和各种应对能力。因此，有必要对口译进行综合研究。

3.1.1　翻译

　　2021 年国务院学位办公布了《学位授权审核申请基本条件》，将外国语言文学一级学科下 13 个二级学科调整为五大学科方向：外国文学、外国语言学及应用语言学、翻译学、比较文学与跨文化研究。翻译学正式成为独立学科方向。

3.1.1.1　翻译的定义

（1）传统语文学定义

　　起初，人们只把翻译看作一种在语言之间变换的活动。例如，在《韦伯斯特新大学词典》里，编者给翻译下的定义是："转换成本族语或另一种语言。"但这个定义没有抓住翻译的实质，并且与翻译的社会价值（文化交流）毫无关系，按照这种定义，如果我们把英语的 eraser 一词"翻译"成汉语的"粉笔"，也做到了从英语转化成本族语，但完全是错误的。虽然符合定义，却完全不是翻译。这种词典上的定义属于传统语文学的范畴，不可能对翻译做出科学的定义。对翻译的语文学定义还包括使用相类似的事物给翻译下定义，如后秦四大佛经翻译家鸠摩罗什所说的，翻译"有似嚼饭与人，非徒失味，乃令呕哕也"；又如西方有句著名谚语"翻译即叛逆"。但是，这些比喻都带有强烈的主观色彩，自然不能揭示翻译的本质。

（2）现代语言学定义

后来，人们逐渐认识到语言之间的变换只不过是一种表面现象，更重要的是原作内容的传递。英国著名的翻译理论家卡特福特（1965）将翻译定义为：用一种语言（译语）的等值文本材料去替换另一种语言（原语）的文本材料。他的这个定义开始尝试追求原文和译文在内容上的等值。当然，学者们根据他们对原文内容的不同理解（如意义、观点、概念、精神实质等），对翻译提出了各种不同的定义。其中，斯莱普（1980）提出的一个传统的定义可以作为一个典型的例子。根据斯莱普的定义，翻译是"一个用目的语写的文本来代替用源语写的文本的过程，使其目的在于达到意义上最大限度的对等"。这个定义的优点不仅在于使用了较为科学的术语"源语"和"目的语"，更在于提出了翻译要达到的目标——意义上最大限度的对等。它已经朝翻译的本质迈进了一大步，但离翻译的真正本质——文化之间的传递与交流还很远。不过此阶段的定义体现了以现代语言学为指导的翻译观。

（3）交际学定义

随着现代语言学的进一步发展，产生了现代语言学的一个重要分支——交际学。人们对翻译的实质也有了进一步的了解，其特征是把翻译定义为一种交际或交流。这方面最主要的代表人物是美国著名翻译理论家尤金·奈达。虽然在早期（1993），他提出的定义只是说"翻译就是在译语中用最贴切而又最自然的对等语再现原语的信息，首先是语义，其次是文体"。根据他的观点，翻译意味着用语义和风格两方面都最接近、最自然的译语对等词语来再现源语的信息。后来奈达还明确指出翻译就是交际。实际上，奈达已经接近于说出翻译是不同文化交流之间的一种最重要的媒介，他将交际学中的信息论引入翻译理论。

（4）文化学定义

随后，人们渐渐地认识到翻译活动的社会历史意义。正如蓝峰（1988）

所指出的，翻译是一种双向文化交流的主要形式，和其他形式的文化交流一样，翻译也有其很强的实用性和目的性，也就是鲁迅所说的"拿来"和"吸收"的原则。只有对翻译概念的理解达到这样一个重要阶段，人们在从事翻译活动时才有可能自觉地追求较高程度的文化交流。在思维中对翻译概念有如此高度理解的译者，肯定比坚持认为翻译只是一种语言之间的活动的译者做得更好——如果是他们在其他方面的水平、资质相同的话。当然，蓝峰（1988）并不是有意识地给翻译下定义，而只是在他的论述中对翻译的实质——文化交流有所涉及，因此未引起学术界的足够重视。但他的努力开启了翻译概念文化学定义的先河。后来，王克非（1997）提出"翻译是译者将一种语言文字所蕴含的意思用另一种语言文字表述出来的文化活动"，这就属于翻译的文化学定义了。另外，黄忠廉（2000）在《翻译本质论》一书中给出两种翻译的定义：一个是窄式的，另一个是宽式的。窄式翻译是指译者将原语文化信息转换成译语文化信息并求得风格极似的思维活动和语言活动。宽式翻译是指译者将原语文化信息转换成译语文化以满足读者特定需要的思维活动和语言活动。这些都属于国内较经典的文化学定义。国外在这方面比较有影响的文化学定义有以色列著名的翻译理论家图里（1995）提出的定义："在任何情况下，译文都表现为或被认为是目的语文化中的一种目的语文本。"相比之下，文化学定义最接近于翻译的实质——文化交流。

（5）跨学科定义

近年来，国内外译界出现了百家争鸣的局面，除了文化学派以外，在西方还出现了目的学派、操纵学派、诠释学派、解构学派等。这些学派从不同角度对翻译现象进行多维研究，扩大了翻译研究的范围，深化了人们对翻译本质的认识。相应地，此阶段翻译的定义往往从语言学、文化学、符号学、心理学、传播学的某个角度或多个角度进行综合的阐释和界定。由于翻译本身的复杂性，从多个角度进行综合的阐释和界定较为科学。也就是说，跨学科的定义更能接近翻译的实质，但要看是与哪些学科的结合。到目前为止，普遍认为侯林平（2004）提出的翻译定义是跨学科定义中比较接近翻译本质的。他认为，翻译是译者通过其思维或信息科技手段，将源语文本中表达原作者意图的各种信息，转换到风格极似的译语中以满足读者特定需要的跨语言、跨文化的交际活动。应该说，侯林平（2004）将交际学与文化学这两个学科结合起来提出翻译定义是一个十分正确的方向。但是他还是比较狭义地理解着文化的概念，因此在翻译定义中提出"各种信息""跨语言、跨文化""风格"等字眼。实际上，各种信息都是文化信息，语言也是文化的一部分，风格也与文化息息相关。至于"通过其思维或信息科技手段"比"通过其思维"更全面一些，但未来也许还会有其他手段，不能穷尽，倒不如都不提。如前所述，将交际学与文化学这两个学科结合起来提出翻译定义是一个十分正确的方向。但更应该注意它的结合——文化交流，从文化交流的角度提出翻译概念才真正抓住了翻译的实质。

3.1.1.2　翻译学科发展

姜秋霞、曹进和穆雷等人（2009）重点论述了翻译教学的课程设置、教学目标、师资培养和教材建设。罗选民（2002）基于加拿大学者让·德利尔（Jean Delisle）提出的"教学翻译"和"翻译教学"这两个概念，指出了中国大学翻译教学普遍存在的问题，如缺乏整体的计划设计；课本上的知识点、理论技巧和非翻译练习等可能会重复出现；片面强调翻译知识，肤浅地用来比较源语与译语的异同；缺少高质量的教科书，缺少大量合格的教师，缺少研究机构等，并由此提出了一些相应的思路和方向以解决上述问题。鲍川运（2003）拓展了"教学翻译"和"翻译教学"的意义范围，从提高翻译的质量和译者的地位以及翻译学科的建立等方面探讨了专业翻译的训练。穆雷（2009）从课程设置、教学定位和师资培养等方面探讨了翻译教学的现况，并推荐了一些参考书目供学界开展翻译研究。潘卫民和李巍（2007）基于格式塔理论框架，区分了语言能力和翻译能力，从符号学、心理学和美学等角度出发，强调应采用整体性原则来提高学生的整体翻译水平。陈科芳（2009）提出了本科翻译教学的改革目标，包括课程设置，开辟第二和第三课堂，加强专业实践和自主学习，完善人才评估体系。刘季春（2010）对比了偏重实践和理论的教学模式，介绍了其于 2006 年提出的"观念建构"模式，即教师基于自身的翻译见解，从翻译理论发散出不同的翻译观念，随后围绕具体的翻译观念来选择典型的材料以形成系列教学模块。然而，这"第三种模式"仍以理论为主，并未脱离"教学翻译"和以教师为中心的惯例，较为片面。再如，丛滋杭和穆雷等（2004）论述了翻译理论与翻译教学的关系，但大多停留在理论指导和观念层面，从学科发展的角度来论述翻译教学问题，带有总括性，在具体的教学实践中，却无法提供可行的操作方式。即便是杨雪燕（2017）选取了语篇语言学特别是系统功能语言学，提出翻译教学应参考语篇分析方法和系统功能语言学观点，在这种思想指导下的实践有助于教师解释译文的评价标准，她依然用了大量篇幅来解释"语篇"及相关的语言学概念。因此，该观点虽然在评价译文好坏方面提供了指导，但在翻译教学方面没能深入下去，仅提供思路而缺少具体操作方式。

3.1.1.3　翻译研究分析

（1）研究性质

根据研究目标的性质及其效用，翻译项目可分为四类：

基础性本体研究：多为翻译本体要素分析，如翻译性质、功能、过程、质量评估等。此类研究持续增长，但变化不大。

应用性实践研究：多为翻译操作规范与实践，如翻译实践与策略（翻译、注释、整理等）、翻译教学（包括测试、翻译能力、现代技术等）。此类研究比重较大（整体超过50%）。

社会性认识（咨询型）研究：多为翻译社会影响分析，如翻译与中国文学、文化、政治的关系，翻译对中国文化传播的影响等。此类研究比重较小（整体为13%），但近年增长明显。

综合性研究：兼有上述三类之两类或三类。此类研究比重最小（6%）。

（2）研究层次

根据研究对象的层次，翻译项目分为微观与宏观两类。微观研究关注本体特征、操作规范等议题，依然是翻译研究的主体（整体占67%），而宏观研究侧重翻译的社会文化属性以及与意识形态、权力关系、国家发展等范畴的相互影响，比重依然较小（33%），而且近年增长幅度也小于微观研究。

（3）研究跨度

根据研究对象的时间范畴，翻译项目分历时和共时两类。共时研究考查同时期内的翻译活动，分析翻译现象的静态特征与分布。共时研究近年虽起伏不定，但依然是主体（68%）。历时研究关注翻译现象或理念的发展变化，强调翻译研究的历史观与动态属性。历时研究近年持续增加，近三年平均增幅达56%。

（4）研究主题

依据芒迪（2012）、谭载喜（2000）、许钧和穆雷等（2009）关于翻译研究体系及领域的论述，中国翻译研究的主题主要包括六类。

翻译实践、策略与产品：比重最大，侧重文本语言的转换与策略分析和国内各民族典籍的翻译、校注、分析，重大重点项目也属于此类，多涉及哲学、宗教学等学科的国外文献的整理与翻译。

翻译理论研究：虽然理论视角日趋丰富，但多为国外理论的验证性或应用性研究，对中国传统翻译理论的现代阐释明显不足，更鲜有基于本土翻译实践的理论创新。

现代信息与语料加工技术：已成为翻译研究近年关注的热点，特别是语料库翻译研究增长明显，成为当前翻译研究的热点话题。

翻译历史：多集中于明清与民国时期（78%），其他时期没有形成系统研究，特定地区、特定时期的翻译史研究尚待开拓。

文本的译介与传播：重点考查翻译活动及其产品的对外传播过程，分析其具体成效及原因，但比重不大，没有形成规模效应。

译家研究：重点分析知名译者翻译活动，同时，译家群体特征也成为近来考查的对象，分析特定地域、时期、流派等因素对译者群体的影响，但译者层次、范围、群体社会效应等因素尚待系统分析。

翻译教学、翻译批评、翻译市场、翻译过程等问题关注严重不足。

（5）翻译研究"热点词"

根据项目主题词的出现频次，翻译研究"热点词"分布如下：

"文学"频次最高（30 次），说明虽然经济、贸易、社会等非文学翻译占据当前翻译市场的主要份额，但文学创作及其影响依然是翻译研究的核心议题。

"历史""语料库""佛教""典籍"备受关注（均在 20 次以上），特别是佛教典籍的翻译、整理与阐释始终是翻译历史研究的重点，而依托语料库审视翻译规律、启示翻译教学与实践则成为翻译研究的重要领域。

"文化""评介"占据一席之地，显示出对翻译活动跨文化意义的重视。

"传播""编译""批评"关注有限（均不到 10 次），而"教学""市场""能力"等颇受冷落（均不到 5 次）。

（6）翻译方向

根据对语言转换方向的侧重，分为外译中和中译外两类。除大量翻译方向不明确的研究外（46％），外译中依然是研究重点（占40％），中译外虽然逐年增加，但增长幅度不大，且比重偏小（14％）。中译外研究题材集中于中华典籍（主要是哲学思想）（50％），其他题材（如中医、军事、外宣等）逐步"升温"，增长幅度近年也超过典籍。

根据翻译工作类型，方向分为笔译和口译两类。笔译是翻译研究的绝对核心（占97％），口译研究凤毛麟角，自2002年首次设立"英汉双向口译虚拟教学系统"项目以来，迄今只有12项，数量及增长幅度均严重不足。

3.1.1.4 国内外翻译研究现状

（1）理论与实践并存，但"知""行"分离

首先，理论性研究虽然数量不断增加，但均为应用或验证分析，批判性思考不足，理论或概念创新更为少见，其突出表现是：虽然新材料（如军事、医学、法律文本）、新方法（如语料库）不断成为关注焦点，但由此衍生的新理论、新概念、新术语依然匮乏。其次，理论与实践依然泾渭分明，二者紧密结合的研究为数不多，部分基于翻译实践的理性思考仍属指导翻译实践的操作规范层次，尚未上升至解释翻译现象、预测翻译发展的"纯理性"高度。

（2）"体""用"兼顾，但"虚"大"实"小

翻译研究多关注微观本体性现象或属性（翻译性质、功能、过程、质量评估等），也考查翻译实践操作规范的形成与作用，但整体上仍局限于（甚至满足于）象牙塔式的学术探索，需求导向的宏观社会应用性研究明显不足（如翻译对文化要素传播及国家形象建设的影响、翻译市场规范对翻译活动的制约等），翻译研究的社会反拨作用亟待加强。

（3）"现实""历史"交错，但"点"多"线"少

翻译研究的共时特征突出，热衷于翻译现象静态属性的阐释或证明，而对翻译活动的历史性解读、对翻译概念与规范演变规律的动态探索明显不足（如中国传统译论的现代多元阐释与应用），导致研究格局零散、无序，不利于对翻译现象形成系统而完整的认识。

（4）主题多样，但"冷""热"不均

翻译研究主题日趋多元，既说明研究视野不断扩大，也反映出研究关注程度的差异。一方面，文学体裁、典籍文献、语料库技术成为研究重点，虽然利于形成研究的"规模效应"，有助于进行系统而深入的探索，但也容易造

成雷同主题的"重复建设"，无益于提高学术资源使用效率，更不利于学科的综合发展。另一方面，翻译批评、翻译市场、特殊领域或体裁（如中医、饮食、戏曲等）、特殊翻译类型（如口译）仍属"偏远落后地区"，对这些边缘地带的关注与扶持，既有助于对翻译活动的全面认识，也利于开拓翻译研究的新领域。

（5）中外兼修，但"内""外"有别

翻译研究既关注域外信息与观念的引入与分析，也考查本土思想与文化的对外传播，但外译中的实践与研究依然是重点，而中译外不仅比重偏小，而且多为文本的语言转换（如中华学术作品外译工程），对中译外的组织程序、质量控制、接受效果等关键要素尚缺乏系统的调查与分析。

（6）方法多元，但"量""性"不齐

研究方法逐步摆脱了中国传统翻译理论"精于理性阐释、疏于数据分析"的主观印象式研究，量化的实证数据收集与系统分析成为翻译研究的一个发展特征，但尚未形成规模。定性研究依然是当前翻译研究的主流方法，定量与定性结合的复合型研究尚须强化，尤其是跨学科研究仍停留于概念移植、理论嫁接的初级层次，方法转换、理论延伸等深层次的跨学科应用亟待突破。

3.1.2　口译的定义与特点

口译（Interpreting）是翻译的一种类型，它是在源语一次性表达的基础上对其他语言所做的一次性翻译。该定义体现了口译的两个特征，即源语（Source Language）表达的一次性和目标语（Target Language）产出的即时性。梅德明（2012）指出，口译是一种通过口头表达形式，将所感知和理解的信息准确而又快速地由一种语言形式转换成另一种语言形式，进而达到完整并及时传递交流信息之目的的交际行为，是现代社会跨文化、跨民族交往的一种基本沟通形式。口译是一个系统的、策略性的话语信息处理过程，该过程涉及的认知机制及其认知运作模式十分复杂。相对于笔译而言，口译具有即时性、现场性和一次性的特点，过程更为复杂，交际环境更为特殊，且对两种语言的处理具有共时性特征，需要译员在有限的时间和认知资源范围内准确、高效地完成任务。一位合格的译员，除具备基本的双语语言能力外，还需要有社会文化知识、百科知识、专业知识、跨文化交际能力及特殊职业能力等。职业化离不开三个要素：职业素养、职业行为规范和职业化技能。职业化就是职业技能的标准化、规范化、制度化。翻译教学过程是实现这"三化"的过程，也是衡量翻译人才质量的标准。另外，还需要具备良好的心理素质、快速的临场应变能力、敏捷的思维能力和较强的沟通能力等。

3.1.3 口译能力研究

翻译能力尤其是笔译能力一直是 20 世纪 80 年代以来国内外学者的关注热点之一，但是口译能力的系统研究则相对较少。随着 21 世纪以来翻译学科在我国的蓬勃发展，翻译能力的"系统化"研究逐步成为我国学界关注的热点，以翻译能力为核心的不同层面的研究正在逐步展开。自 2009 年浙江金华"全球化视域下的翻译教学与研究学术研讨会"（下文简称"金华会议"）之后，口译能力的系统研究也提上了新的日程。

3.1.3.1 口译能力的构成

在国内口译研究领域，金华会议之前，部分学者的研究论及了口译能力的构成问题。仲伟合将译员的知识结构划分为"双语知识版块、百科知识版块和技能版块"（仲伟合，2003，2007；仲伟合、王斌华，2010）。王斌华（2008）从口译质量评估的角度出发建议区分"口译能力"和"译员能力"，并将"口译能力"中涉及的"语言能力模块""知识模块""口译技能模块"作为"译员能力"的"智力性因素模块"来看待。除此之外，王斌华还补充了涵盖译员心理素质、身体素质和职业素质在内的"非智力性因素模块"。李明秋（2009）也对口译员的能力要素做了描述，他所采用的大分类与前者趋同，但将口译能力诠释为听辨能力、记忆能力、笔记能力和释义、意译能力。金华会议之后，口译、笔译能力，尤其是口译能力的系统研究再度引起国内学者的重视。

在金华会议上，王克非重新审视了双语能力、交际能力与翻译能力的辩证关系，强调了翻译能力研究过程中区分不同类型翻译活动的重要性，如笔译与口译、科技翻译与文学翻译的区分等。自此，刘和平带领其研究团队开始重点探索翻译能力尤其是口译能力的层次化发展规律及其相应的阶段化教学模式和评估模式。董燕萍于 2010 年携其研究小组成功申请了以"口译能力立体化结构与口译训练中的优化过程"为研究主题的国家社科基金。这些最新进展表明口译能力的系统研究将成为学界的新焦点、新任务。

从最近的研究成果来看，苗菊（2010）"从用人单位的角度审视职业译者应具备的技能"提出了将"技术写作"能力（"涵盖一切传递技术信息的文本类型和文本格式"的写作能力）的培养纳入 MTI 翻译能力培养的范畴。俞敬松、王华树（2010）结合当今社会迅速发展的高科技和翻译市场对翻译人才培养提出的新要求及北京大学计算机学科教育的优势，提出培养"懂语言、懂文化、懂技术、懂管理"的新型计算机辅助翻译硕士的新思路。虽然上述新观点是针对 MTI 专业翻译能力培养的整体描述，但是对口译能力的构成研究也有一定的启发意义。译员借助高科技和计算机来提高口译效率也应该是其口译能力培养的一部分。

刘和平（2011）综合现有的口译能力划分的四种论断，即翻译能力二分法、翻译能力分力论、翻译能力阐释、抉择论和技能培训论，提出了职业翻译能力构成的整合模型。此模型将翻译能力概括为双语能力、分析综合抉择能力、语篇处理能力和职业能力。这四种能力囊括了翻译能力的各构成要素，如双语能力中的工作语言使用能力和跨文化交际能力、分析抉择综合能力和语篇处理能力中的阐释分析、抉择、记忆、文化转换和言语生成、职业能力中的资源、工具使用和职业道德等。在此整合模型基础之上，刘和平还以交替传译和同声传译为例，提出了自己的"口译能力发展阶段表"（表 3—1），进一步详细描述了口译能力发展的阶段化特征和相对应的训练模式。此表将交替传译的能力培养作为同声传译能力培养的初级阶段，同时将交替传译的能力发展（或培养）概括为四个阶段，将同声传译的能力发展（或培养）概括为六个阶段。各个发展阶段以口译类型和技能自动化程度为标准来划分层级界限并实现连贯衔接。不同的发展阶段内以技能构成为主线，对其进行分解阐释。

表 3-1　口译能力发展阶段表

交替传译 1：入门阶段（视听说）			
热身：了解职业，纠正语音语调，纠正姿态，把握讲话节奏			
无笔记训练	母语听辨记忆	信息的视觉化、形象化、现实化＋逻辑分析＋大脑记忆方法	借助各种手段记忆方法
	外语听辨记忆		
	转换训练		
无笔记与有笔记专有名词交替训练	画画＋综述＋删除	笔记的引入	大脑与手的协调方法
	开头、结尾、数字、专有名词＋框架	仍以大脑记忆为主	强调其与信息的关系
	篇章连接词	借助常见符号记录	部分常用符号使用方法
	关键词	常规记录方法	部分常用缩略方法
测试：重点在听辨、理解、分析和表达能力，可采用综述、复述、摘要等方法			
交替传译 2：基础阶段（技能分节训练）			
热身：了解职业	口译职业的各类照片，使用口译的场合、工作条件、国际机构等		
译前准备	选择与各校特色结合的主题	准备中应运用的方法和常见问题的处理	熟悉工作语言
口译程序：通过无笔记训练强调"得意忘言"的重要性	母语听辨记忆	信息的视觉化、形象化、现实化＋逻辑分析＋大脑记忆方法	借助各种手段记忆方法
	外语听辨记忆		
	转换训练		
有笔记与无笔记交替训练（快速过渡）备注：该阶段需注重语言能力与翻译能力提高的交替进行	画画＋综述＋删除	笔记的引入	大脑与手的协调方法
	开头、结尾、数字、专有名词＋框架	仍以大脑记忆为主	强调其与信息的关系
	篇章连接词	借助常见符号记录	部分常用符号使用方法
	关键词	常规记录方法	部分常用缩略方法
交替传译 3：交传模拟（各类口译场合的模拟翻译）			深入了解口译职业特点和要求，心态训练，各种问题的处理

交替传译 4：强化—自动化阶段			
巩固笔记，并以主题为线，结合各校特色，在获得相关领域知识的同时实现口译技能的自动化	叙述类讲话 论述类讲话 描述类讲话 祝词等各类讲话 带稿翻译	从听辨理解转入信息的抉择、记忆和表达	讲话包括一定比例的陌生词或信息；长度从 3~5 分钟延长到 5~8 分钟，语速也从 180 字词/分钟左右提高到 190 字词/分钟左右；不同口音、状况的处理等。翻译的准确度和完整性不断提高，翻译的表达水平接近职业化
同声传译 1：交替传译向同声传译的过渡阶段			
交传长度逐渐减小	情感性强的讲话	从几分钟的讲话过渡到逐句翻译	
高声朗读与记忆	一般性讲话	逐段朗读后立刻说出其内容	
母语单语复述	实用类讲话或文章	熟悉工作语言和翻译主题	
母语延迟复述	实用类讲话或文章	熟悉工作语言和翻译主题	
外语单语复述	实用类讲话或文章	熟悉工作语言和翻译主题	
外语延迟复述	实用类讲话或文章	熟悉工作语言和翻译主题	
注意力分配	影子与分心练习	听、思辨、记忆、笔记、表达的交叉	
同声传译 2：会议同传准备			
同传设备的使用：译厢、设备、录音录像、网络的使用等			
视译 1：有稿	根据学校特色选择不同主题的各类讲话	根据语对选择列举的处理方法：顺句驱动、酌情调整、超前预测、信息重组（做到言之有意，表达流畅）	
视译 2：传译（有译文稿）	根据学校特色选择不同主题的各类讲话	听、读与脱稿处理，讲话人语速太快时如何选择信息，等等	
同声传译 3：技能训练分节训练（讲话主题、内容和语言根据技能训练要求由易到难）			
讲话开头	上下文不十分清楚	逐句翻译与等待	

续表

数字翻译	讲话中出现少量数字	数字处理技巧
断句与解释	熟悉的主题	长句的处理
重复与解释	熟悉的主题	等待中
简约与增补	熟悉的主题	明喻与暗喻（跨文化现象的处理）
归纳与预测	熟悉的主题	语篇的衔接
耳语同传	可使用 PPT 文件	边看边综述或翻译
PPT 文件与翻译		对非英语的，PPT 为英文处理方法
接力口译		汉语为会议通用语言
电话/网络口译		采用电视转播形式等
同声传译 4：强化—自动化阶段		
巩固各种技能，并以主题为线，结合各校特色，在获得不同主题相关领域知识的同时实现口译技能的自动化	不同主题	注意采用不同民族讲同一语言的讲话，熟悉不同层次的人讲话口吻和习惯，并通过"动作"的重复、交叉等练习协调精力分配，解决听、思、说、写和自我监控等问题的协调
同声传译 5：接力同传		
接传特点 设备使用 接传表述与直译的区别 接传语速（如何跟上讲话人）	不同主题	非通用语中接英语或汉语居多，因此，英语同传尤其应重视该训练，强调出来的句子意思要清晰，不要讲半句话，坚决避免口头禅
同声传译 6：英—其他通用语（法、西、德、日、韩等）		
待培养 指在一对语言互译技能掌握后可根据市场需求进各类常见主题行英语与任何一外语的翻译	各类常见主题	如果能找到可以从英语直接翻译到汉语以外任何一语言的外国人最好，如果中国人做，需要 C 语言和 B 语言都十分过硬

口译过程的复杂性决定口译能力构成上的复合性。从一定意义上来讲，

国内外现有的口译模式的构成要素也均可看成是口译能力的组成部分。据此，口译能力（包括同传和交传）至少可以涵盖脱离语言外壳能力、听取分析能力、短期记忆能力和协调能力、记笔记能力、记忆能力、笔记信息读取能力、译语生成能力（Gile，2009）、话语分析能力、跨文化理解能力、源语及言外知识的理解能力、目标语重构能力、转换能力（林郁如，1999）、决策能力等。

如此纷繁复杂的构成应该采取怎样的线索才能清晰地概括或统筹其脉络？这不仅是一个口译能力构成的问题，而且是一个涉及口译能力研究和口译能力培养的层次化和系统化的问题。从能力构成分类的角度来看，国内外学者在翻译能力构成和翻译能力习得等问题上已取得的研究成果对研究口译能力的构成具有一定的参考价值。贝尔（2001）认为译者能力包括理想的双语能力和专家技能系统，后者主要由知识基础、推理机制和交际能力构成。PACTE（Process of Acquisition in the Translation Competence and Evaluation，翻译能力的习得过程与评价）（2005）研究小组在其翻译能力构成图示中，将翻译能力分为双语能力、超语言能力、策略能力、工具能力、翻译知识、心理和生理组件六部分。苗菊（2007）将翻译能力的构成分为三大类：认知能力、语言能力和交际能力。上述翻译能力构成的三种分类较为宏观，虽然三位学者之间有些出入，但可以统一概括为语言能力、认知能力、交际能力和转换能力四大部分。

口译能力也可以概括为语言能力、认知能力、交际能力和转换能力四大部分。在口译活动中语言是媒介，认知是载体，交际是目的，转换是方法、技巧和策略。本节所论述的口译能力的不同构成要素和口译能力的研究和培养过程均可以从这四个层面来概括。语言能力包括词汇、句法、语义、语用等各个语言层面的语言处理能力；认知能力主要涵盖了认知机制的认知能力、与各种口译子技能相对应的认知能力、口译能力培养过程中各种认知机制的语言处理能力等，如短时记忆能力、工作记忆信息处理能力的联系、长期工作记忆信息提取线索的保持（许明，2010）、双语词汇提取能力、源语理解能力、借助语用信息展开推理的能力、借助百科知识展开推理的能力等；交际能力涵盖双语交际能力、跨文化交际能力等各层面；转换能力是指译员在特殊的口译交际环境下，根据双语的语言特点、待传递信息的特征和自身的认知能力，在源语理解过程中迅速做出抉择、决策、决定并及时采用恰当的转换方法、转换技巧和转换策略完成译语表达的能力。上述各种能力均可构成跨学科口译能力研究的客体。

3.1.3.2 口译能力研究的维度

口译能力研究要区分不同的维度，这样才能展开从点到面、从面到点的系统研究。结合上节论述的口译能力的构成和分类，在跨学科口译研究过程中，可以遵循"以口译技能组成为主线，以语言能力、认知能力、交际能力三大层面为研究维度"（简称"一大主线、三大维度"）的原则来展开研究。从研究范畴上来看，口译能力的跨学科研究汇总了口译能力的构成研究、口译能力发展过程研究、量化方式研究和阶段化教学模式研究四大组成部分。

以技能为主线是现有口译能力培养的主要特征，也可作为口译跨学科研究的主要线索之一。这就要求口译研究过程中对各种类型的口译技能进行分解，然后按照各个子技能的习得顺序、级别高低和自动化程度来区分不同的口译能力培养阶段。在每个子技能层面，均须从该子技能所涉及的认知机制、所需求的认知能力及该子技能要求的语言能力、交际能力展开详细的描述和实证性研究。这样，"一条主线、三大维度"的研究就可以覆盖口译能力研究的各个层面。

在口译能力研究过程中要注重口译能力发展的层次性。口译能力的发展是层次化的，尤其是在现有正常的教育体制下，其发展过程应该是与口译的教育教学过程相吻合的。这就要求在口译教学过程中应该在不同的阶段突出不同能力的培养。自动化程度是阶段划分和不同阶段量化的主要依据。口译技能的习得可大致分为初具能力阶段、熟练阶段和专家水平阶段。初具能力阶段的技能中心是对情景做出整体的分析和规划；熟练阶段的技能中心是同时运用经验与直接的理性与分析；专家水平阶段是完全依赖直觉的阶段（Chesterman，2000）。

在阶段化划分的基础上，应该注重与不同阶段能力培养相对应的教学模式、能力量化标准和相应教学效果的研究和测量。这几个层面的研究须注意描写性研究与实证研究的结合，两者之间互为补充、相互依赖。描写性研究有助于抓住口译的表层现象、口译过程中各种作用因素之间的相互关系，但是所取得的结果说服性较差。在描写性研究的基础上展开实证研究可以让观察的现象和取得的结果更具有效力。

口译能力的跨学科研究需要特别注意以下几个层面：一是严格定义意义单位、意义、逻辑、信息等专业术语；二是注意同一阶段、同一研究维度下子能力构成的划分和不同阶段同一子能力之间的阶段化过渡；三是在研究口译能力的阶段化发展变化模式时，要与口译能力培养的教学模式相联系，通过对特定教学方法所取得的教学效果的跟踪调查和量化分析，确定子能力的阶段化量化标准和发展变化曲线；四是注意口译能力与各种子能力之间的发展变化关系，前者是后者综合作用的结果，口译能力的发展也应该是呈曲线形的。

在口译能力培养的过程中也应该注意上述"一大主线、三大维度"之间的配合，改善现有单一的"以技能为主线"的教学模式。语言能力的培养应贯穿口译能力培养的始末；整个口译能力培养过程中须针对不同口译子技能所需求的认知能力展开针对性训练；不同的培养阶段应该突出受训人员所应具备的不同交际意识和交际能力。上述三种不同维度的训练方式在口译员培养过程中的训练层面和所起的作用是不一样的，三者的结合可以提高口译能力培养的效率，其具体效果有待在口译教学实践中来检验和证实。

3.1.3.3　口译能力研究的框架模式

口译能力的系统研究和研究步骤需要结合学科结构设置、教学周期和专业课程设置来展开。结合现有的翻译学科学位设置的实际情况，可以得出二维图示（见图 3-1）。其中的横轴代表的是不同的学期，纵轴代表的是口译能力的不同子技能，横竖坐标交汇所形成的方格代表不同学期所应培养的子技能，同一学期内各个子技能的综合表现（或累加）就构成这一阶段要培养的口译能力。每个子技能都可以通过语言能力、认知能力和交际能力三个层面来描述其构成。口译能力的发展变化也可以通过调查跟踪学生译员同一子技能不同构成要素的发展变化或不同子技能的发展变化情况来实现量化。

需要说明的是，在口译能力研究过程中应该特别注意主要能力与附属能力之间的关系，所采用的教学方式也要注意在突出重点能力培养的同时兼顾其他附属能力的培养。此外，口译能力的发展应该是呈曲线形的，其观察测量只能长期跟踪完成。因此，口译能力跨学科研究的关键在于结合教学找到一种长期的检测和测量手段，并在学期学习和某一阶段的能力培养结束时对其能力发展变化过程进行量化汇总。

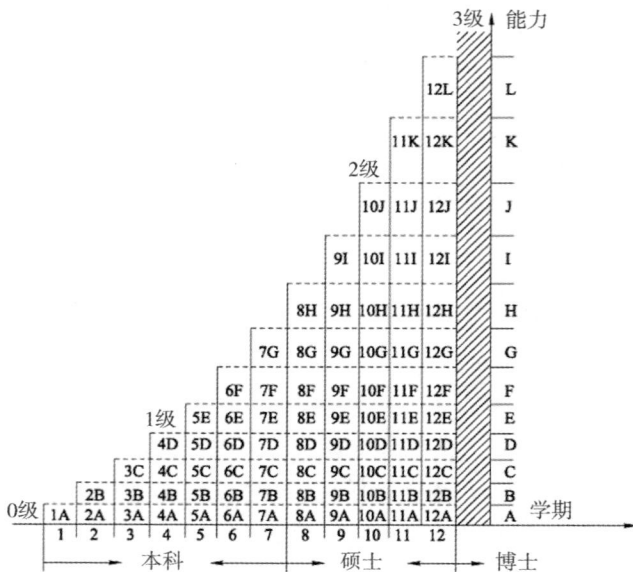

图 3-1　口译能力二维图

3.1.4　口译的跨学科性

口译能力和口译的跨学科研究是现今国内外口译研究领域关注的两大热点。

跨学科研究是指不同学科、不同领域的专家、学者通过合作，采用不同的研究途径来研究某一学科、某一领域的同一个问题，并最终达到一个共同的目标。跨学科研究区别于多学科研究，强调学科之间的交叉与融合。口译的跨学科研究由来已久，包括所有借用其他学科（包括单一学科或多个学科）的研究途径、围绕口译某一问题所展开的研究。在此，我们首先回顾国内外跨学科口译研究的发展历程，并论述口译跨学科研究的困难和必要性。

3.1.4.1　国外口译跨学科研究

在口译研究的发展历史中，20 世纪 60 年代和 70 年代初心理学家展开的研究可看作是跨学科研究的开始。20 世纪 70 年代初至 80 年代中期，许多译员逐步介入口译研究活动，在此期间也掺杂了个别具有"跨学科成分"（如 Anderson，1979；Mackintosh，1983）和"跨学科需求"（如 Stenzl，1983）

的研究（Gile，1997）。自 1986 年特里斯特口译大会（Symposium on Teaching Conference Interpretation）（Gran & Dodds，1989）之后，口译的跨学科研究成为一个"积极、持续的跨学科活动"，此次会议为口译跨学科研究的发展提供了一个契机。20 世纪 90 年代中期，"跨学科性"已经成为翻译学研究所正式接受的一种研究途径，许多口译研究体现出了一定的跨学科性，甚至将跨学科性作为他们研究的主要目标（Gile，1997）。

20 世纪 80 年代初至 90 年代末，随着认知心理学、语言学等相关学科的发展，口译的跨学科研究取得了深入发展。吉尔（Gile）于 90 年代中期把同声传译推向实证研究，赛顿（Setton）从 90 年代末开始采用同传语料分析与实证研究相结合的方法来拓展口译研究。这一时期的跨学科研究也取得了前所未有的显著成果。例如，塞莱斯科维奇（Seleskovitch）结合神经心理学提出的囊括了知识整合、概念重构和译出语同步表达三大构件的感觉神经处理过程；勒得雷（Lederer）综合语义学和认知心理学对释意理论中认知补充（complements cognitive）概念的阐释；斯坦茨（Stenzl）、麦金托什（Mackintosh）、库尔兹（Kurz）、卡琳娜（Kalina）、波奇哈克（Pochhacker）对口译话语处理策略的整体性描述；丹克斯（Danks）、吉诺特（Guinot）等对口译各种认知现象的认知心理学阐释等；莫塞尔-梅瑟（Moser-Mercer）结合心理语言学提出的语义概念网络；吉尔（Gile）结合认知心理学"记忆理论""信息处理能力"假设等提出的精力分配模型；赛顿（Setton）结合认知心理学和语用学提出的"译员基本能力和子过程框架"模型等（许明，2007，2010）。

近 10 年来，口译的跨学科研究进一步深入发展。以德格鲁特（De Groot）、克里斯托费尔（Christoffels）、克罗尔（Kroll）等认知心理学家为代表的学者对职业译员的同传任务技能展开"解构"和"实证"研究（De Groot，2000；Christoffels，De Groot & Waldorp，2003；Christoffels & De Groot，2004；Christoffels，De Groot & Kroll，2006）。日本名古屋大学 CLAIR 中心以松原（Matsubara）为首的语料库研究学者构建了目前世界上最大的日英同传语料库，并借助对日英同传语料的统计分析来研究同传理论和多语言交际支撑环境的设计（Matsubara 等，2002；Tohyama 等，2004；Tohyama，H.，Matsubara，S.，2006）。这些都为口译的跨学科研究打开了新的思路。

从研究领域来看，口译的跨学科研究已经涉及了语言学、心理学、社会学、测量学、管理学、符号学、语言哲学、交际学、语篇语言学、医学等多种学科，并且在口译培训模式、语言、认知、质量评估和从业等问题的研究上继续向着纵深的方向发展（Gile，1997；张威，2009；帅林，2007）。

3.1.4.2 国内口译跨学科研究

在国内，口译的跨学科研究始于 20 世纪 90 年代末（张威，2009；帅林，2007）。国内口译研究的先驱鲍刚、刘和平、蔡小红三位留法博士归国后便开始在中国传播、介绍释意理论，并注意到了口译研究的跨学科属性，将口译动态过程的研究提上日程。从 20 世纪 90 年代末开始，随着两年一届全国口译大会的召开和口译研究的逐年深入发展，国内学者开始借助认知心理学、功能语言学、测试学、语用学、心理学等相关学科理论对口译教学、口译现象、口译质量评估、口译认知机制、运作过程等展开不同层面的研究（张威，2009；帅林，2007）。近十几年来，国内学者跨学科研究意识逐步加强，对口译跨学科研究中的实证研究方法也越来越重视。目前，国内的口译跨学科研究呈现日趋客观化和科学化的趋势（张威，2009；帅林，2007）。

但是，国内的口译跨学科研究在跨学科的借鉴水平上和研究方法上还有待进一步提高，跨学科研究的系统性也有待进一步加强。目前，尽管国内口译跨学科研究所涉猎的领域已经不少，但是这些研究（张威，2009；帅林，2007）多数是围绕某一个主题所展开的局部研究，研究的目标性尚有待明确。此外，口译毕竟是一个涉及语言、认知、技能、策略等多层面的复杂整体。在跨学科研究过程中应该注意均衡上述各个层面及其口译各个子环节与口译整体活动过程之间的关系。尤其是认知层面的研究，局部认知机制的研究所取得的成果有待纳入整个口译认知过程中来检验（许明，2010）。因此，加强口译跨学科研究的广度、深度和系统性应该成为下一阶段口译跨学科研究的主要任务。

3.1.4.3 口译跨学科研究的必要性

口译是个复杂的语言和认知的处理过程，实验组织设计过程中因变量的选择构成口译跨学科研究的首要困难。译员口译能力的表现是综合因素作用的结果，怎样在实验过程中通过实验条件的控制来科学有效地检测出某一因变量与译员能力表现的因果关系呢？尽管有些学者已经展开了部分实验性研究，但这个问题仍是口译跨学科研究需要深入思考和解决的一大问题。有些学者，尤其是口译员对实验室取得的研究结果表示质疑。他们对认知心理学家事先设定的认知模式和以低水平认知活动为基础所展开的实验测试的有效性表示怀疑（Gile，1997）。他们认为，译员行为的许多决定因素都是在职业环境下才得以体现的，比如说译员的职业责任感、译员对听众和同事的期待、译员对顾客反应的反馈、厅内外讲话人与听众的互动等（Gile，1997）。

在翻译学科（包括口译）是否需要展开跨学科研究的问题上，有些学者在表示忧虑的同时，也表示出了肯定。孙艺风（2010）认为，跨学科研究"虽为译学研究注入了华丽，带来了生机，但也使译学研究的学科界限产生了问题"。他指出，翻译研究"重要的是对翻译现象和经验的理论化，并在认知和实证两方面取得均衡，同时探索、发现理论的产生、途径、过程和其范式的发展变化规律""唯有通过真正意义上的跨学科对话，翻译学才有可能摆脱目前的学科困境"。因此，他主张，跨学科研究要"做到多元吸纳，熔铸新体，真正形成不同学科之间的良性互动"。

具体到口译，吉尔（Gile）曾专门论证了跨学科研究的必要性，将进行口译研究的主体区分为"实践研究型"学者（Practissearcher）和对口译感兴趣的"科学家或学者"。他认为，前者仅仅对娴熟水准的口译工作过程感兴趣（Gile，1997）。这恰恰与认知科学家的模式化研究途径相反，如莫塞尔-梅瑟（Moser-Mercer）和兰伯特（Lambert）（1997）所进行的研究。"实践研究型"学者赞同借助其他的学科来加深对口译过程的认识（Gile，1997）。Gile（1995，1997）将自己的"精力模型"看作"实践研究型"学者采取跨学科研究途径的一个代表性成果。他特别指出，这样的模式需要采用认知心理学研究方法来进一步证实。他还总结了若干口译研究需要跨学科支持的论证。他认为，译员语言技能的历史发展和口译语言特征的分析需要语言学概念、方法和分析途径等层面的支持；译员的社会角色需要社会学概念和研究工具的支持，尤其是非技术问题所导致的不同交际方式和交际结果的问题。

从研究方法上来看，口译的跨学科研究也存在其必然性。勒德雷将现有的口译研究方法区分为两大类：一类是"人文派"，包括在结构语言学基础之上构建比较科学、理论研究、描述研究、人类文化学、后殖民主义研究等；另一类是"科学派"的研究，此类研究借助有声思维、心理学、眼动等方法来实现。论及两种研究之间的关系，勒德雷认为，"人文"学者仍需要"文本语料或用于观察的录音材料"，从观察到的、积累起来的个案出发得出带有普遍意义的结论。而科学学派则应该"至少在一定期限内，把研究结果融入理论框架内""两种流派都需要抱有开放意识，因为只有这样做，才有益于翻译学科的建设和发展"。勒德雷的论断表明，口译研究的发展需要跨学科理论和方法的介入。

需要特别说明的是，口译的跨学科研究要特别注意其研究的"生态有效性"（Gile，1997）。Gile将口译过程研究与针对口译员的研究区分开来。他认为，针对口译过程的研究与以译员的语言能力和认知能力为核心的研究是截然相反的。他特别指出，在研究译员的"口译过程"时，要注意其研究的"生态有效性"（Ecological Validity）。此外，实验研究过程中，还要注意区分实验对象的"主体间差异"（inter-personal）和"主体内差异"（intra-personal），更要考虑到样本数量和译员的职业资格等因素。

3.1.5　口译能力的跨学科研究

语言学和认知心理学是迄今为止口译跨学科研究中较常见的两门学科。语言学理论在笔译中已经得到了很好的演绎，但是在口译研究中还有待深入发掘。从认知心理学的角度切入口译跨学科研究具有一定的难度，但是鉴于它与口译的历史渊源和自然优势，在口译跨学科研究中的运用也是必不可少的。

从语言学的角度来看，口译是一种以话语为操作对象的口头交际形式。自现代语言学建立，语言学为人类了解语言和语言活动的本质奠定了坚实的基础。语言学所关注的语言现象、所研究的主题、所采用的方法对我们了解口译活动的本质、揭示口译活动的规律、做好口译研究也有着至关重要的作用。譬如，听辨能力是培养口译能力的首要环节，但是具体怎样来培养听辨能力？语言学的研究对听辨能力的培养是否具有一定的指导作用？徐然（2010）结合语篇语言学的相关理论对听辨能力的培养做了初步探讨，提出了"专注听力"技巧练习的九个环节：由概述大意过渡到完整复述的训练；信息视觉化训练；关注逻辑信息，抓主干信息的训练；关注衔接、连贯的训练；把握具体信息内容，抓关键词的训练；分清主要信息和次要信息的训练；加快信息分析的训练；干扰性心理素质的训练和针对背景知识的训练。这篇论文是一个很好的跨学科尝试，作者从语篇语言学的角度出发总结出来的听力训练方法非常适合听辨能力的培养。但是，如果上述研究能够进一步深入，从实证的角度来证实上述各种教学方法的有效性，并最终得出听辨能力发展曲线图，将是对口译能力跨学科研究的一大贡献。

口译能力的跨学科研究离不开对语篇的研究。从某种意义上来讲，口译能力是一种语篇处理、从语篇提取信息、破解信息的能力。语篇语言学是语言学领域的新兴学科。关于语篇类型、语篇属性和语篇信息推进结构（如主述位结构）的研究成果也已经很多。不同类型语篇的话语组织方式和信息拓展方式具有其独特性，深入分析、研究不同语篇信息的组织和行文结构可以提高译员译前准备的针对性，丰富译员口译过程中的话语处理策略。然而这些主题目前在口译研究领域几乎还是空白。

之前论述的口译的跨学科发展历程表明，认知心理学与口译研究有着不解之缘。认知心理学经过半个世纪的发展已经成为一门自成体系、较为成熟的学科。但是，怎样从认知心理学汲取有用的概念和方法来帮助、促进口译能力的研究？通过怎样的认知训练来促进译员认知能力和口译能力的发展？口译认知研究的最终目的在哪儿？这些都是口译跨学科研究有待去解决的问题。认知心理学给口译跨学科研究最起码的启示是，译员是一个独立的认知个体，其口译能力的发展离不开认知能力的发展，其认知能力的发展必然会促进口译能力的发展。因此，口译能力中认知能力的研究主要在于揭示译员不同的技能习得阶段，其认知机制所应该具有的认知性能及其所表现出来的综合话语信息处理能力。这些都是口译跨学科研究需要深入发掘的。

总而言之，口译能力的系统研究需要细化和量化口译能力的不同发展阶段和培养内容，而不能用简化的"技能"一言以蔽之。语言学所关注和研究的问题、认知心理学的概念、理念和所采用的方法均可以为口译的跨学科研究提供全新的切入点。

口译的跨学科研究需要跨学科的知识、创新的理念、科学的方法和一丝不苟的科研精神。因此，与本校强势学科相结合，思考口译作为一种特殊的交际活动所涉及的语言、认知、交际等不同层面的问题，同时从语言学、认知学、交际学等学科中汲取对揭示口译活动本质有"生态效力"的概念、分析思路和研究方法，从而使口译研究的学科体系更加完善，使译人才的跨学科能力培养过程更加科学化。

3.2 中西方口译理论与教学研究

口译属于翻译（Translation）的一种形式，口译理论研究（Interpreting Theory Study）属于翻译理论研究（Translation Theory Study）的一个分支。本节重点介绍中西方口译理论及口译研究方法的发展历程。

3.2.1 西方口译理论与教学研究

人类发展史表明，口语的产生远早于书面语，口译历史较之笔译也更为悠久。然而，鉴于口译原语转瞬即逝的特点，加之文字记载的缺失，口译研究与笔译研究之间仍有较大差异。

当下，口译研究的学科定位或归属尚存争议。有人认为，最利于口译研究充分发展的学科定位是：一门属于"翻译学"学科之下独立的子学科，其鲜明特点是"交叉学科"（仲伟合，2014）。仲伟合（2014）认为，口译研究的学科框架由理论基础和应用研究两部分组成，具体包括口译的信息处理过程研究、口译的分解技能研究、口译的认知处理过程研究、口译的话语互动研究，以及口译的社会文化活动研究，共计五个维度。其中，理论研究又称基础性研究，涉及口译活动的定义、特点、规律、模式、临场心理、语言风格、质量标准、评价方法等方面的认识与探讨。

口译理论之兴，与两次世界大战对译员需求的骤增不无关联，口译作为一项职业因之出现。最早的口译产生于会议传译，早期的口译理论研究也始于会议传译。中西译学架构中，口译研究都是薄弱环节。时至今日，西方口译研究历时已逾半个世纪，形成了较为成熟的理论体系，并表现出诸多突出特点，如会议口译研究明显多于陪同口译、法庭口译、媒体口译、商务口译、社区口译等方面的研究。初级口译研究阶段，即 20 世纪 50 年代至 60 年代，口译研究主要停留在口译从业人员个人经验叙述阶段，内容上主要涉及口译行为和译员的工作环境、译员的语言与知识要求、译员的工作困难、译员与客户之间的关系，以及译者疲劳等因素对译语产出的影响等。就其整体而言，该阶段的口译研究理论性不强，其经典研究著作如《交替传译中的笔记》（Rozen J.，1956）、《高级口译手册》（Herbert J.，1952），数量有限。通过上述研究，人们得以较为全面地了解交替传译笔记的基本原则与方法。

20 世纪 60 年代到 70 年代初为西方口译研究的第二个阶段，亦称实验心理学研究阶段（Experimental Psychology Period），其背景乃是认知科学的快速发展。此阶段的口译研究成果主要来自心理学家、心理语言学家等邻家学科的专家学者，研究的视角与理论工具乃是心理学与心理语言学的理论框架，内容上主要涉及口译尤其是口译过程的认知问题，如源语、噪声、语速、源语和译语两股语流的时间差（EVS）等变量对译员及口译质量的影响，以及译员的因应之策。例如，大卫·格维尔（David Gerver）（1976）提出了最早的同声传译全过程模式；兰伯特（Lambert）（1994）则对全过程口译信息处理模式进行了深入探讨。

20 世纪 70 年代至 80 年代中期，西方口译研究步入第三个阶段，即口译实践型研究者阶段（Practitioners' Period），对象上以口译从业人员（大多同时从事口译教学）研究为主，内容上以内省式和经验式的理论推演为主，并因此提出了有关口译和口译教学的某些原则。此阶段中，最具影响和代表性者如释意理论（Theory of Sense）或者释意派翻译理论（The Interpretive Theory of Translation），其主要观点乃"翻译即释意"。众所周知，以认知心理学理论为基础，法国巴黎高等翻译学校的达尼卡·塞莱斯科维奇（Danica Seleskoviteh）和玛丽雅娜·勒代雷（Mariane Lederer）等释意派研究者提出了口译信息处理模式，即"理解－脱离原语形式－重新表达意义"。该模式强调语篇层面对源语意义的理解，反对逐字逐句地进行翻译，主张翻译质量的评估也应以"释意准确"为标准（Seleskoviteh，1995）。上述二位学者提出的释意、理论、口译三角模型示意如图 3-2 所示。

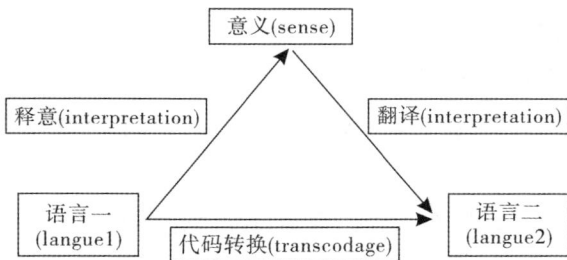

图 3-2　释意、理论、口译三角模型

　　自诞生之日起，释意派口译理论便一度成为口译理论与教学研究的权威理论，直至 20 世纪 80 年代后期，该理论的实证研究意义方遭质疑。近十年，译学界对释意理论的研究扩展至其生发语境与得失（高彬、柴明颎，2009），另有研究追溯该理论的心理学渊源与跨学科特质（王菲菲，2018）。然而，就口译研究这个年轻的领域而言，释意理论作为为数不多的主流口译理论之一，其理论价值和历史意义不容置疑。

　　20 世纪 80 年代末至今，西方口译研究步入其第四个阶段，即所谓蓬勃发展阶段（Renewal Period），其转折点与标志性事件乃是 1986 年于意大利的里雅斯特（Trieste）大学召开的国际口译会议。自此，口译研究考试进入新的历史时期，实证研究受到重视，口译理论研究开始向学科交叉发展，口译研究逐步走出封闭孤立的状态，学派之间开始进行广泛、深入的交流，并对此前阶段的理论与观点发起挑战与提出质疑。

　　例如，神经生理学家 Fabbn & Garn（1997）以神经生理学的理论为指导，研究了口译过程中译员的脑神经反应和脑组织的偏侧性。丹尼尔·吉尔（Dainel Gile）（1995）从认知的角度创设了同声传译的认知负荷模型，即同声传译多任务处理模式。与此同时，以行为主义理论为基础，同声传译中的精力分配模式（Effort Models）也被提出（刘和平，2005）。虽然吉尔的理论框架并未完全脱离巴黎高等翻译学校的模型，但就其将实证研究引入同声传译，这一点值得称道。

　　任文（2008）认为，口译研究中的"欧洲／西方中心主义"只是一个事实，而不是一个问题。杨柳（2007）认为，中国的口译理论研究得益于西方口译理论的传入，因而从严格意义上说中国口译研究"无理论"。然而，也有学者从翻译史的角度，以及早期翻译形态的点滴觅出我国释意翻译实践与思想起源的踪迹（谢思田，2011）。与此同时，任文（2018）从理论的定义、呈现方式和性质出发，阐述国内外各种口译理论样态，这一点与张佩瑶（2004）的观点不谋而合，后者也主张发掘与整理中国历史长河中丰富的传统口译话语资源。

　　综合中西方的口译研究过程，可知口译理论研究仍属新兴学科。由于口译活动自身的思维规律、心理机制以及各种因素的制约，早期的口译研究长期局限于实践经验、教学经验的浅层次，相关研究缺乏实证意义与科学意义上的系统化。21 世纪以来，随着翻译学逐渐向独立学科发展，口译研究逐渐融入国内外翻译理论研究的宏观框架，并借助相关学科的成熟理论和有效方法，步入跨学科和科学化研究的阶段，口译研究的范围、视野和方法不断拓展，理论形态日益丰富，如口译目的论（Skopos Theory）、口译交际理论（Interpreting Intercultural Communication）、口译认知理论（Cognitive Theory of Interpretation）、口译信息处理理论（Interpretation of Information Processing）和口译释意理论（Interpreting Explanation Theory）等。上述理论形态的相继出现为口译教学与实践提供了宏观的科学理论依据，并从不同程度上揭示与解释了口译实践活动的内在规律性与特殊性（蒋凤霞等，2011）。

3.2.2　国内口译理论与教学研究

国内口译研究起步较晚，但由于跨学科的特殊性，口译研究领域不断深化，研究问题不断增多，研究方法呈现学科交叉的特性。

3.2.2.1　国内口译研究历程

1996 年 9 月，厦门大学组织召开"全国首届口译理论与教学研讨会"，正式拉开了国内口译研究的序幕。仲伟合（2014）认为自此开始，中国口译研究先后经历了三个发展阶段，即 20 世纪 80 年代的起步阶段、90 年代的初步发展阶段以及 21 世纪后的繁盛发展阶段。

任文等（2019）也将中国口译研究划分为三阶段，两者的划分很有代表性，也比较一致。

（1）初步发展阶段（1978—1995）

此阶段研究主题比较有限，视角较为单一，务实性较强，理论与方法意识尚显薄弱。主题多集中于口译基本概念和知识简介、印象式实践经验总结、口译技能与培训方法分享。有少数研究者开始关注口译质量评估问题（蔡小红，1992；胡庚申，1988；胡清平，1990），为之后的口译测试与评估研究打下了基础。

（2）较快发展阶段（1996—2005）

此阶段主题渐趋多样，理论意识逐渐增强，跨学科研究初见端倪，但实证研究比较缺乏。首先，主题渐趋多元。尽管仍有为数不少的"浅议"类文章，但较之以前有了如下变化：开始关注口译活动的不同语境，有了更强的类型意识，如外事或外交、科技、商务、导游和金融口译、工程项目现场、学术活动和民航飞行口译，等等；相比之前笼统地谈论口译技能，开始重视分项能力训练，关注除笔记、记忆等基础技巧外的其他能力，如应变能力、预测能力、源语概括能力、图表解读能力；随着我国四种口译资格考试的出现，有学者开始讨论口译测试的理论基础和实施方法，比如陈菁（2002，2003）依据巴克曼（Bachman）对语言交际能力的分类，将口译交际能力分为知识能力、技术能力和心理能力，认为对这三种能力的测试需遵循"真实性"原则。蔡小红（2003）认为，应从信息点、信息意层和信息结构探索口译质量评估新方法。对口译测试和资格认证问题的关注一方面说明口译测评方法渐趋科学，另一方面也表明中国口译已呈现更多职业化特征；对教学问题的讨论更加深入，如开始重视口译教学的科学性和系统性，或借鉴吉尔的同传和交传"多任务处理模式"，或提出反映校本特色的教学模式，如"厦门大学模式"（林郁如等，1999）。其次，理论意识逐渐增强。迄今为止，释意理论对中国口译研究领域影响的时长和广度超过任何其他理论，不少论文都是在某一具体理论框架下讨论口译过程或结果中的某一问题，如合作原则、图式理论、关联理论、顺应理论等。再次，跨学科研究初见端倪。最后，口译史研究有所突破。

（3）蓬勃发展阶段（2006—2018）

历经前期的探索与积累，本阶段研究成果更丰硕，主题更广泛，视角更开阔，方法更科学，主题涵盖范围十分宽泛。尽管口译教学仍占据绝对优势，但教学类话题丰富性超越过往，出现了不少讨论口译教材编写、课程设置及教法、口译能力评估、口译实习实训、口译教师职业发展、新技术在口译教学中的应用等议题的文章。以新技术的应用为例，话题涵盖计算机辅助学习软件在口译自主学习中的应用（刘建军，2011），翻转课堂、慕课对口译教学课堂的影响（高云柱、马苏妮，2018；王洪林，2015），虚拟空间、虚拟现实、增强现实等技术带来的口译教学模式创新（邓军涛，2016；刘梦连，2018），语料库技术在口译教学各环节的运用（刘剑，2017；徐然，2018）等。20 世纪 80 年代开始的起步阶段以经验论研究为中心，主要关注的是口译和口译教学中的问题（仲伟合，2004）。20 世纪 90 年代中期以后，口译研究从静态转入动态，有关口译过程的描述得到重视。在此期间，随着释意理论等国外口译研究成果的译介，以及语言学、认知科学、心理学、语言学和神经心理学等其他领域学者的加入，口译的跨学科和实证研究逐渐取代了有关口译的一般性描述（刘和平等，2005）。步入 21 世纪后，随着中国口译市场的发展，口译职业化和职业口译人员的培训受到越来越多的关注（高璐璐等，2016；刘和平等，2017）。此时，学者们纷纷开始围绕口译的思维与认知过程进行研究，并同时触及口译能力研究（主要是口译模式的探讨和应用）、口译质量评估、口译方法论等不同命题，有力推动了口译研究的科学化与口译培训的职业化（仲伟合、王斌华，2014；刘和平等，2017；王洪林、钟守满等，2017）。

经历了 30 余年的研究，就研究方法和视点而言，口译研究经历了四个"转向"：实证转向，认知转向，技术转向，社会（社会学）转向。

3.2.2.2　存在的问题和改善途径

经过 30 余年的教学实践与相关研究，口译理论与教学的研究依然存在不少问题。

（1）研究主题有待进一步拓宽

国内口译研究论文的主题不断扩展，但发展并不平衡。口译活动的职业性和社会性特点都很突出，但目前的国内口译研究大都关注口译的理论、认知过程、教学培训等主题，缺乏对翻译行业和与口译相关的社会、文化背景的关注和研究，与口译行业紧密结合的研究成果较为缺乏。同时，口译研究的同质化现象值得关注，大部分研究仅关注会议口译，对于不同口译场合的研究（如商务、法律、媒体、医疗、社区口译）关注不够，电话口译、电视口译等远程口译更是研究的"空白地带"。其中的原因可能是社区口译在中国的职业化程度不高，远程口译也尚未广泛使用，不能引起研究者的足够关注；再加上保密性（如商业机密、国家安全机密等）、隐私性（如医疗口译）等原因，此类语料资源很难从公开渠道获得，技术设备条件的限制和沟通交际场景难以复制等因素也使得难以用实验的方式来模拟远程口译。

（2）文献的借鉴参考需要更加系统全面

通过阅读这些论文的文献综述和参考文献部分，我们发现这些研究对于文献的参考利用不够全面和系统。在文献综述部分，一些研究者对国际口译研究成果缺乏系统的梳理和分析，众多的文献仅是简单罗列，其内在的逻辑关系和与本研究的相关性并没有阐释清楚，同时缺乏对参考文献的辩证批判式思维。参考文献则反映出部分研究者对于学科的前沿动态掌握不够，特别是近 3~5 年的文献所占的比例不高，影响了口译研究的前沿性。前文提到，大部分的口译研究者是英语语言文化的学科背景，这也反映出在他们对参考文献的选择范围中，对于使用英语和汉语以外文字出版的口译研究文献的借鉴引用明显较少，而且基本都是转引。不少口译经典研究文献是用德语、法语出版的，而近年来，韩语、日语的口译研究文献也不断涌现，如果不能对这些文献加以参考借鉴，一方面会影响吸收最新研究成果，另一方面有可能会造成重复研究，降低研究价值。这个问题无法依靠单个研究者的力量解决，因为要求每个研究者都能熟练掌握多门外语是不现实的。如果口译研究界的有识之士能把不同语言版本的口译文献翻译成更加通用的英语或汉语作品并出版，就可以极大地拓宽口译研究者的视野。此外，不同语言组合的口译研究者也可组成联合研究小组，发挥协同效力。

（3）研究方法需要改进

总体而言，我国的口译研究仍处在初级阶段，研究方法不够科学，这在国内口译研究论文中有所体现。虽然实证研究的论文占大多数，但仍然有部分研究者的论文过于依赖主观推测和实践经验总结，研究结论让人难以信服，也很难发挥实际用途。国内口译研究者正在有意识地超越实践经验总结和主观推测式的研究方法，大量使用实证研究方法，而且也认识到不同研究方法之间的互补性。但在选择具体的研究方法时不够严谨科学，需要注意研究方法的运用并不是随机选择或多多益善，而应由具体研究问题以及现有理论基础决定。有的论文综合运用多种研究方法，但研究者对于运用不同研究方法的依据没有详细说明。在研究问题与研究方法的具体对应方面也往往非常模糊，没有指出哪些问题（研究内容）由哪种研究方法或者在哪个章节中回答。研究过程变成了各种研究方法的简单堆砌，结果研究方法变成了目的，而不是解决问题的手段。甚至有些学者对研究方法的基本认知存在偏差，罗列了一些从严格意义上来说不是研究方法的"研究方法"（如统计法、对比法等）。因此，我们认为有必要加强对口译研究者方法论的训练（包括方法论的哲学认识、实验设计、统计分析等），让口译研究者克服学科背景相对单一的劣势。

（4）研究主体需要更加丰富

虽然国内口译研究者及研究成果的数量逐年上升，但和其他学科相比，中国口译研究数量要少很多，且研究者的身份单一，大多是高校的口译或英语教师，其专业背景主要是英语语言文学，其中部分研究者接受过口译正规训练。很少有口译研究者受过口译研究和跨学科的双重专业训练，限制了研究的深度和广度以及研究方法和过程设计。

3.2.2.3　口译研究的发展趋势

时代在不断发展，各个学科领域研究的日新月异也引起口译研究的变化。通过对近年来的论文统计分析，可以看出口译研究也蓬勃发展起来。

（1）研究主题的多样化和具体化

从分析数据可以看出，国内口译研究主题日益多样化，口译理论研究综述、口译过程研究、口译产品及译员表现、口译实践与职业和口译教学研究这五大主题板块都有涉及。研究内容也逐渐脱离泛泛而谈的一般性原则和标准，而是深入研究各个主题的具体方面。可以预测在未来中国，国际化开放程度的不断提高会伴随着社区口译的进一步职业化发展，随着新技术应用而产生的新的口译方式也会越来越普遍，从而引起更多口译研究者对医疗、法律、商务、电话、电视等口译活动进行系统性研究。随着手语翻译也纳入口译研究内涵中，我们期待能在未来看到以此为主题的更多研究。

（2）研究路径更加跨学科

在 1986 年影响深远的"特里雅斯特口译大会"（The Trieste Symposium）之后，西方口译研究出现了实证研究和跨学科研究转向，口译研究者们的研究角度开始多样化。从对国内口译研究的梳理中可见，这些研究的研究路径和方法也开始注重跨学科借鉴。未来我们一方面要鼓励口译实践者结合口译实践经历进行口译研究的努力，另一方面要呼吁加强口译研究者的跨学科专业训练，并与相关专业的研究者组成联合研究小组，吸收相关学科的研究方法和理念，丰富口译研究的内涵和深度。同时，对于一些关键口译研究问题，如口译质量评估、译员角色与地位、口译规范、口译教学等也将更多地借鉴社会学、人类学、交际学、传播学等相关学科的理论和概念，进行更加深入的研究。

（3）研究方法更加多样化和科学化

中国口译研究的研究方法缺乏科学性，具体表现在：重规定、轻描写，缺乏实证研究方法的应用（如调查法、实验法等），缺乏以数据为基础的研究，学科研究方法缺失。通过对国内口译论文的梳理，我们看到这些状况已经有了一定改善。早期研究方法多采用文献分析法、主观思辨法。近些年，口译研究方法已趋向于多样化，实验法、调查法、观察法等实证主义的研究方法也被众多研究者采用。越来越多的研究者开始意识到不同研究方法的优劣势和使用单一研究方法的薄弱性，因此综合使用多种研究方法来让研究更加全面可信，提高研究的信度和效度。通过加强方法论方面的培训和跨学科合作的展开，我们期待未来口译研究的方法在多样性和科学性方面都会有更大的提升。

中国正在前所未有地走近世界舞台中央，参与全球治理，构建人类命运共同体，这些都为翻译专业教育的发展提供了广阔的前景，也赋予其更加宏大的使命（仲伟合，2019）。根据联合国语言服务专业素养构成七要素（语言能力、翻译能力、文化素养、政治素养、协作能力、技术能力以及学习能力），汪雅君等（2020）对致力于国际事务的翻译专业人才培养提出以下几点建议：①加强语言功底与翻译技能。专业翻译的培养最重要的是双语能力，没有良好的语言基本功，想从事翻译就是空谈（黄友义，2017）。②扩大知识面，丰富语言知识。仅有语言能力无法胜任联合国的语言服务工作，译员需要有广博的知识面，对各议题的背景知识都需要了解，并紧跟与自己工作有关的事态发展。③保持政治敏锐性。译员是为联合国服务，对各国代表团都要尊重，并且不得介入有争议的国际问题。译员不仅要熟悉国际热点问题，对敏感问题要十分谨慎，翻译时需要忠实地理解原文，需要逐词逐句地细加推敲、斟酌，译文措辞也需要准确、谨慎，具有高度的政治敏锐性。④增强协作意识。口译任务要依靠团队力量，每场会议同传厢中虽只有 2～3 名译员，背后却有整个团队的支持，绝不是孤军奋战。⑤提升技术与学习能力。随着联合国议程的扩大，以及信息和通信技术为语言服务提供越来越多的支持，联合国语言工作人员在语文、主题领域和技术方面都需要持续不断地学习。随着信息技术在语言服务领域的不断发展和深入应用，语言服务业的服务质量和效率也在不断提升（何恩培、闫栗丽，2019）。现代技术如机器辅助翻译和人工智能都能提高翻译效率，文件翻译使用的工具和技术日新月异，这同时也要求译员不断学习新技术与新方法。

目前，国内的口译研究基本上围绕原先的外语教学体制下的口译能力培养，或是在翻译专业硕士层面探讨口译能力和口译人才的培养，或是笼统地讨论口译能力的构成及培养。由此可见，对本科英语专业口译能力的研究，无太多先例可循，也无太多经验可以借鉴，需要摸索出一套行之有效的口译学生选拔、教学和实践环节设计。同时，教师也应更新专业观念，英语专业不仅是学英语的专业，而是通过英语来学习和研究外国语言、文学、社会、历史、政治、文化，贡献学术成果，培养人文社科领域研究型和应用型人才的学科。对口译而言，口译教学并不是简单的语言教学或者口译技能学习，而是对学生进行口译跨学科和职业化的培养。刘和平（2016）对中国口译教育做了展望，认为未来的口译教育将呈现以下主要特征：口译教育大众化；口译教育特色化；口译教育专业化；口译教育分工化；口译教育信息化；口译教育职业化；口译教育质量化。此外，"职业化 ＋ 专业化"培养不仅符合中国市场对口译人才的多样性需求，也能发挥各校优势，逐渐形成差异化发展，从而培养更多合格乃至高水平的口译人才。

3.3　中西方口译研究方法发展历程

研究方法有利于学科的持续发展。研究方法的多寡优劣和应用直接影响科学研究的效果、效率、效能（仲伟合，2012）。

3.3.1　西方口译研究方法发展历程

20 世纪 50 年代，口译研究尚处于个人经验总结与主观思辨阶段。口译研究往往由少数职业译员完成，其认识具有显著的个人经验色彩，是一种内省式的归纳与总结。此类研究基本缺乏研究方法上的审慎思考与精巧设计，研究结果的信度与效度也无保障，方法与模式上尚不成熟。

20 世纪 60 年代以来，随着认知科学的发展与认知科学家的加入，口译研究的方法发生了变化，口译逐渐被当成复杂的认知心理活动，尤其是同声传译实践，更被认为挑战了有关人类信息处理极限的种种理论。经过长期观察与研究，认知科学家们围绕着语言理解与产出提出了一系列假说，其中即包括前文所说心理（语言）学信息处理假说和语言加工假说，并将心理学实验研究法应用于口译研究，使得口译研究具有鲜明的自然科学特征。比如，通过对比研究源语讲话和译语录音，研究者提出了各种不同的解释模型与假说。这些模型与假说中，有的涉及听说时差与句子切分，如奥雷荣（Oleron）与南顿（Nanpon）（1965，2002），高曼（Goldman）与 Eisler（1972，2002）；有的涉及源语语速对口译质量的影响，如格维尔（Gerver）（1969）；有的涉及口译信息处理方式，如 Gerver（1971）；有的涉及口译过程模型，如 Gerver（1976）；还有的则涉及译语对源语信息的偏离，如巴瑞克（Barik）（1975，2002）。然而，由于缺乏口译实践经验，上述研究的业界影响有限。不仅如此，部分研究成果的信度与效度不仅饱受职业译员的批评，而且受到同行指责，其中原因多与实验设计的种种缺陷有关，如受试人数严重不足、受试者的非职业译员身份、语言组合的非常规性、测试材料的非真实性、量化分析的非充分性，等等（Gerver，1976；Stenzl，1983；Gile，1991；Schjoldager，1995）。正是由于上述研究未能获得职业译员的认可，认知科学家的实验性口译研究在历经短暂的活跃期之后便逐渐沉寂下来。

20 世纪 70 年代以来，随着殖民地国家纷纷独立，民族语言日益得到尊重，国际组织相继出现，国际交流日渐频繁，口译市场快速发展，译员培训与口译研究因之活跃。这一时期，国际口译研究的一个显著特点便是职业译员的主导地位。例如，塞莱斯科维奇与勒代雷的研究较好地回答了语言的多义性、语言与其承载信息之间的关系等问题。由于研究者多具有从业经历，其内省式直觉思辨型研究吸引了职业译员的参与，有关研究成果很好地将理论探索与教学实践联系起来，丰硕的研究成果验证了人们关于口译的种种直觉感受（Stenzl，1983；Gran & Dodds，1989；Gran & Taylor，1990）。与 20 世纪 50 年代相比，这一阶段的口译研究有其显著的不同特点，表现在研究方法上，便是从早期的个人经验总结蜕变为认知科学理论指导下的抽象理论思考与认知过程研究。有关研究成果除去前文所提塞莱斯科维奇（1984）的口译过程三角模型，以及勒代雷（1981）的同传过程模型外，另有格维尔（Gerver）（1976）的同传过程模型、马萨罗（Massaro）（1978）的话语解释模型、莫瑟（Moser）（1978）的同传信息处理流程模型，以及 Gile（1985）的精力分配模型等。鉴于非职业译员的研究饱受批评，此时的研究者们在探讨口译认知心理过程时，往往转而采用直觉思辨法，而放弃了此前阶段惯用的实验法。也即因此，口译认知心理过程的真实性仍旧难以确定。换言之，由于此时的研究并非实证型研究，研究者未能提供足够数量的，且令人信服的观察或实验数据以支撑自己的理论观点与模型。同时，由于语言障碍、政治隔阂、个人态度等原因，相关研究工作多为研究者独立之作，与同行之间缺乏应有的交流。除释意派理论外，许多其他研究成果未能引起广泛关注。以释意派研究为例，即便其提出的口译过程三角模型有助于了解口译过程，其在研究方法上仍有局限，这一点毋庸置疑。例如，它所使用的量化手段有限，精确性不够，很难实现真正意义上的理论创新（张吉良，2011）。口译研究中的许多问题，如口译的认知心理、语言组合对口译质量的影响、交替传译对口译训练的作用、B 语言表达质量等，描述与解决断然离不开实验数据。

20 世纪 80 年代以来，随着各方条件的转移，口译研究的方法也发生了改变，观察实验与定量研究越发受到重视，口译研究进入所谓跨学科实证研究期，特点如下：其一，口译研究的跨学科属性大幅提升，职业译员与认知科学家之间的合作显著增强，跨学科性逐渐成为口译研究"政治正确性"的保证（Snell Hornby 等，1994）。其二，研究方法日益受到重视，即便是口译教师，也开始接受方法训练。一方面，口译人才培养机构，如日内瓦大学高级翻译学院开始在课程设置中将口译研究与主流认知科学加以联系；另一方面，为了加强口译研究的所谓"科学性"，有关"讲习班"被相继举办，帮助从业研究者进行方法训练。其三，实证研究逐渐成为口译研究的主流方法。据丹尼尔·吉尔举办的《会议口译研究信息网公告》统计，1990－1997 年，口译研究论文中仅有 10％～20％属于实证研究。然而，21 世纪以后，如 2000－2008 年，实证研究的数量显著增加，特别是在 *Interpreting*、*The Interpreters' Newsletter* 等期刊中，实证研究占比高达 80％左右（高彬、柴明颎，2009）。上述研究的一个显著特点即研究者均采用量化统计法，或用于译语文本特点分析，或用于译语文本与源语文本、口译文本与非口译文本的对比研究。

20 世纪 90 年代以后，笔译研究的范式发生变化，即由语言学范式向文化研究范式转向，口译研究亦同此理。具体来说，20 世纪 70 年代至 80 年代中期，国际口译研究基本被所谓"释意"（IT）范式所主导，后者以"意义"为关注焦点。20 世纪 80 年代中期以后，口译研究范式转变为神经语言学范式

（NL）与认知处理范式（CP），二者均以信息处理过程为关注重点。步入 20
世纪 90 年代以后，口译研究开始汲取笔译研究的经验与成果，尤其是目的论
与翻译准则理论，创造性地提出了口译研究的新范式，即目标文本产出范式
（Target-oriented Text Production）。与此同时，口译研究的范畴也在拓展，
命题不再局限于口译的认知过程与口译教学，而是相应地延展至口译产品、
译员职业准则、口译与社会等领域。因此，口译研究模式也从神经模式、认
知模式、文本模式逐渐发展成机构模式、社会行业模式，乃至人类学模式
（Pöchhacker，2004）。

综上所述，从国际范围来看，自 20 世纪 50 年代以来，国际口译研究呈
现清晰的发展脉络：在方法上倚重并借鉴自然科学的研究方法，从主观直觉思
辨逐渐转向含有更多客观成分的观察实验和量化分析。换言之，就是从主观
推测到注重实证分析，从单一到多维，逐渐趋于科学和多元。进入 20 世纪
90 年代之后，虽然口译研究的范围已经从单一的会议口译扩展到了手语翻译、
公共服务类口译等多种口译形式，关注的焦点也从口译的认知心理延伸到了
社会交际等领域，但口译研究仍然注重方法的科学性和结论的客观性。

3.3.2 国内口译研究方法发展历程

在借鉴国外口译研究方法的基础上，仲伟合（2012）认为口译研究方法
论体系包括实证主义方法论和人文主义方法论。按研究目的、研究逻辑、研
究用途、研究性质等不同的标准可分为不同的研究方法类型：按研究目的分
为探索性研究、描述性研究、解释性研究、预测性研究；按研究逻辑分为归
纳研究和演绎研究；按研究用途分为理论研究和应用研究；按研究性质分为
定性研究和定量研究。具体方法有观察法、实验法、调查法、文献研究法、
理论思辨法、经验总结法等（见图 3-3）。

口译研究方法论体系

实证主义方法论　人文主义方法论

研究目的	研究用途	研究逻辑	研究性质	具体方法
探索性研究 描述性研究 解释性研究 预测性研究	理论研究 应用研究	归纳研究 演绎研究	定性研究 定量研究	观察法 实验法 调查法 文献研究法 理论思辨法 经验总结法 ……

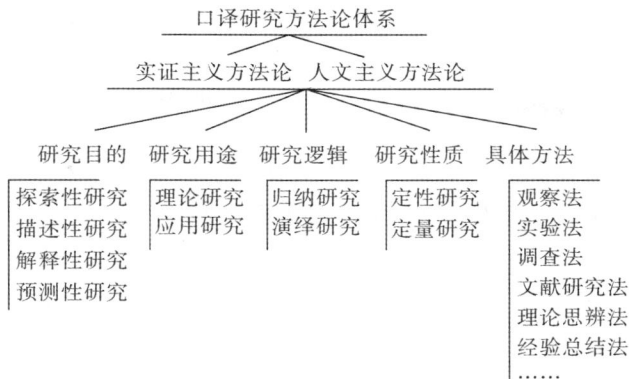

图 3-3　口译研究方法论体系

从图 3-3 可以看出，研究口译的方法多种多样。从广义的方法论层面看，主要有人文主义研究和实证主义研究。从具体研究路径上看，有定性、定量研究及两者综合的方法等。

人文主义研究即研究社会现象和人们的社会行为时，须充分考虑到人的特殊性，以及社会现象与自然现象之间的差别，发挥研究者在研究过程中的主观性。定性研究是人文主义方法论的最典型特征（风笑天，2006）。换句话说，这不是一种通过观察法、实验法、调查法以及语料库法等实证方法展开的口译研究。具体方法主要有文献综述法、理论思辨法和经验总结法。在口译学科发展初期，人文主义研究在我国占相当大的比例。

实证主义研究（Empirical Study）即所谓"数据驱动式"（Data-driven）研究，是指通过对研究对象进行大量观察、实验与调查，获取客观材料，并从个别到一般归纳出事物的本质属性和发展规律（胡庚申，2019）。实证主义研究作为实证主义的核心概念经过一百多年的实践和总结，完成了从自然科学到社会科学再到人文科学领域的嬗变，形成了比较完整的概念和内涵。作为一种方法论，实证主义研究强调社会科学研究应该向自然科学研究看齐，须通过具体、客观且同一条件下具有可证性的观察或感觉经验去获得事实，以期得出具有客观性和普遍性的研究结论（洪诗谐、陈菁，2021）。实证主义研究分为定性（Quality）研究和定量（Quantity）研究，主要方法有观察法、调查法、实验法等。中国口译实证研究起步于 2001 年，但 2001－2009 年成果较少，主要是关于口译质量调查与口译教学研究（蔡小红，2001；罗选民，

2008)。陈菁（2021）对来源于中国知网（CNKI）CSSCI 期刊和中文核心期刊检索共 16 本外国语言文学类期刊，截至 2017 年 12 月，对中英文献分别进行全文阅读，最终确定口译实证研究论文英文 460 篇、中文 209 篇。而国内1958－2009 年翻译学研究核心期刊上仅有 10 篇口译实验性论文发表。从2009 年起，实证研究迅速发展，论文数量显著增多，研究设计和方法更为成熟。康志峰（2016，2017）、胡开宝（2014，2016）、张威（2015，2017）等学者在口译实践（Interpreting Practice）、译员培训与评估（Interpreter Training and Assessment）、研究述评（Review of Interpreting Research）等方面取得一定的成果。中国口译实证研究开始稳步发展。

定性加定量研究指的是建立在定量分析基础上的、更高层次的定性研究。即在进行定量研究之前，研究者借助于定性研究确定所要研究的现象的性质；在进行定量研究的过程中，研究者又借助于定性研究确定现象发生质变的数量界限和引起质变的原因。以这种方法开展的口译研究已有不少，如宋晓舟（2015）、胡庚申（2019）等。

纵观国内口译研究方法的发展历程，可以看出在口译研究初期（1958－2009），不少论文还是运用经验总结和主观思辨等学科发展初期的方法。2009年以后，中国口译研究从跨学科的视角借鉴了语言学、心理学等学科相关领域的研究方法，使口译研究方法向纵深发展。实证研究逐渐成熟，研究队伍日益壮大。定性和定量相结合的研究在中西实证研究中占主流，并且在将来的口译实证研究中将持续保持重要的地位。

总之，口译研究方法的选择应视具体问题而定。实证研究开阔了口译研究的学科视野，发展了研究范式，丰富了研究主题和方法，拓展了研究对象，完善了研究理论。实证研究已成为口译科学发展的重要途径和支撑，并将持续为口译研究提供科学的方法论依据和支持。

3.4 本章小结

理论研究方面，西方的口译目的论（Skopos Theory of Interpreting）、口译交际理论（Interpreting Intercultural Communication Theory of Interpreting）、口译认知理论（Cognitive Theory of Interpretation）、口译信息处理理论

（Interpretation of Information Processing Theory）和口译释意理论（Explanation Theory of Interpreting）等相继出现，到目前为止，上述理论依旧为口译教学与实践提供了宏观的科学理论依据。从 20 世纪 70 年代传统经典的释意论引入中国以来，国内口译理论研究不断发展，已突破语言学的研究范畴，逐步发展成为以口译的跨学科研究为主流的发展趋势，并随着认知神经学和认知心理学的发展而日渐深入和成熟。值得注意的是，国内口译研究长期以来主要依靠西方口译理论，并以其作为研究的理论框架。然而，西方口译理论如"释意论"（Seleskovitch & Lederer，1995）、"精力分配模型"（Gile，2009）等主要针对印欧语系之间的互译，更适用于各工作语言掌握程度相对均衡的"并列性双语者"（王甦、汪安圣，1992）。国内口译实践与研究表明，西方口译语境下的理论形态并不完全适用于英汉等汉藏语系与印欧语系之间的互译。或者说，上述理论在指导我国多数工作语言水平并不均衡的"合成性双语者"的口译实践中，仍然存在明显的局限性。因此，中国口译研究未来亟须在建构具有中国特色的口译理论问题上寻求突破，以便更好地、更具针对性地指导我国的口译教学、研究与实践。

在口译研究方法方面，众所周知，在自然科学领域中，许多重大研究发现和创新突破往往都由研究方法的更新与突破所促成。对社会科学来说，研究方法与手段的多样化同样会促进理论的发展。总的来说，20 世纪以来，国际口译研究走过了一条从个人经验总结到心理学实验，再从直觉思辨（Intuitive Speculation）到效法自然科学的观察实验（Observational and Experimental Research）的曲折发展过程。中国的口译研究同样经历了从研究主题单一化、研究方法简单化到主题多样化、视角跨学科化、方法多元化的过程。研究方法上，既有后实证主义观念下的量化研究，也有阐释主义（建构主义）视阈下的质性研究，但多元互证或混合研究依然稀缺。

本书基于以上对口译理论与研究方法的梳理，根据混合式学习与口译教学的特点，理论上以释意论为主，跨学科理论为补充，从方法论层面采用实证主义研究，从具体研究路径上方面采用定性加定量的实证研究法。具体方法有文献分析法、逻辑分析法、大数据分析法和实验法等。全方位构建基于混合式学习的应用型口译人才培养模式，并对人才培养成效进行检测与分析研究。

第 4 章　基于混合式学习的应用型口译人才培养模式介绍

人才培养的首要任务是为谁培养？培养什么样的人？如何培养？2018 版《普通高等学校本科专业类教学质量国家标准（外国语言文学类）》（以下简称《国标》）和《2020 版普通高等学校本科外国语言文学类专业教学指南》（以下简称《指南》）对外语人才培养提出了具体要求。本章在对应用型人才培养、传统的口译人才培养与信息化视角下的口译人才培养相关研究的述评基础上，明确了基于混合式学习的地方高校应用型口译人才培养的理念，构建了基于混合式学习的应用型口译人才培养模式，介绍了具体实施方案。

4.1　应用型人才培养模式

4.1.1　人才培养模式概述

在汉语中，模式的"模"，有模型、模范和榜样等含义，模式的"式"指样式、形式，《现代汉语词典》对模式的解释为：某种事物的标准形式或使人可以照着做的标准。在西方，"模式"一词是从一般科学方法或科学哲学中引用而来，其单词为 model，原意是模式、模型、典型、范型等。它表示用实物或符号形式将原物、活动、理论等仿制、再现出来。美国两位著名比较政治学者比尔和哈德格雷夫在研究一般模式时所下的定义有三个要点：一是模式是现实的再现，是对现实的抽象概括，来源于现实，不是凭空捏造或闭门设想的；二是模式是理论性的，它是一种理论的表达，代表着一种理论内容，不是简单的某种方法，如果把模式等同于方法，那就降低了它的理论层次与价值；三是模式是简化的形式，是对理论的精心简化，是一种最经济明了的表达。模式作为一种科学认识手段和思维方式，是连接理论与实践的中介。教育工作者将模式研究引入教育科学的研究中来，主要是为了透过教育现象，撇开教育中非本质、次要的属性和因素，凸显其结构、关系、状态、过程，以便获得对教育更深刻、更本质的认识，用于指导教育实践。《国际教育百科全书》对模式的叙述是："对任何一个事物的探究都有一个过程。在鉴别出影响特定结果的变量，或提出与特定问题有关的定义、解释和预示的假设之后，当变量或假设之间的内在联系得到系统的阐述时，就需要把变量或假设之间的内在联系合并成为一个假定的模式。"

4.1.1.1 人才的内涵及分类

（1）人才的内涵

"人"为万物之灵，"才"为人中之英。不同的文献资料对"人才"的界定不同，标准和尺度也不一样。人才通常指智能水平或实际贡献比较杰出的人。新编《辞海》对人才的界定是：有才识学问的人，德才兼备的人；王鹏在《用人之道》中提出："人才，有脑力劳动者，也有体力劳动者，在有学历、文凭的人员中有，在无学历、无文凭的人员中也有。只要知识丰富，本领高强，对社会进步有贡献者，皆可成为人才。"可见，人才是一个相对的、发展的概念，不同的社会环境、不同的时代背景、不同的社会需求，也会提出不同的人才标准。而且，人才标准一旦确立，会对不同层次、类型的教育提出不同的要求。

人才的内涵相当丰富，随着时代的变化及历史进程阶段的不同，其含义亦有所差异。进入 21 世纪，随着经济全球化和科学技术的迅猛发展，人才全球化趋势进一步增强；全球范围内的经济结构调整对人才素质提出了更高要求；综合国力的竞争更加倚重于科技进步和人才开发。可以说，20 世纪世界的财富源于物质资源，而 21 世纪世界的财富则源于人力资源。以综合国力为核心的国际竞争归根结底是人才的竞争。谁能加快培养创新人才，谁就能抓住历史机遇，在未来的发展中赢得主动权，抢占国际竞争的制高点。概括来说，21 世纪需要的人才是复合型人才，既掌握了丰富的知识，又具备独立思考和解决问题的能力，善于自学和自修，并可以将学到的知识灵活运用于生活和工作实践，懂得做事与做人的道理，勤奋好学而且融会贯通的人才；是能通晓相关专业、相关领域的知识，并善于将来自两个、三个甚至更多领域的技能结合起来，综合应用于具体问题的跨领域的综合型人才；是能以创新推动实践，以创新引导实践，将创新与实践相结合的人才；是富有创意，善于独立思考和解决问题，具有认识自我、控制情绪、激励自己以及处理人际关系、参与团队合作等相关个人能力，能分辨是非、甄别真伪的人才；是热爱所从事的工作，乐观向上，具有开展全球化合作交流和沟通能力的人才。瞬息万变的 21 世纪，还是能力需求多元化，理论与技术走向一种互补的综合的发展趋势，传统的职业岗位也需要一定的专业理论，同时传统的学术领域也需要有大量的动手能力强的高技术人才。

（2）人才的分类

通才：具有广博的知识，且基础知识和专业知识的关系比较松散；此类人才基础理论扎实、知识面宽、适应性强，在工程科学技术的某一领域有多种发展的可能性。

专才：受过经济建设直接相关的专业教育和高度专业化的工程训练。基础知识和基本能力与专业知识之间具有较密切的关系，基础为专业服务，专业面一般比较狭窄，在课程体系上重理轻文。

复合型人才：跨学科、跨专业，学生具有本专业较扎实的基础理论知识、专业知识，以及人、文、经、管等方面的知识，又具有本专业以外第二或第三个专业方面的基本知识与技能。例如，硬科学与软科学知识兼备、理工结合的复合型工程技术人才；既懂生产技术，又懂经济管理，既有国际贸易知识，又掌握外语工具的复合型技术经贸人才。

交叉型人才：随着科学技术的突飞猛进，新型的学科专业不断涌现。这些新兴的科技领域打破了传统的学科专业界限，产生并形成新的学科交叉融合，生成新的交叉学科专业。例如，生物学与电子学的结合生成生物电子学；艺术的再度复兴，并向工程学渗透，出现了建筑艺术、产品艺术新学科以及新能源、新材料等学科的产生。鉴于以上新型交叉学科专业的出现，交叉型人才应运而生。

4.1.1.2 应用型人才的内涵

任何社会的发展都依赖于两种需要的推动，一种是认识世界的需要，即认识世界的本质属性及其客观规律；另一种是改造世界的需要，即利用客观规律以服务于社会实践。人类认识世界的终极目的在于改造世界，也就是说，要把客观规律转化为具有社会使用价值的物质或非物质形态。在客观规律转变为社会直接利益的过程中存在两个转化：一个是把客观规律转变为科学原理，比如相对论、量子论、电磁波、热力学原理等；另一个是把科学原理应用于社会实践，从而转化为产品（物质的或非物质的）。第一个转化是科学原理的发现过程，应属于科学研究的范畴，第二个转化显然属于科学应用的范畴。人类活动可归结为认识世界（认识世界的本质属性及其规律）和改造世界（利用客观规律服务社会实践）。

与此相对应，社会的人才需求也可分为两大类，一类是发现和研究客观规律的人才，称为学术型人才，他们主要致力于将自然科学和社会科学领域中的客观规律转化为科学原理。比如物理学家、经济学家等；另一类是应用客观规律为社会谋取直接利益的人才，称为应用型人才，即将科学原理或新发现的知识直接用于与社会生产生活密切相关的社会实践领域。

根据在活动过程中所运用的知识和能力所包含的创新程度、所解决问题的复杂程度，可以将应用型人才分为不同的层次。第一层次的应用型人才主要从事应用性研究活动，他们富有创造能力和对技术革新的新要求，在经济和社会发展过程中主要承担发明创造的重任。第二层次的应用型人才主要从事设计、开发、管理、决策等活动，他们把发现、发明、创造变成可以实践或接近实践的活动，主要承担转化应用的职责。第三层次的应用型人才把决策、设计、方案等变成现实，转化为不同形态的产品，主要承担生产实践任务。每一种应用型人才都是社会生产链条上不可或缺的一环，对于社会经济发展各有其独特的作用。从概念本身而言，应用型人才是相对于理论型（学术型）人才而言的，他们只是类型的差异，而不是层次的差异。前者强调应用性知识，后者强调理论性知识；前者强调技术应用，后者强调科学研究；前者强调专精实用，后者强调宽口径厚基础。从推动社会生产的角度来说，两者都是国家不可或缺的人才；从提高生产的效益和工艺水平上来讲，应用型人才的作用更为显著。目前，我国正处于高新技术发展与产业结构调整转型的重要时期，生产过程不仅需要大量的技术工人和普通技术管理人员，还需要大量的高级工程技术人才和高级生产管理经营型人才。有技术、有技能的应用型人才已经成为我国社会经济发展中非常关键的因素，因为很多创造最终效益的活动往往是在生产实践中产生的，而不全是在实验室里产生的；很多产品的质量问题不是理论问题，而是技术问题。每一种类型的人才只是类型的差异，不存在高低之分。

4.1.1.3 应用型人才的能力结构

应用型人才究竟应当具备什么样的能力，已是教育界多年来探讨的热门话题，也是许多高校教育教学改革所探讨的一个重要内容。我们认为，在现实的社会生产实践中，各行各业及岗位、岗位群对应用型人才应具备的能力要求无法统一，但作为一名合格的应用型人才，至少应当具备以下几个方面的基本能力。

（1）学习能力

学习能力是知识的获取与再现能力。知识获取能力指大脑对知识的吸收、加工、储存能力。在现代社会里，信息量之大难以统计，一个人能捕捉到多少有效信息和他获取知识的能力有关。知识再现能力指一个人面对实际的学习情景或工作情景对知识的回忆与表现能力，包括三个层面：第一个层面是机械性的功能回忆，即面对新的学习情景或具体的工作情景，回忆起过去所学；第二个层面是简单的知识加工，即将已有的知识进行简单的加工，用于解决一般性学习问题或完成一般性工作任务；第三个层面是知识创新层面，即将所获取的知识进行深度加工、重组，形成新知识，用于解决比较复杂的学习问题或实际问题，这是较高层次的再现形式。

对应用型人才而言，在知识上既要有一定的深度，又要有一定的广度。即不仅要具有扎实的专业基础知识和过硬的应用性知识，还要有一定的人文、科技、方法论、财务、管理、社交等方面的知识。因此，应用型人才必须具有很强的学习能力。

（2）实践能力

应用型人才学习知识的目的在于将知识直接应用于社会实践，因此，实践能力是应用型人才最本质的特征。应用型人才的实践能力包括组织工作能力、动手操作能力、谋划决策能力、调查研究能力。

（3）创新能力

应用型人才的创新能力是指具有凡事不墨守成规，不循规蹈矩，力求推出新构思、新设计，运用新方法、新方案解决问题的能力。应用型人才必须具有积极的创新意识。创新意识是开展创新活动的前提，只有在强烈的创新意识的引导下，才能产生强烈的创新动机，树立创新目标，充分发挥创造力，才能具有强烈的事业心和进取心，有理想、有抱负、追求真理，不甘平庸。

要在探索未知的过程中能够积极地运用新颖独特的方式获得新答案与成果，追求思维方向的求异性、思维结构的灵活性、思维进程的飞跃性、思维表达的新颖性。要在实践中不断创造出新技术、新理论、新观念、新办法，这是应用型人才创新能力的最突出的表现。

（4）协同能力

协同能力表现为人与人合作的能力。现实中的工作客体往往比较复杂，完成一项工作往往需要各方面人才的配合，这种配合主要体现在良好的人际关系和合作精神上。维持事业的旺盛生命力的竞争力归根结底来自团队的创造力、团队的合作精神、团队的进取心，因而信任、信用、合作以及默契等协作精神应是应用型人才的必备品质。应用型人才善于与他人合作的能力本身，就体现着自身的竞争能力。随着科技的进步、生活节奏的不断加快，创造工作越来越依靠团体的力量，个体需要与其他个体进行各种有效的交流，才能促进创造事业的共同发展。因此，应用型人才需要加强自身的人格修养，培养健全的人格，提高个人的人格魅力，学会共同生活和与人合作的能力。

（5）国际合作与交流能力

随着经济全球化步伐的加快，社会对人才素质的要求已发生变化，懂得国际运行规则和具备国际交往能力的人才备受社会欢迎。因此，应用型人才除要有深厚的基础知识以外，还要有较强的社会活动能力，特别是要有较强的国际合作与交流能力。

4.1.2　应用型人才培养模式内涵

所谓应用型人才培养模式，就是学校为实现应用型人才培养目标并围绕应用型人才培养目标组织起来的比较稳定的教育活动的结构样式和运行方式，它们在实践中形成了对应用型人才培养的风格或特征，具有明显的系统性与范型性。

在应用型人才培养模式的构建中，高校必须适应社会对人才知识面宽、能力强、素质高的要求，培养的人才既要具有共性，又要具有个性，具有较强的知识基础、创新精神和实践能力。因此，构建人才培养模式应当以传授知识为基础，以能力培养为中心，以提高素质为主线，以培养技术应用型专门人才为目标。这里所要求的"能力"不仅是岗位能力，更应是职业岗位群能力，不仅是专业能力，更应是综合能力，不仅是就业能力，更应是一定的创业能力，不仅是再生性技能，更应是创造性技能。这里所要求的"技术"是在一定的科学理论基础上，超越于一般技能，具有一定复合型和综合性特征的技术，不仅包括经验技术，还包括理论技术。

4.1.3 应用型人才培养模式特征

（1）以社会需求为导向，以应用型人才为培养目标

高等教育大众化必然带来教育对象的多样化和社会对人才需求的多样化。从发达国家工业化、现代化的进程总结出的经验来看，经济社会发展对人才的需求最终将呈现"橄榄形"趋势，即学术型的拔尖人才和一般劳动者占少数，大量的是具有一定知识技术能力的应用型人才。因此，承担大众化人才培养的应用型大学应以社会和人的双重需求为依据，以培养应用型人才为目标，为社会和人的发展服务。

本科应用型人才知识方面的目标是"较厚基础，较宽口径"，是以具备创新、开发、应用能力的工程师水平为目标，品格方面的要求是综合素质高，具备社会主义的道德标准。由此，本科应用型人才培养目标可以概括为：以市场为导向，以通识教育为基础，提高学生的综合素质和能力，为学生的专业学习和可持续发展奠定基础；以能力培养为本位，培养学生解决实际问题的能力。应用型人才应该既要有知识，又要有能力，更要有使知识和能力得到充分发挥的素质，应当具备较厚基础、较宽口径、注重实践、强调应用四个突出特点，尤其是要具备较强的二次创新与知识转化。

（2）改革人才培养计划，体现应用型人才特点

人才培养计划是人才培养的总规划，是高等学校人才培养模式的核心内容，是人才培养模式的实践化形式。高校在本科应用型人才培养计划的制订中要正确处理好以下几个方面的内容：第一，遵循传授知识、培养能力、提高素质、协调发展和综合提高的原则，加强学生全面素质的培养；第二，注重加强基础与强调适应性的有机结合，使公共基础平台、学科基础平台、专业基础平台的构建更加科学；第三，灵活设置专业方向，使专业方向模块更加符合应用型人才对专业的要求和学生个性化发展的需要；第四，突出应用型与实践能力的培养，加大实践教学的比例，强化学生的动手能力、应用知

识解决实际问题的能力和创新精神的培养；第五，根据学生毕业后所从事的岗位群的技能要求，设置职业技能教育培养模块，提高学生的执业能力，增强学生就业竞争力；第六，跟踪现代科技的发展，注重课程的更新与提高。

（3）改革课程体系，优化教学内容

应用型本科教育作为高等教育的一种类型和具有特色的组成部分，在课程设置和教学内容方面必须有自己的特点。第一，以能力为本位选择课程内容、设置课程体系。具体可以采取"四大模块"的方式，即基础课模块、专业基础课模块、专业方向课模块和实践教学模块。第二，强化基础课教学，努力加强文化修养和语言、计算机等工具性课程的教学，为学生的发展奠定坚实的基础。第三，为了适应素质教育的需要，按照因材施教和个性发展的原则，还可以设置一定比例的任选课程，以满足不同学生的不同需要。第四，精设专业课，专业课要宽而新。第五，注重实践教学体系的改革，通过强化实践教学环节来提高学生的动手能力和实际操作能力，从而培养学生的创新精神和适应能力。

（4）改革教学方法，发展学生个性，突出创新能力的培养

教学方法与手段改革作为提高教学质量的重要举措，能够积极推进课程教学方法与教学手段改革的研究，鼓励教师树立创新教育、素质教育、开放教育观念，更新教学方法，大力推广利用多媒体和网络技术进行教学，充分调动学生学习的积极性、主动性和创造性，培养学生分析问题和解决问题的能力，加强学生创新精神、创新能力和创业能力的培养。在教学方法和教学手段上，积极采取提问式、自主式、情景式、启发式、讨论式和案例式等教学方法，结合现代教育技术，注重学生创新能力培养和个性发展，爱护和培养学生的好奇心、求知欲，帮助学生形成自主学习、独立思考的习惯，增强学生收集处理信息的能力、分析解决问题的能力、团结协作和社会活动能力。

4.1.4　应用型本科人才培养类型

（1）产学研人才培养模式

产学研人才培养模式是指学校与企业分工协作，理论教学以学校为主，技能培训和实践教学以企业为主。这种模式主要是在借鉴德国的双元制模式

的基础上逐步形成的，有利于学生将所学知识尽快运用到实践中去，有利于学科专业建设，是应用型大学与相关企事业单位合作培养学生的重要方式。同样有利于学生尽早了解生产的实际和要求及学生动手能力的提高，从而能使他们尽快进入岗位角色。从长远来说，有利于学生一生的职业生涯设计。产学研结合的方式有多种，如应用型大学的法学专业应当与地方法院和地方企业、事业单位结合，新闻专业和地方的宣传媒体结合，金融专业与地方的银行结合，旅游专业与地方旅游结合，档案专业与地方档案馆部门结合等。有了这种结合，应用型大学的人才培养就有了依托和强大的后盾，人才的质量也会大幅度提高。

（2）以市场需求为导向的人才培养模式

以就业为导向的人才培养方式是指以提高毕业生就业率和就业质量为目标，以市场所需要的人才素质为出发点和归宿，建立与社会就业价值取向相适应的一种人才培养模式。将就业指导与生涯规划相结合，职业生涯规划贯穿全过程，即从一入学直至毕业的整个过程，以课程的形式纳入学校的整个教学计划，依据学生个人能力、兴趣、发展潜力，指导学生选择适合自己的专业或职业，注重学生的创业教育，培养创业意识。这种培养模式建立在校企双方相互信任、紧密结合的基础上，就业导向明确，企业参与程度深，能极大地调动学校、学生和企业的积极性，提高人才培养的针对性和实用性，实现学校、用人单位与学生"三赢"的一种具有明显特色的人才培养模式，目前是我国应用型大学人才培养模式改革的新热点。

（3）I 型的应用型本科人才培养模式

应用型人才应更加注重学生的专业课程，基础则以够用为度。所以在这类学校的课程体系中，通识基础、专业基础和专业课程三者的比重相差无几。因此，这种课程体系犹如一根柱子，也可用一个大写的英文字母 I 表示，称为 I 型课程体系。

（4）H 型的应用型本科人才培养模式

坚持"双轨并重"的实践教学理念。在校内建设实践教学基地；在校外，充分利用本市广阔的市场资源，建立和运行基于"加强合作、互惠互利"的产学研合作办学机制，完成基于工程项目（工程设计＋工程项目管理＋技术研发）的"H"型实践教学体系的构建。

（5）T 型的应用型本科人才培养模式

T 型人才培养模式，体现了确保核心能力、突出专业实践能力的原则。"T"可被拆为上下两部分，上面表示学生作为社会人一般能力和基本素质的横向拓宽，以增强毕业生对社会的适应性，下面表示专业能力的纵向深化，且特别强调专业实践能力，以加强毕业生就业的针对性。

本书主持人所在的学校——湖南理工学院位处湖南岳阳，是一所地方高校。在应用型本科人才培养模式理念的指导下，本校的人才培养目标定位为：以市场需求为导向，产学研相结合，确保专业核心能力，突出专业实践能力的服务区域和地方经济发展的应用型人才。

4.2　口译人才培养研究

本节分别概述了传统的口译人才培养研究与信息化视角下的口译人才培养研究。

4.2.1　传统的口译人才培养研究

传统的口译职业以交替传译、视译和同声传译为主要形式。因此，相应的口译教学内容和方法基本上是以帮助学生获得相关能力为主要目标。传统的口译研究，包括或以文本为主要对象的语言研究，或以职业不同的口译形式为主要内容的特征或方法研究，或是以技巧为主线的对策研究等。

在口译人才培养方面，国内外最著名的有以下三种模式：

第一种模式，法国丹尼尔·吉尔（Daniel Gile）提出了以口译实践为基础的口译多任务培养模式。吉尔模式的介绍与引进推动了我国的口译教学与口译人才培养的进程。吉尔（1995）提出了交替传译的精力分配模式的两个公式：CI（Consecutive Interpreting）＝ L（Listening and Analysis）＋ N（Note-taking）＋ M（Short-term Memory Effort）＋ C（Coordination）以及 CI ＝ Rem（Remembering）＋ R（Note-reading）＋ P（Production）。在口译的第一个阶段（phase Ⅰ），译员要同时处理听力理解、笔记、短期记忆和部分协调工作四个方面的内容；在第二阶段中（phase Ⅱ），译员要处理唤起短时记忆、解读笔记以及表达三个方面的工作。在第一阶段的听力理解中，吉尔又提出了著名的理解公式：C（Comprehension）＝ KL（Knowledge for the Language）＋ ELK（Extra-linguistic Knowledge）＋ A（Analysis）。这就意味着听力理解阶段，译员的工作是语言知识、语言外知识和分析三步相互作用的结果。根据对吉尔精力分配模式两个公式和一个理解公式的分析，可以看出：在听辨与分析和识读阶段，译员可以通过有效的训练，从而优化口译工作中的精力分配，以便投入更多的精力在口译和突发状况中，另外，译员又可以通过反复训练，将口译的方法内化为长期记忆的一部分，以便在工作中减少口译的听辨、识读和转换的精力，投入更多精力到译文表达阶段，如此可以大幅提升译文质量，实现口译工作的顺利进行。

第二种模式，厦门大学林郁如（2009）从宏观上进一步提出了适合口译训练的模式。它以技巧与职业准则为训练核心，强调语言理解能力、跨文化交际因素和语言重组能力在口译过程中的作用。厦门大学口译训练模式将口译训练分为口译准备（Foundation Building）、口译技能和职业精神训练（Skills and Professionalism）及口译质量监控（Quality Control），该模式强调以技能为主导（skills－led）的训练理念，针对口译技能和职业精神的训练可以围绕口译交际过程中的口译理解、口译表达和口译分析三个环节展开。

第三种模式，广东外语外贸大学仲伟合（2003）也提出译员的知识结构模式：KI—KL＋EK＋S（P＋AP），即译员应掌握的知识（Knowledge Required for an Interpreter）＝双语知识（Knowledge for the Language）＋百科知识（Encyclopedic Knowledge）＋技能（Professional Interpreting Skills and Artistic Presentation）。

以上口译人才培养模式各有千秋，注重语言能力和口译技能的培训，并与职业实践相结合，无论在口译理论建构还是在口译人才培养模式方面都取得了可喜成绩。以这三种主要口译教学模式为基础，近年来，口译教学研究呈现学科融合与多元化的发展趋势（张威，2012），特色口译教学模式不断涌现。例如，任务型口译教学模式（文军、刘威，2007）、立体式口译教学模式（刘进、许庆美，2011）、情景构建式口译教学模式（刘育红、李向东，2012）、渐进式口译教学模式（姚斌，2017）等。

但是，在信息技术飞速发展的今天，以上口译人才培养模式也存在不足，主要表现在以下四个方面：口译教学与教育技术结合不足，仅停留在多媒体的简单应用上，教学手段相对落后；口译教学缺乏动态互动，学生自主协作学习机制不健全，教学效果不理想；教学过程缺乏全方位、立体的质量监管反馈系统，不利于教学预测；学生缺乏实战经验，职业能力低下等。结果英语专业毕业生虽多，但合格的应用型和创新型口译人员匮乏。因此，在"互联网＋"下，变革口译人才培养模式已势在必行（吴静，2016）。

4.2.2　信息化视角下口译人才培养研究

在无线电、互联网技术之后，口译研究迎来了技术转向（Fantinuoli，2018）。随着移动互联网、云计算、大数据的迭代升级，语音识别、语义分析、文本转换、语音合成等自然语言处理技术日渐成熟，已向以翻译为代表的现代语言服务领域渗透和融合，对传统翻译方式进行着前所未有的冲击，也使翻译研究进入真正意义上的"技术转向"时代。

国内，随着出台"一带一路"、中国文化"走出去"等国家倡议和《教育信息化 2.0 行动计划》《中国教育现代化 2035》教育发展规划的实施，口译技术研究不仅服务于学科发展，更将为国家倡议和规划提供智力支持和实施保障（王华树，2020）。

自 2012 年 MOOC 元年以来，翻转课堂和 SPOC，以及混合式学习方式的出现，信息技术融入传统课堂的改革研究越来越多。目前，"基于信息技术的外语教学已成为当前高等学校外语教学的主要实践方法"（胡加圣、陈坚林，2013）。例如，早期的杨科等（2010）设计了一种基于网络的口译习得模式——口译专能习得机制，以自身及同事们的口译实践经验和释意派翻译理论为指导，依托普特听力网站的技术支持，研发出来的一种模块化、网络化、互动化的口译学习平台，通过 IPTAM 六步学习策略，从一开始就培养学生的翻译意识，引导学员初步了解掌握会议口译员所必需的口译专业技能，为将来成为一名职业口译员打下坚实的基础。陈卫红（2014）探讨了网络环境下口译多模态教学模式；王洪林等（2017）认为翻转课堂、微课和慕课三者有密切关系，理论基础相同，可以构建口译翻转教学模式。通过对比分析以往教学研究和大数据时代教学改革现状，结合口译教学的特点，从个性化无缝口译学习模式、动态整合式口译技能训练方式和口译翻转学习评价方式三个方面讨论口译翻转教学模式的构建问题。刘剑（2017）尝试了多模态语料库口译教学模式；刘梦莲（2018）探讨了基于 IVY 虚拟现象的口译训练模式；高云柱、马苏妮（2018）研究了基于 MOOC 的口译教学改革。赖祎华、祝伟国（2018）对"互联网＋交替传译"开放教学模式进行了实践，该项目以 MTI 研究生交替传译的开放式教学模式为研究对象，以"产出导向法"为核心，以建构主义学习理论为指导，结合翻转课堂模式在教学中的应用，利用互联网、微信群和微信公众号等新技术平台，开展演讲与传译的情景模拟训练等。

目前，译员的职业化＋专业化趋势日益显现。也就是说，口译课程教学不仅是口译理论知识的获取，更重要的是口译技能和职业化的培养。以线下教学为主的模式适合理论知识的传授，但传统的课堂由于练习材料更新慢、班级人数多、课时少等，学生在课堂上想获得足够的口译实践训练几乎不可能。因此，变革口译实践方式成为迫切之需，基于 MOOC 平台的模拟仿真训练和实践基地的口译实践教学为信息化下口译实践提供了新途径。

互联网的出现，海量即时资讯材料对翻译的实践教学提供了极大的便利。从 20 世纪早期的机器翻译构想和设计到多款计算机辅助翻译（CAT）软件的问世，从云计算到大数据再到认知科学新发现和人工智能技术的进步，翻译速度和质量得到不断加快和提升。科学技术的变化，自然带动市场需求的多样性，而市场需求的多样性又对口译人才培养提出了新的挑战。刘和平（2017）指出不断变化的现代技术和口译职业的发展给口译教育和研究带来全新的挑战。鉴于此，信息时代＋疫情防控常态化时代，口译人才培养目标需迭代升级，口译教学理念需要革新，教学手段需要改进，口译研究内容需要更新，口译实践方式需要多样化，课程质量评价体系信息化，才能满足应用型口译人才培养之需。

4.3　混合式学习的应用型口译人才培养模式

本节详细介绍了地方高校应用型口译人才培养目标，以及以"基于校本特色、服务地方经济"的指导方针，采用混合式学习方式，实行新文科背景下"学科交叉、联合培养"的地方高校应用型口译人才培养模式。

4.3.1　《国标》与《指南》要求下的外语人才培养目标

2018 年教育部正式颁布的《国标》是我国外语类专业本科教育发展历程中一份里程碑式的文件，是全国高等学校外语类本科专业准入、建设和评价的依据，也是各高校外语类本科专业制订培养方案的指导文件（钟美荪，2019）。2020 年 4 月，《指南》的出版是继《国标》之后的又一纲领性文件。它历经 7 年，由教育部高等学校外国语言文学类专业教学指导委员会（以下简称外指委）研制，指引高校外语教育工作者进一步明确外语学科内涵与专业定位，探索外语类专业建设新理念、新形态、新方法，推动构建中国特色一流外语类专业人才培养体系，培养具备家国情怀、国际视野、沟通能力和人文素养的复合型外语人才。《国标》为高校外语类本科专业设定了准入、建设和评估的标准和尺度，《指南》则旨在推动《国标》精神落地生根，为各专业创新发展提供具体行动路线和解决方案（程晓堂，2021）。

《国标》具体提出了外语类人才培养目标：外语类专业旨在培养具有良好的综合素质、扎实的外语基本功和专业知识与能力，掌握相关专业知识，适应我国对外交流、国家与地方经济社会发展、各类涉外行业、外语教育与学术研究需要的各外语语种专业人才和复合型外语人才。

对英语专业人才培养聚焦人文领域人才和社科领域人才培养两大类。人文领域人才包括：英语专业领域研究型人才、高端翻译人才、跨文化沟通人才、中外人文交流人才和中国文化国际传播人才。社科领域人才包括：全球治理人才、国别区域研究人才、外交和外事工作人才、国际组织人才、国际新闻人才。另外，根据《翻译专业课程思政指南》，翻译专业课程思政目标分为五个维度：历史传承（L）、时代精神（S）、人文素养（R）、全球视野（Q）、职业素养（Z）。

"质量为王、标准先行，标准为先、使用为要"，以《国标》为基础，《指南》在以下理念的引领下研制而成：

第一，突出"立德树人"根本任务，坚持走内涵式发展道路，以全面提高人才培养能力为核心，把培养具有国际视野、中国情怀、创新精神的高素质外语专业人才和复合型外语人才作为高校外语类专业建设的出发点和落脚点；

第二，服务国家战略和地方经济社会发展，强调多元化、特色化，满足中华文化"走出去""一带一路"建设和构建人类命运共同体的需求，在文明交流互鉴中坚守中华文化立场，讲好中国故事，传播好中国声音；

第三，全面贯彻"以学生为中心"的教育理念，与时俱进，注重激发学生学习积极性和主动性，切实突出自主学习、交互式学习和探究式学习教育理念。同时创新教学内容和教学手段，重视现代信息技术在教育教学中的运用。

外语类各专业点应在《指南》指导下，坚持内涵发展、多元发展和创新发展，培养时代需要、国家期待的外语专业人才。《英语类指南》在落实立德树人根本任务、笃定服务国家发展战略、坚持走内涵式发展道路、不断创新教育教学方法的理念指导下，充分体现了鼓励分类卓越、特色发展，强调学科交叉、复合融通，倡导理念创新、方法多元，注重经典阅读、健全人格的特点。该指南又分为《英语专业教学指南》《翻译专业教学指南》《商务英语专业教学指南》三部分，旨在为全国英语类专业创新人才培养、深化专业改革、推进课堂革命提供参考和依据。

《国标》和《指南》的发布有利于在新时代进一步规范外语类专业的准入、建设和评价，从而推动外语类专业持久、健康地发展。《国标》规定了外语类专业的人才培养目标，同时明确指出，各高校应根据自身办学实际和人才培养定位，参照《国标》的要求，制定合理的培养目标。据此，各高校外语类专业应根据《国标》和《指南》的要求制订适应社会发展需要、体现本校定位和办学特色的人才培养方案。

4.3.2　应用型口译人才培养方案

为响应教育部下达的《国标》和《指南》的要求，地处长江经济带的湖南理工学院外语学院以"基于校本特色、服务地方经济"为指导方针，因地制宜地制订了办学定位与外语专业人才培养计划。

（1）学校办学定位

学校以习近平新时代中国特色社会主义思想为指导，制定了建设"有较高社会影响力的特色鲜明的地方大学"的总目标，明确了建设"高水平应用型地方大学"的办学定位。

（2）外语专业人才培养要求

外语学院根据学校的办学定位及地域特色，立足"中国（湖南）自由贸易试验区"，主动对接长江经济带发展需求，并以"新文科"建设为指南，加强英语与相关学科的交叉，着力培养基于校本特色的应用型翻译人才。

应用型翻译人才培养的目标、培养特色与培养优势如下。

培养目标：本专业旨在培养适应国家和地方经济社会发展需要，具有良好品学修养、扎实的英汉双语基础、熟练的翻译技能，通晓涉外商务、石油化工、区域文化传播等特定领域的基础知识，既能胜任一般性翻译工作，又能满足特定专业领域翻译需求的高层次、应用型、专业性翻译人才。

培养特色：本专业立足新文科背景，实施"学科交叉、联合培养"的应用型人才培养模式。通过组建 MTI（Master of Translation and Interpretation）教育中心，实施"英语翻译（笔译、口译）＋其他学科领域""双导师＋校企联合""实践能力＋职业能力"相结合的人才培养模式，并构建通用翻译技能课程、专业基础课程、专业翻译实践三大课程体系，强化高层次翻译人才的专业性，努力打造学生个性的英语口译能力，增强学生以及服务地方经济社会发展的核心竞争力。

培养优势：本校坐落于岳阳自贸试验区，拥有强大的外向型产业，以及屈原文化、岳阳楼文化等多种区域优势条件。这一点既为翻译人才培养提供了产学研基地，强化了专业性内涵，又提供了国际化平台，促进了人才培养与行业需求的对接。本校所处的岳阳市拥有一批行业领域集中，并与学校优势学科紧密结合的实践教学与实习基地，如传神语联网公司、译国译民翻译公司、甲申同文翻译公司、湖南人民出版社、屈子文化园、巴陵石化、岳阳文旅广电局、岳阳市贸促会等，并长期聘任相关行业领域的兼职导师，为本专业人才培养的行业针对性提供了有力支撑。

4.3.3　基于混合式学习的应用型口译人才培养模式

本书结合湖南理工学院的办学特色和学科优势，以教育部资助的"MOOC 平台与混合式学习环境下的口译人才培养模式创新研究"项目以及其他多项省级教学研究项目为依托，以省级外国语言文学类专业校企合作创新创业教育基地、湖南省屈原文化研究基地、传神翻译教学实训系统以及

《口译》名师空间（省级）等为实践教学平台，以本校英语、商务英语学生为主要教育教学对象，转变教育思想观念，采取将信息技术融入课堂教学的教学方法，变革终结性评价方式为内部评价＋外部评价、过程性评价＋终结性评价的方式，采用校、企、地联合实践的方式，提出了"基于校本特色、服务地方经济"的人才培养目标，设计了专业协同、本硕衔接、校企合作、科教融合的地方高校"英语翻译＋X"（湖湘文化传播/国际贸易/石油化工）的应用型翻译人才培养理念。

从混合式学习体系、实践教学平台建设、质量评价体系等方面系统设计出发，构建基于 MOOC 平台与混合式学习的应用型翻译（口译）人才培养新模式（见图 4-1），即现代教育技术与口译课程群深度融合的混合式学习体系；校企（岳阳市贸促会、岳阳市临港新区、传神翻译公司等）、校地（岳阳市外事侨务办、市翻译协会、市教体局、校国际交流处等）、校际（美国乔治福克斯大学等海外高校与企业）相结合的校、企、地协同育人实践平台；以及内部评价加外部评价（包含第三方介入，实习基地与用人单位等），形成性评价加终结性评价的质量评价体系。

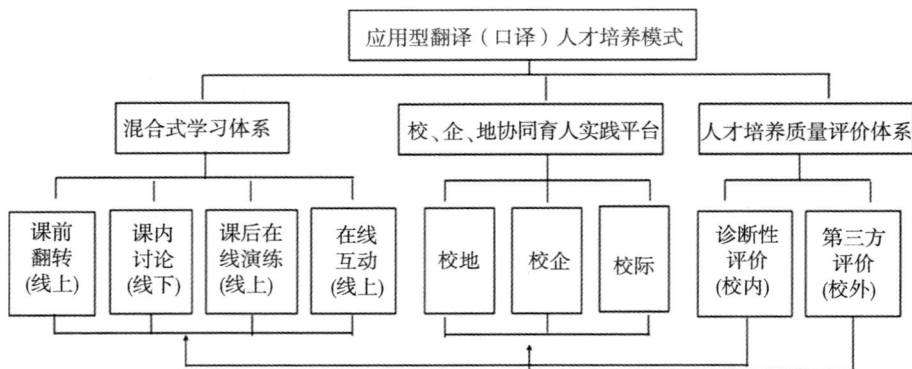

图 4-1　基于 MOOC 平台与混合式学习的应用型翻译（口译）人才培养新模式

基于 MOOC 与混合式学习的口译人才培养模式运作机制主要体现为 4 个程序的持续运作：

（1）"常规课堂教学＋口译 MOOC 平台"混合式课程体系构建

常规课堂教学：在多媒体网络环境下，开展模拟口译实战训练，将口译技能传授与实际操练相结合，保留传统课堂教学模式精华。

口译 MOOC 平台：课堂翻转区＋课堂实训材料版块＋实时音频、视频＋

多媒体动态课件＋虚拟口译演练区＋作业区＋交流互动区。翻转课堂内容，延伸教学资源，构建人机结合的网络课堂新模式。解决口译课课时不足、上课材料陈旧单一、师生缺乏互动以及学习监控和评估等问题。

（2）开放互动式、团队协作式、探究式教学模式实践

开放互动式的柔性教学空间：学生不再受课堂教学时间与空间的束缚，可根据自己的实际水平和学习进度选择不同的时间、地点和对象进行自主驱动练习，教师提供即时在线答疑。

团队协作式、探究式教学模式：线上线下，课堂内外，通过项目作业、实验仿真、小组互练、在线互动、考证竞赛和社会实践等手段进行，学习方式由接受式学习向协作、探究式学习转变，培训对象由接受知识成为职业化应用载体。

（3）专业实践与职业拓展

虚拟现实的口译实践模式：依托口译 MOOC 平台，从单一的传统课堂模拟演练逐步发展到以市场为主导的基于 MOOC 的虚拟现实，实现基于在线的校园与社会连通互动，为提升学生的口译实践技能与业务能力奠定基础。

将实践演练置于人才培养模式的运作核心，与企业建立实践基地。通过互联网汇集口译社会实践信息，基于实践基地，教师团队带领学生承接力所能及的各类口译服务项目，为社会解决口译人才短缺问题，为学生提供真实的口译实践与求职机会。

（4）大数据下全方位、立体式质量监控反馈机制设计

内部评价加外部评价，形成性评价和总结性评价相结合，以此来对口译人才培养进行全程质量监控与反馈。将课堂教学与在线学习的两种形式的评价进行深度融合，课堂上观察学生的口译技能习得效果。在线学习根据超星平台自带的学习行为分析功能，从宏观层面对学生的学习日志进行学习行为挖掘，如学习过程中访问内容及频率、学习路径、学习偏好等信息，分析趋势走向，了解学习者的学习行为规律。同时，第三方的评价反馈，使教师对学生的评价由经验主义转向质性和量化分析。大规模的数据分析，使教师获得科学依据，进而总结教学规律、进行教学预测、反思教学结果、改进教学内容和方式，进而形成教学的有效反馈机制。

4.4 混合式学习的应用型口译人才培养具体实施方案

以"基于校本特色、服务地方经济"为目标，采用基于 MOOC 平台与混合式学习的课程教学方式，实行新文科背景下"学科交叉、联合培养"的地方高校应用型口译人才培养模式，本书提出对师资、课程、教法、实践和质量评价进行全方位的变革，具体实施方案如下。

4.4.1 基于混合式学习的"英语翻译＋X"（湖湘文化传播/国际贸易/石油化工）培养

学校组建语言服务人才教育中心，专任教师由外语学院从事翻译教学的英语教授、中青年教学骨干，且有文化传播、涉外商务与石油化工翻译实践经验的教授联合组成。对学生进行基于 MOOC 平台与混合式学习方式的口译理论与实践的教学和培养。

采用混合式学习体系。口译课前翻转（线上），在线资源自学，知识内化自测，在线师生讨论；课中进行讨论，疑难问题会诊，口译技能重点难点讲授，CATTI 考点提炼分析，口译技能训练和小组协作演练（线下）；课后在线演练（线下），问题讨论回复，过关题目测试，个性拓展学习，师生、生生在线互动（见图 4-2）。

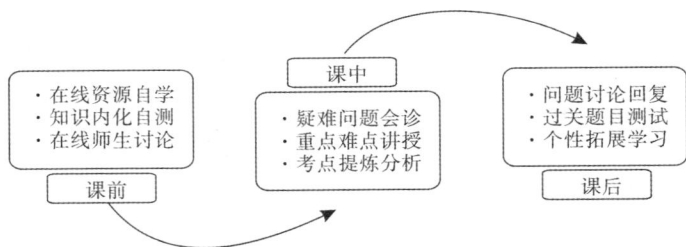

图 4-2 混合式学习模式

4.4.2 校、企、地协同育人

采用"'双导师'＋ 校企联合"培养方式。全过程协同企事业单位培养应用型口译人才，认真实施"校内导师＋行业导师"的"双导师"制度，强化

"四个共同"：校企共同制订人才培养方案、共同实施教学管理、共同指导学位论文和共同开展考核评价。在严格遴选校内导师的同时，按要求从校外协同培养单位遴选、聘任资深译员和管理人员担任行业导师，为学生开设课程、讲座或指导翻译实践。

4.4.3　基于大数据的口译人才培养质量评价体系

一方面，通过采用研讨式、职场模拟式等教学方式，将职业口译工作内容引入课堂，加强学生口译职业化技能训练；另一方面，以省级外国语言文学类专业校企合作创新创业教育基地、湖南省屈原文化研究基地为主的实践基地的实习，或通过师生团队承接各类口译项目，聘请实践经验丰富的资深译员开设课程或讲座，帮助学生了解与熟悉口译行业的操作过程和运营模式，获得口译行业的从业资质与职业素养。"实践能力＋职业能力"的培养方式，对学生口译实践环节提出了质与量的要求，采用内部（教师）评价加外部（第三方用人单位）评价、形成性评价加终结性评价对口译人才培养进行全方位、立体评价。图 4-3 为应用型口译人才培养质量评价层次模型。

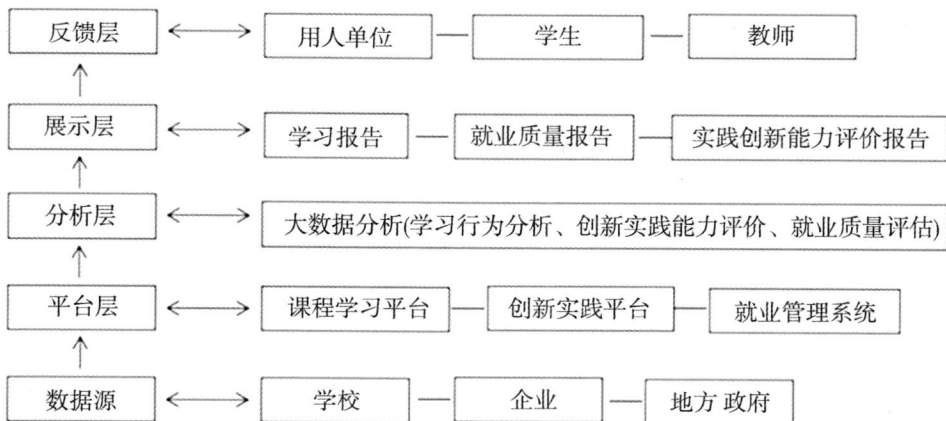

图 4-3　应用型口译人才培养质量评价层次模型

本书依托互联网，调研社会需求，同时结合专业培养计划和要求，以翻转课堂和混合式学习为教学理念，以考证竞赛为激励机制，构建并不断完善"常规课堂教学＋口译 MOOC 平台"混合式课程体系。培养学生自主学习能力和口译实践能力，培养学生的团队协作和创新精神；根据质量监控反馈实施个性化教学，使学生熟悉基本口译技巧，掌握实战应变策略，顺利完成口译任务，同时，注重学生职业能力的培养，从而达到应用型和创新型口译人才培养目标的要求。

4.5 本章小结

以教师为中心的模式适合知识传授，而口译的学习，不仅是口译理论与相关知识的获取，更重要的是口译技能、跨学科能力与职业化的培养。因此，以学生为中心的混合式学习，基于线上线下相结合的教学方式、实践方式和测评方式，在信息＋疫情防控时代更适合于应用型口译人才的培养。

基于混合式学习的应用型口译人才培养模式，以《国标》和《指南》为指导，实行新文科背景下"学科交叉、联合培养"的应用型口译人才培养模式和具体实施方案。师资方面，校内教师与校外专家联合指导；课程设置方面，采取学科交融方式；课堂教学方面，教师与学生的学习、交流互动将不再局限于单一的传统课堂，而是演变为课堂与在线学习平台及互联网新媒体（如 QQ、微信等）相结合的多元混合形式；实践教学方面，由于口译的跨学科性和职业性，口译实践教学变得尤为重要，校、企、地联合创建的实践基地对学生的口译职业化能力的提升大有帮助。基于混合式学习的质量评价体系：内部评价加外部评价、形成性评价和总结性评价相结合，可以更加全面合理地评估学生的口译能力，也为教师适时调整教学方案提供科学依据。

第 5 章　基于混合式学习的口译课程教学设计与实施

外语教学是一个复杂系统，系统内部各要素之间既有层级关系，又有平行关系，有的位于上层（如国家教育方针），有的位于中层（如教学大纲），有的位于下层（如教师、教学材料、教学活动等），每个层级还含有若干个平行子系统，每个子系统又包含若干要素（文秋芳，2017）。教学设计可以在宏观、中观、微观三个层面上进行，宏观设计关注教育体制系统改革；中观设计关注学科课程开发；微观设计关注单元、模块和教学片段设计，面向全体教师，应用最广泛（盛群力，2010）。第 4 章已从上层探讨了政策的应用型口译人才培养目标，本章将从中层讨论口译课程开发及相关准备工作，并从下层对基于混合式学习的口译课程设计与实施进行详细介绍。

5.1　口译课程类型

根据《国标》和《指南》的要求，各高校外语类专业应制订适应社会发展需要、体现本校定位和办学特色的人才培养方案。湖南理工学院外语学院以"基于校本特色、服务地方经济"为指导方针，将翻译方向人才培养目标定位为：培养适应国家和地方经济社会发展需要，具有良好品学修养、扎实的英汉双语基础、熟练的翻译技能，通晓涉外商务、石油化工、区域文化传播等特定领域的基础知识，既能胜任一般性翻译工作，又能满足特定专业领域口译需求的高层次、应用型、专业性口译人才。本书以经贸方向的口译人才培养为例，对《英汉汉英口译 1》《英汉汉英口译 2》《经贸英语口译》等口译课程群的教学进行研究与分析。

5.1.1　口译类型

口译指译员听取讲话人的原语并以口语或手语的方式用目标语为听众传

达讲话人的意思；通过译员的传译，异语双方或多方之间得以进行交际沟通（王斌华，2009）。

人们通常认为，"口译"即"口头翻译"，但按照国际惯例，手语传译（Sign Language Interpreting）也属于口译形式的一种。根据不同的口译媒介，口译包括口语传译、手语传译等。

按照口译的工作场合或者社会交往的场合，口译又可以分为商务/经贸口译（Business Interpreting）、外交口译（Diplomatic Interpreting）、军事口译（Military Interpreting）、法庭口译（Court Interpreting）、教育口译（Educational Interpreting）、医疗口译（Medical Interpreting）、媒体口译（Media Interpreting）、社区口译（Community Interpreting）、联络陪同口译（Escort/Liaison Interpreting）和会议口译（Conference Interpreting）等。不同的口译场合都可能使用交替传译或者同声传译形式。

根据口译的工作形式或者信息的传递方式，口译可以分为交替传译（Alternating Interpretation），或称接续传译（Consecutive Interpreting）和同声传译（Simultaneous Interpreting）两大类。当前，《指南》上采用"交替传译"来表示 Consecutive Interpretation，因此，本书使用这一称谓。

5.1.1.1 交替传译

交替传译指口译员在讲话人讲完部分内容停下来后，立刻将其翻译给听众，译完后讲话人再继续讲，译员再译。即讲话和口译交替进行，故称交替传译。

5.1.1.2 同声传译

同声传译指译员在不打断讲话者讲话的情况下，不间断地将内容口译给听众的一种翻译方式。分为以下四种类型：

（1）会议同声传译（Conference Simultaneous Interpreting）

译员坐在同传厢（Booth）里，利用会议中的同传设备，通过耳机收听讲话，与此同时通过话筒将发言人的讲话内容由原语译成目的语，而听众则在会场头戴耳机收听译语。这种形式是最常见的。

（2）耳语传译（Whispering Interpreting）

译员用"咬耳朵"的形式把听到的信息同步地转述给听者，是一种小范围的同传，不需要同传设备，听众人数很少（一个或几个）。

（3）视译（Sight Translation）

译员通过阅读来接收源语信息，同时以口头形式发布译文。交替传译中也可能会用到视译，比如口译前如果拿到发言稿，就可以先做现场准备，再在看稿、听发言的同时进行口译。

（4）接力口译（Relay Interpreting）

即由一名译员先将原语译成中间语，再由其他译员将中间语译成目的语。如一篇日语讲话需要译成英语，但现场没有日英翻译，这时便可由一位译员先将日语译成汉语，再由另一位译员将汉语译成英语。

5.1.2　《指南》下的口译课程类型

根据不同的划分方式，口译可以分为不同的类型。与此相对应，课程类型也不一样。根据《指南》的要求，本科阶段口译课程主要有三种类型：联络陪同口译、交替传译和主题口译。

5.1.2.1　联络陪同口译（Liaison Interpreting）

教学目标：本课程旨在培养学生的跨文化交际意识和基础口译能力，使学生在掌握联络陪同口译技巧的同时，基本具备外事联络与外事接待工作中的口译工作能力及沟通协调能力。通过课程学习，学生应当了解基本的口译理论，了解口译的本质和特点，掌握基本的口译技巧，可以用汉英双语对国内外时事或热门话题进行准确流利的口头阐述。本课程的学习可以帮助学生打下扎实的口译基础，为交替传译课程的学习做准备。

教学内容：如何提升听力理解能力、如何提升短时记忆能力和专注力、如何抓取并处理关键信息、如何记笔记、如何快速准确地口头转换数字、如何提升公共演讲能力、如何进行有效的协调沟通、如何应对突发状况等。此外，在以实践为主导的基础上，本课程还穿插引入了相关的基础口译理论知识。

5.1.2.2　交替传译（Consecutive Interpreting）

教学目标：本课程是在联络陪同口译的基础上开设的，旨在进一步提高学生的英汉口头转换能力、口头转换速度、语篇分析能力、双语表达能力的同时，加强对学生跨文化能力的培养。通过课程学习，学生能更为流畅、快速、准确地用目的语口头表达源语意思，能更好地了解并掌握不同口译场合的基本应对方法，具备良好的跨文化沟通协调能力和过硬的心理素质。

教学内容：本课程覆盖迎来送往、行程安排、商务访问、旅游接待、礼宾礼仪、会展会务、休闲娱乐等多方面的内容。学生将学习高阶口译汉英图表互译、汉英习语和惯用语的互译技巧，如汉英组织机构名称的互译。此外，本课程进一步引入口译理论素养和实践能力。

5.1.2.3　专题口译（Topic-Based Interpreting）

教学目标：本课程旨在加深学生对常见专业领域的了解，帮助学生不断扩充知识面，在进一步巩固口译技巧的同时，提升学生完成专业领域口译任务的能力。

教学内容：本课程按专题编排，覆盖商务谈判、科学技术、会展会务、财经金融、国际交流、体育事业、医疗服务等专题。通过介绍专题相关的专业词汇及基本知识，引导学生学习并记忆专业词汇，由浅入深、循序渐进地开展口译练习，加深学生对各个专题的理解，提升学生的口译准确度和流利度，加强学生应对专业性较强的口译任务的能力。

长期以来，由于口译课程定位不明确，我国绝大多数高校侧重于笔译人才的培养，不重视口译课程，国际口译界对本科阶段是否开设口译课程也存在争议，但从世界各地来看，特别是翻译培训体系比较完善的欧洲，本科阶段的口译训练也发挥着重要的作用。关键的问题是，作为翻译教学的一个重要组成部分，本科阶段的口译教学应有明确和适当的定位（鲍川运，2008）。本科阶段不是不可以培养口译人才，关键是要明确定位和目标。2020 版《指南》已明确指出：本科阶段口译课程教学，应以联络陪同口译、交替传译和主题口译为主。也就是说，大学本科的口译教育不应把目标定位在培养会议口译（包括同声传译在内）的高级人才上，而是应着眼于培养学生联络陪同口译与交替传译的基本能力，根据不同的口译类别及其市场需求，确立相关主题口译训练。2020 版《指南》为大学本科口译教育明确了口译教学的定位和类型。

5.2　口译课程教学现状与对策

口译课程具有跨学科性和职业化等特点，是一门专业性、实践性很强的学科，但长期以来的重理论教学、轻实践等问题，使得口译人才培养存在诸多问题。

5.2.1　口译课程教学现状与问题

据统计，我国大多数高等院校均开设了外语专业，但翻译人才培养质量参差不齐，大部分本科毕业生的翻译实战水平，尤其是口译能力还不能适应国家发展战略的需要，很难胜任专业性较强的口译工作。究其原因，口译人才培养的根本途径——口译课程教学存在诸多问题。

5.2.2.1　人才培养目标与课程定位问题

口译人才培养的定位不清晰、特色不鲜明、方向不具体。由于缺乏顶层设计，没有因地制宜地凝练出符合当地经济发展需求的人才培养方案，导致口译课程的学科定位存在偏差，课程设置不合理，学科特色不鲜明，教学方向不具体。教学上仍旧把口译课当作以学习外语为目的的"教学口译"，而不是以培养跨文化交际人才和应用型人才为目的的"口译教学"。将口译课上成听力课、口语课或者笔译口语课等，口译人才培养仍以学科知识为中心，学生只有课本知识，缺乏国际视野和家国情怀，更谈不上为当地经济发展服务的意识。

口译人才培养起步晚、师资弱。由于长期重笔译、轻口译，口译教学的兴起也就在近一二十年间，高水平的口译教师较少。大部分口译教师并不是口译专业毕业，一方面教学经验和口译技能不足，另一方面缺乏口译实践经验，在教学中很难对学生的口译实践给予专业的指导，影响了口译实践教学的质量。

口译教学中，重理论轻实践、重课内轻课外、重结果轻过程。教学理念陈旧落后，不少高校的口译教学还是学科本位，只注重口译理论的讲解和口译技巧的传授。口译需要讲授的理论并不多，因为口译是一门技能型课程，需要大量的实践，但长期重理论、轻实践，就会使学生缺乏锻炼和口译实践经验，课堂教学远远不能使学生的口译能力提高。另外，基于终结性评价的期末考试也不能完全测出学生的口译真实水平。

5.2.2.2　紧密对接地方和行业的问题

因为缺乏对服务区域经济文化发展、培养高层次翻译人才的认识，本学科与地方行业对接意识不强。教师对社会需求了解甚少，对国际交流趋势和国家发展战略也不甚关心，校内学习与社会需求无法实现有效对接。对学生的跨学科能力和职业能力培养不够重视，导致学生的口译实践能力和职业能力远不能适应地区、国家对外交流与合作的需要。

5.2.2.3　教学改革与实践创新的问题

教学手段简单，信息技术融入不够。教学手段还是采用黑板＋多媒体的形式，缺乏先进的信息化教学手段的辅助。教材中的练习材料由于出版时长等原因，内容相对滞后，时效性较差、实用性不强，导致口译人才培养质量低下。还未建立起相关的口译教育资源平台，未能实现口译教学的信息化和国内外口译教育资源的共享，这与国家开放战略对口译人才能力、素质的要求相去甚远。

实践教学流于形式，职业化实践不足。由于口译课程不受重视，口译教学在各项资源建设和教学投入方面都不足，口译教学需要的教材、实践场地、交流环境等得不到保证，因此，教学效果也就很难得到保障。口译教学中实践锻炼不足。由于班级大、课时少，课堂活动的组织受到很多限制，教师难以把控。高校普遍缺少专业的实践基地，学生无法在模拟的交流环境中进行仿真锻炼，大大影响学生口译职业化能力的提高。

缺乏有效的质量监控体系。由于师资缺乏，班级大、课时少，教师在有限的时间内无法对学生进行深入的了解和指导，教学效果得不到保证。教学管理部门没有科学全面的教学效果评价和检测的办法，无法客观地评估口译课教学质量的好坏，也难以有效地检测学生学习效果的优劣，造成口译课教学效果评价存在问题（邓文君，2017）。

传统的口译学习方式是教师讲授口译基本理论或对学生进行某一口译技巧训练、学生听和练都是单向过程；"互联网＋"时代，学习者的信息处理风格和学习期望与以往不同，单一的实践方式也很难提高学生的口译能力，因此传统的课堂教学方法与实践方式变革成为必然。

5.2.2　口译课程教学的改进方式

明确人才培养目标与课程定位。提出基于本校办学特色、办学宗旨和人才培养目标，围绕区域支柱（石油化工/国际贸易/湖湘文化）产业发展需求，制定出"基于校本特色、服务地方经济"的人才培养目标定位，凝练出三个特色方向：岳阳地区传统文化口译传播（湖湘文化代表，屈原文化、岳阳楼文化与岳州窑文化等）、经贸英语口译（国际贸易）以及化学化工口译。另外，完善口译人才培养方案和教学模式（见 4.1 与 4.3），建成更高规格的实践基地（见 4.3.3），促进基于 MOOC 平台和混合式学习的应用型口译人才培养更紧密地对接地方经济发展和行业需求。

紧密对接地方经济和行业发展需求。充分调研区域经济文化发展对高层次口译人才的需求，加强本学科与地方行业对接。一方面，有针对性地加强专任教师自身科研型和"应用型"教师的统一；另一方面，重视产教研结合，并使学科交叉。教师进一步强化口译人才培养所需的相关学科知识和能力，以便完全适应应用型口译教学的要求，实现更大意义的学科交叉与融合。

变革课程教学方式和实践教学方式。更新单一线下教学手段，采用微课、翻转课堂、SPOC 以及 MOOC 等多种混合式教学方式。"以成果为导向"的口译教学方式，突出学生在口译教学中的主体地位，深度参与课程学习。以线下主导型混合式为教学理念，课中线下面授现场以交流、讨论为主导，辅以课后线上教学资源的扩展呈现，延伸课堂讨论。教师关注学生在口译学习与实践中遇到的问题，并在此基础上指导学生使用合理的口译原则、方法和步骤进行口译训练。加强口译实践教学，以外国语言文学类专业校企合作创新创业教育基地（省级）、湖南省屈原文化研究基地（省级）以及传神翻译公司等推进校企联合实习，提升学生口译实践应用能力。信息＋疫情防控常态化时代，变革口译人才评价机制与课程考核方式，构建基于 MOOC 平台的大数据教学质量监测体系势在必行。对学生的学习全过程进行监控，以过程性评价方式替代单一的终结性评价方式，加上内部（教师）评价与外部（第三方用人单位）评价，使评价方式更加科学合理（应用型口译人才培养质量评价层次模型，见图 4-3）。

口译课程虽然有多样性，但其实质是一门跨学科的语言技能课。因此，对口译课程教学来讲，口译教师必须将教学置于相应的动态过程之中，充分考虑口译交际的动态性和复杂性，尽量为学生提供模拟仿真或者实践基地的口译学习与练习场合，培养学生扎实的双语运用能力、跨文化交际能力和口译职业能力，同时在模拟仿真的环境中，帮助他们尽快适应口译工作环境，成为合格的口译工作者。但长期以来国内翻译教学重笔译、轻口译，课堂教学与社会需求脱节。传统口译教学中存在口译人才培养定位不明确，教学与市场需求脱节，师生缺乏互动；课程教学内容陈旧，教学手段单一；静态教学，缺乏口译实践，教学质量监督体系不完善等问题。也就是说，班级过大，课堂活动难以施展，教师监管很难到位，加上口译教学与多媒体教育技术结合不足、教学材料更新慢、学生口译实践不足、缺乏跨文化交际口译能力和口译职业能力培养等原因，导致口译课程教学远远不能够满足社会对口译人才的要求（吴静，2016）。信息时代，海量的网络资源和先进的多媒体技术，以及在线平台提供的学习行为分析功能，都是口译课程教学、实践和质量监测的强大助力，因此变革教学方式，将信息技术融入口译课堂教学的各个环节已成必然趋势。

5.3 基于混合式学习的口译课程质量评价体系

教学评价是保证教学系统正常运行和不断优化的重要手段，是课程教学的重要一环。本节对所涉及的教学评价、形成性评价和终结性评价三个核心概念进行了界定；梳理传统口译课程评价体系，述评了混合式学习下的口译课程评价研究；构建了基于混合式学习的教学质量评价体系，以便对教学质量实行有效的检测和评估。

5.3.1 传统的口译课程评价方式

评价（Evaluation /Assessment）是教学中的关键环节，评价方式对学生学习起到重要的引导作用，评教有机结合更有助于教学质量的提升（文秋芳，2018）。

5.3.1.1　核心概念界定

教学是课程体系最重要的组成部分，教学评价（Teaching Evaluation / Assessment）是课程体系建设的一项重要内容。在探讨课程评价体系之前，有必要对教学/学习评价（Teaching/Learning Evaluation）、评价方式（Evaluation/ Assessment format）、终结性评价（Summative Assessment）以及形成性评价（Formative Assessment）等几个核心概念进行介绍。以下定义来自金艳（2021）对《国标》第 8.1.2 节涉及评价方面的三个核心概念的阐述。

（1）教学/学习评价

教学评价关注的是教学、学习和测评的过程和结果，是教学质量的保障机制，也是改进和提升教学质量的手段之一。教学评价的目的是根据专业建设的总体目标和课程大纲规定的具体教学目标，对教学的过程和结果进行监测和评估，为教学提供决策依据，同时为改进课程设计和实施提供反馈信息。从评价对象来看，教学评价既包括对教师的教学开展评价，也包括对学生的学习进行评价。

（2）评价方式

评价方式需要对应人才培养目标，主要有内部评价和外部评价两种方式。内部评价包括教学过程中教师开展的形成性评价、学生的自我评价以及学生之间的互评，还包括学校自主开发和实施的入学后分班、期中和期末等校本考试。内部评价的目的是帮助教师和学生了解学习进展，调整教学和学习计划，提高教学质量，促进学生发展。外部评价是指第三方评价，如由专业机构设计和实施的全国性、地区性或校际联合的学生外语能力考试。外部评价则被认为是更加客观的评价方式，能够更全面、更准确地为教学和学习提供决策依据，但是外部评价需要结合特定的教学环境来分析问题，如生源、师资、培养目标等，才能对评价结果做出合理的解释，并更恰当地使用评价数据。

根据学习评价的内容和学习任务发生的时间阶段不同，学习评价一般分为终结性学习评价（或称总结性评价）和形成性学习评价。

（3）终结性评价

终结性评价也称总结性评价，是对学习阶段性成果的评价，与形成性评价在目的、方法和用途上互为补充。终结性评价主要用于判断学习结果，将学习者按照能力划分等级，并将其分配到合适的班级或学校继续学习。以终结性评价为目的的学生能力测试主要采用标准化考试，包括升学或分级考试、学业测试（或称为成绩测试）、水平考试等（桂诗春，1986）。不同目的的测试需要达到的测量精度不同，所采用的测量手段和方式也有所不同。

（4）形成性评价

20 世纪 60 年代，美国教育评价学者斯克里文（Scriven）（1967）针对终结性评价的不足，提出了形成性评价的概念。1969 年，美国教育家布鲁姆（Bloom）把这一概念引入教育评价实践中。几经发展后，杰纳西（Genesee）& 厄普舒尔（Upshur）（1996）在《第二语言课堂评估》中系统介绍了形成性评价的理论、方法和工具等。目前，国外二语教学中的形成性评价研究围绕促学功能在理论、内容、工具、方法、应用等方面不断向纵深发展。

在我国，形成性评价概念的提出始于 20 世纪 80 年代中期（卢耀增，1987；陈孝大，1988），主要是针对终结性评价在人才培养中存在的弊端，从教育学的视角来探讨实施形成性评价的重要性。外语教学中的形成性评价研究始于 21 世纪初，特别是在 2003 年罗少茜的《英语课堂教学形成性评价研究》出版后，以及 2004 年《大学英语课程教学要求》提出过程性评估（形成性评价）的术语后，形成性评价逐步成为我国外语教学领域中的一个研究热点。作为克服我国传统应试教育弊端的一个切入点，许多学者对外语教学中的形成性评价展开了研究，并取得了丰硕的成果。

但是，由于学界使用的术语不统一，国内和国外学者对术语的定义也不一致，因此，形成性评价仍缺乏十分明确的概念界定。有些将之等同于教师在课堂上实施的即时评价或动态评价；有些将之与标准化测试形成对比，强调评价方式的灵活性；有些将之与终结性评价相对比，强调对教学过程的跟踪和评价。目前，学界对形成性评价达成的基本共识是：评价目的是帮助教师调整教学计划，指导学生改进学习策略和方法，提高学习效率；采用灵活多样的评价方式，对教学和学习过程开展不间断的系统性评价，为教师和学生提供有益的、丰富多样的反馈信息；评价与课堂教学密切结合，与教学内容和进度保持一致；重视对学习和教学过程的动态评价；教师和学生既是评价的主体也是评价的对象，应积极、主动地参与形成性评价活动，才能获得更好的促学效果（金艳，2021）。

表 5-1 是两种学习评价方式的对比（杜世纯，2018）。

表 5-1　两种学习评价方式的对比

对比内容	形成性学习评价	总结性学习评价
评价目的	依据学生学习过程的表现，形成学生对所学知识的理解程度	依据考试成绩，"总结或鉴定"学生学到了什么
评价手段	侧重定性分析	侧重定量分析
	评价手段多样化	评价手段单一
	考试本身就是学习活动	考试本身不是学习活动
课堂管理	混合式教学	浸入式教学
	有多次展示学习能力的机会	只有一次展示能力的机会
评价标准	除了成绩之外，学生是否有各种潜在能力的提高	以预先设定的目标为基准，依据测试成绩对学生学习效果进行评价

　　总结性评价是在教学结束后，对学生达成规定教学目标程度的评价。一般以百分制的形式给出最终成绩，考查学生对知识点的掌握情况，具有回顾式的特点，是一种静态单一的评价方式，易于操作，但不能反映学生学习过程中出现的问题，不利于教师帮助学生及时解决问题。形成性评价兼顾教与学，既记录学生学习过程，客观、全面地反映学生的学习状态、学习习惯、学习风格、知识掌握情况以及存在的问题，又记录教师评价和反馈，能帮助教师及时快速地处理学生学习过程中出现的问题。但是相关研究发现，形成性评价理论体系在运用中仍有不足之处。例如，形成性评价中的反馈方式和意义不够凸显，导致评价无法充分地促进学习。又如，教师和学生未能积极、主动地参与教、学、测的各项活动，未能建立学习共同体的意识，限制了自评和互评等促学作用的发挥。终结性评价与形成性评价相结合的方式可以弥补单一评价方式的不足（金艳，2021）。

　　金艳（2021）根据《国标》的要求，构建了外语类专业本科教学评价的指导性框架（见表 5-2），该框架从评价的原则、设计、方法、使用以及保障五个维度提出了 14 个评价要素。具体来看，外语类专业本科教学评价需遵循以下三个方面的原则：第一，以建构主义学习理论为基础，将评价置于探究、合作的学习氛围中；第二，以促学评价为核心理念，推动师生之间和学生之间的互动，构建学习共同体；第三，通过评价促进学习，使评价真正成为学生进步和发展的动力和契机。

表 5-2 外语类专业本科教学评价指导性框架

评价维度和要素	释义
1. 评价原则	
1.1 理论基础	以建构主义学习理论为基础，将评价置于探究、合作的学习氛围中
1.2 核心理念	开展促学评价；推动师生之间和学生之间的互动；构建学习共同体
1.3 评价目的	通过评价促进学习，使评价真正成为学生进步和发展的动力和契机
2. 评价设计	
2.1 评价内容	重视语言运用能力、跨文化能力、思辨能力和自主学习能力的培养
2.2 评价标准	参照《国标》培养目标和规格，兼顾各校办学实际和人才培养定位
3. 评价方法	
3.1 评价任务	设计有意义的交际任务，使评价与学习融为一体；评中学，学中评
3.2 评价模式	形成性评价与终结性评价相结合，采集丰富多样的量化和质化评价数据
3.3 评价反馈	及时提供易于理解、生动有趣、个性化、可操作的评价结果和反馈
4. 评价使用	
4.1 教学调整	切实将反馈落实到教学调整中，如教学目标、内容、方法、安排等
4.2 学习调整	切实将反馈落实到学习调整中，如学习目标、内容、策略、安排等
4.3 系统发展	通过反馈和调整，使评价连接学习系统各要素并推动系统和谐发展
5. 评价原则	
5.1 政策保障	政策支持，以获得评价所需的资源，并确保评价质量和可持续发展
5.2 评价素养	提高教师评价素养，使评价成为教学的一部分，实现评价促教的作用
5.3 学生参与	鼓励学生成为评价主体，积极参与评价活动，实现评价促学的作用

《国标》对外语类专业本科教学提出了评价方面的具体要求："评价应以促进学生学习为目的，根据培养方案确定评价内容和标准，选择科学的评价方式、方法，合理使用评价结果，及时提供反馈信息，不断调整和改进教学。评价应注重形成性评价与终结性评价相结合。"

由上可知，教育部颁布的外语教学大纲提出了形成性评价和终结性评价并重的原则，外语教育的评价自此开始了形成性评价与终结性评价相结合的形式，体现了遵循人的发展规律、以人为本的评价理念。

5.3.1.2　口译考核标准

时下我国尚未结合口译课教学目标和教学内容出台教学评价标准（邓文君，2017）。目前，对口译人才培养的测评标准中最权威的当属 2003 年开始的全国翻译专业资格（水平）考试（CATTI）口译（交替传译）考核标准，以英语口译三级考核标准（2019）为例。

全国翻译专业资格（水平）考试英语口译三级考试大纲（试行）

一、总论

全国翻译专业资格（水平）考试英语口译三级考试设口译综合能力测试和口译实务测试。

（一）考试目的

检验测试应试者的口译实践能力是否达到准专业译员水平。

（二）考试基本要求

1. 掌握 5000 个以上英语词汇。

2. 初步了解中国和英语国家的文化背景知识。

3. 胜任一般场合的交替传译。

二、口译综合能力

（一）考试目的

检验应试者的听力理解及信息处理的基本能力。

（二）考试基本要求

1. 掌握本大纲要求的英语词汇。

2. 具备一般场合所需要的英语听力、理解和表达能力。

三、口译实务

（一）考试目的

检验应试者的听力理解、记忆、信息处理及语言表达能力。

（二）考试基本要求

1. 发音正确，吐字清晰。

2. 语流顺畅，语速适中。

3. 能够运用口译技巧，传递原话信息，无明显错译、漏译。

4. 无明显语法错误。

可以看出，此标准仅从语言层面（重点检验学生听力、理解、记忆、信息处理及语言表达的能力）对口译能力提出要求，并未对口译的实践技巧和能力，如做口译笔记、建立专业术语库、实战应变能力与跨文化交际能力等职业化因素做出相关规定。

尽管教育部提出了要采用形成性评价和终结性评价相结合的方式对外语教育进行评价，但实际上，在外语教育领域仍然广泛存在重视文凭、轻视能力，重视效果、轻视效率，重视眼前利益、轻视可持续发展能力等现象，现行外语教育评价体系仍然没有跳出应试教育的怪圈。教学中，评价方法单一，重甄别轻选拔、重结果而轻过程的状况依然广泛存在，终结性评价仍然占据主导地位，形成性评价难以得到具体实施。尤其是现行以分数和考级率等为量化指标的评价标准，使得广大教师仍旧不得不全力应付各类考试。外语教育评价内容仍然过多强调外语本身的学科知识，忽视对心理素质、创新能力、实践能力、习惯、情绪等综合素质的考查。外语教育的评价主体，即被评价者仍处于消极的被评地位，没有形成学生、教师、管理者以及企业等多主体共同参与、共同决定的交互作用的评价方式。

教学评价机制可以充分发挥其导向、诊断、激励、调节功能，增强教学测评的科学性。因此，要根据《国标》的要求，以及服务国际交流合作和国家发展战略的需要，制定科学合理的口译课程评价体系。

5.3.2 混合式学习下课程质量评价体系研究

从课程论的视角，评价是检验教学目标达成度的重要环节。评价可以给学习者提供精准有效的及时反馈，能够帮助学习者和教师调整教与学的策略。

目前，传统课堂教学对学生的学习评价还是以终结性评价为主。通常，教师通过学生的课堂表现、课后作业以及期末测试对学生进行终结性评价。但是要切实提高教学质量，使教学改革有据可依，就需要及时记录教学过程数据，实现教学数据的可追溯。单一、静态的终结性评价不利于教师通过数据观察学情、反思教学、革新教学，也不利于学生积极、高效地参与教学过程，提升自主学习能力与思辨能力。

　　混合式学习模式成为高校教学新常态以后，现有的教学质量评价体系已经不再适用。随着人工智能技术持续为教育赋能，学习评价和教学评价也必将随着新时代教学模式的变革而迎来重大转变。

　　教育信息化技术的发展，基于 MOOC 平台的混合式学习可以自动收集动态、即时的教学数据，对教学过程进行跟踪和追溯。通过平台提供的学习记录和分析数据，教师可以清晰地发现课程内容和教学设计中的长处和不足，为下一步的教师教育干预和学生自己的学习调整提供了客观、翔实的依据，亦可为课程教学的宏观布局和科学施策提供有力的数据支持。

　　国内外对混合式学习（教学）有效性评价研究主要聚焦于有效教学的评价标准研究和混合式学习（教学）有效性研究两个方面。总的来说，国外对评价标准的研究主要集中在对有效教学的价值导向和可操作指标方面，大多采用实证研究的方法。通过课堂实例或者社会调查，分析、总结出评价有效教学的标准。国内对有效教学评价标准研究的重视度不够，研究成果较少，且研究主体多限于高校教师本人，缺少学校或者机构层面的系统研究。对混合式学习（教学）效果的研究方面：已有的研究或对在线辅助教学进行评价，缺少课堂评价；或将在线学习评价和课堂学习评价相分离，没有将课堂教学和在线教学两种形式的评价进行深度融合，更没有体现混合式学习的内涵（管恩京，2018）。

　　混合式学习模式是线下课堂与在线学习的融合，是传统课堂教学在时间、空间上的拓展，其线下教学的本质并没有改变，而是基于信息技术的优化升级。因此，基于李秉德提出的教学七要素：学生、教师、教学目的、教学内容、教学方法与教学环境，管恩京（2018）以混合式教学有效性评价为切入点，构建了混合式学习教学质量评价体系，包括混合式学习课程有效性、混合式教学过程有效性和学生学习有效性三个方面（如图 5-1 所示）。

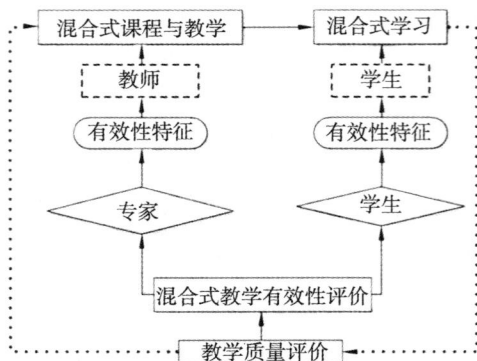

图 5-1　混合式学习教学质量评价体系

混合式课程有效性指的是静态（static）的混合式课程，包括以下特征：课程教学目标清晰，教学内容能反映教学目标，有丰富的数字化和网络化课程资源，有适合网络自学的课程设计等。

混合式教学有效性是指教师依托混合式课程，通过网络和课堂两种教学环境实施教学活动的效果，特征如下：充分应用网络教学平台；组织课前在线自学并设有自学结果检测；在线答疑讨论充分；能提出有挑战性的问题和任务；注重启发、激发学生学习主动性和自学能力；对学生有适当的评估并反馈迅速；课堂讲授清楚；有灵活的教学方法；充满教学热情；因材施教，对教学内容有良好组织；培养学生自主、协作、探究与解决问题的能力等。

混合式学习有效性指从学生的角度，与单一在线或者传统线下课堂学习相比，分析混合式学习是否更加有助于提高学习效果和满意度。其特征如下：提高了学习效率；增加了师生交流与沟通机会；在网络上方便发表自己的观点；网络提交作业准时且质量高；能及时完成网络小测验；课堂上与老师互动多；能积极主动地回答老师的问题；考试成绩优良等。

也就是说，基于混合式学习的课程教学有效性评价应包括对评价数据分析、课堂教学效果观察、在线学习行为分析、学生成绩分析和学生综合能力与素质调查等维度的测量与分析。

5.3.3　基于混合式学习的口译课程质量评价体系构建

新的教学理念和教学方法的出现，同样需要新的评价体系与之相匹配。当前，高校在线课程评价存在传统教学观念制约、在线课程评价标准单一、评价主体中教师和学生的参与度较低、评价方法适配性不高、缺少大数据等先进技术支持的现实问题。为此，应转变传统教学评价观念，增强相关人员对信息化和网络教学的理解和认同。制定综合性评价和过程性评价相结合的灵活评价标准，增强教师和学生在评价过程中的参与感，注重对教师专业知识、教学能力和学生情感态度、学习表现的评价。

目前，外语教师对学生学习效果的评价意识已有较大提升，但是还缺乏对有效评价设计的能力。主要表现为简单套用已有评价模板，尤其是对评价的内容设计缺少思考。由于口译能力包括语言能力、认知能力和交际能力（仲伟合，2009），还具有跨学科能力，促进口译能力的提高是一个缓慢提升的过程，需要长期跟踪完成，一次性的终结性评价并不适合对课程教学质量的评价。另外，在混合式学习模式逐渐成为高校教学新常态之后，传统的终结性评价体系已经不再适用。因此，构建基于混合式学习的质量评价体系已成必然。

综合以上研究结果，本书根据《国标》和《指南》的要求，按照本校口译人才培养目标，以及口译教育专业化和职业化的特点，构建了基于混合式学习的口译课程评价体系：内部评价加外部评价、形成性评价和总结性评价相结合的方式。评价方式分内部评价加外部评价，内部评价为教师采用的形成性评价、学生的自我评价和学生之间的互评，外部评价为第三方评价，也就是实践基地或者实习用人单位等；从评价过程的维度来说，同时采用形成性评价与终结性评价；从评价主体的角度来说，采用教师评价、同伴互评以及自我评价等多种方式；从数据采集的方式来说，采用量化评价加质性评价的方式；从定性定量的角度，更加科学、全面地检测口译学习效果；从技术支持的角度，利用信息技术、智能批改技术以及 MOOC 平台自带的学习行为分析系统等开展及时的评价反馈。形式为内容服务，评价方式多样化后，评价内容同样重要，与教学目标相契合的评价内容也会对学生的学习产生推动作用。另外，评价内容将思政目标与语言目标评价融为一体，发挥评价反馈的促学作用。

5.4　混合式学习实施准备

"互联网＋"时代的混合式学习是一种颠覆型创新。它使教师角色定位发生了根本性转变，使教师由学科专家、知识传授者转变为学习的设计者和学习的促进者。还促使了教学模式与教学理念的变革，促使教学真正由"以教师为中心"或"以学科为中心"向"以学生为中心"转变。教师和学生角色的变化，以及顺应时代发展的信息化教学也促使学校在政策制定、信息化建设、智慧校园建设等层面进行变革。

5.4.1　教师的转变

长期以来，传统的学校教育和课堂教学由于承载着规模化教学的使命，教师在课堂上担负着专家、权威以及知识传授者的角色，主要职责是将知识有效地传递、灌输给学生。教师的主要工作为：制订教学计划；评估新课程；给学生寻找新资源；给学生匹配资源和材料；课堂管理；测试教学效果；开发个性化的学习计划等（杜学鑫，2018）。这种模式曾经有效且高效地为社会培养了大量人才，也正因为如此，尽管在 20 世纪 90 年代以来研究者一直呼吁教育教学应该由"以教师为中心"或"以知识为中心"向"以学生为中心"转变，但是这种转变在国内外的教学实践中并没有真正有效发生。

信息时代，由于信息技术的快速发展，学生轻而易举就能从网络上获取相关知识，因此，教师的职责已经由"传授学科知识为主"转变为"发展学生能力为主"，不再以灌输标准的学科知识为目标（梁国立，2010）。教师不再是课堂的决策者和唯一传授者（Graham 等，2007），而是学生学习活动的设计者和组织者，学生自主学习或小组协作学习的支持者，学生问题解决或任务探究过程中的引导者和促进者。

"互联网＋"时代的混合式学习范式，改变了学生学与教师教的方式。混合式学习扩展了课堂教学的学习空间，原本以教师为中心的、用来传递书本知识的课堂变为用于师生集中交流、探究和解决问题的场所，而在线学习环境则承载部分课堂原本的知识传递功能，甚至成为教师、学生社会化交互的主要场所与途径。学习空间的增加及功能上的转变，导致学生角色和"学"

的方式发生改变，这也决定了教师的角色和"教"的方式必须发生转变才能适应混合式教学的新发展。

在以学生为中心的翻转课堂教学中，教师的主要职责是设计并组织课前、课中、课后的学习活动，并通过学习活动发现学生的问题，引导并协助学生解决问题，从而最终达到发展学生能力的目的。教师的核心定位与职责：学习设计者和学习促进者。作为学习设计者，教师需要对混合式学习环境下的教与学进行重新设计，这种设计不是针对如何教学的设计，而是针对如何促进学生学习的设计，包括对学习目标的重新审视，对学习内容和学习过程的重新组织，对学习模式与策略的重新整合，对学习评价方式的重新设计，并最终以学习活动和学习体验的形式呈现。作为学习促进者，混合式教学的教师需要在混合式学习过程中扮演学生学习的引导者、促进者、激励者，在学生自主或小组协作开展问题解决或任务探究的过程中从旁协助，为学生的学习搭建支架。

MOOC 平台在口译教学中的应用对教师素质提出了更高的要求。首先，教师要转变教学观念，摒弃原有的传统、狭隘的教学理念，接受 MOOC 这一开放、便捷、多样的教学方式，以适应当前的社会发展。其次，教师的角色定位发生了变化，教师由原来的课堂主导者变为课堂活动的组织者和引导者，帮助学生更好地适应 MOOC 这一教学方式。最后，教师要不断提升自身的信息综合素养，多媒体制作技术、微课制作技术、在线互动教学技术等都是需要教师学习和掌握的技能。

信息时代，高校英语教师必须从传统的教学观念中转变过来，虽然微课制作和课程建设费时费力，也有一定的争议性，但基于 MOOC 平台的课程便捷、开放、信息量大，符合"90 后""00 后"学生的学习习惯等优点是毋庸置疑的。教师的身份应从单一的课堂授课者转换为口译课堂的组织者、口译转换技能训练的设计者和管理者。这对教师的基本素质提出了更高要求：首先，教师应紧紧跟上国内外最新的口译领域的研究，筛选出既适合学生又不过时的练习材料；其次，教育技术手段需要不断更新，传统课堂上采用的教学工具使课堂单向传输、缺乏双向互动、难以监控学习任务，信息化教学能解决传统课堂教学的问题；最后，教学评价的实施需要教师具备基本的评价素养，使评价成为教学活动的重要组成部分。研究发现，有评价优于无评价，多种形式的评价优于单一形式的评价。在多种形式的评价中，教师评价更具优势，并且中国学生从情感和认知上更能接受教师的评价（文秋芳，2016）。只有当教师真正成为评价主体，才能避免以考代评或者学生对教师评价"视而不见"等现象。当然，评价素养的内涵和外延很丰富，提高评价素养并非易事。外语教师需要理解和使用大规模考试，开发和实施学业测试和课堂评价，关注我国外语教育改革动态，探索新的教育测量和信息技术，才能在实践中不断提高评价的有效性（金艳，2018）。

因此，除了常用的多媒体课件制作技术，教师还需要不断进修学习最新信息技术，如微课制作技术、MOOC 平台数据挖掘技术、在线互动及评价技术等。

总的来说，混合式学习模式下的教师职能发生了巨大变化。教师从单一的知识传授者变为知识的开发者、与学生一起探索知识的研究者；从独立的教学转变为综合多种方法和资源的整合者，以及课堂教学的引导者、监督者和促进者等角色。也就是说，教师不仅需要精深的专业知识、与时俱进的教育理念，还需要不断更新的教育信息技术，只有这样，才能更好地适应新时代的口译课程教学。

5.4.2 学生的转变

信息时代，教学环境的变化，让学生的学习方式、学习角色与学习期望也发生了变化。

传统课堂里，教师的讲解占据了大部分时间，学生被动听讲。虽然教师也会设置问题让学生思考，但整体来看，整个教学主要是以教师为中心的。在混合式学习模式下，学生必须自己学习，教师或提供视频讲课，或提供一些资料让学生自主观看、阅读。学生给自己设定目标，或与老师商定目标。在此目标下，学生自由度较高，灵活选择自己的进度和学习方式。学生学习的方式可以是在家观看视频或做作业，也可以是在学校机房与全班同学一起学习；如果有个别学生的功课超前或落后，还可以参加特别的小组，与和自己进度相同的同学一起进行个性化学习；若需要特别的辅导，还可让教师进行一对一的辅导。学习方式非常多样：可以是仅为课堂理论的学习（但这种方式在混合式学习中占比较少），也可以是项目式学习或任务型学习。

另外，与传统课堂的极大不同是教师会给定学生一段时间，让学生对感兴趣的课题进行研究。这是课堂之外的学习，学生可以有自己的想法。

学生的角色相应有如下变化：首先，合作者。传统课堂上，学生大多数时间是知识的被动接受者，跟随教师上课的节奏进行思考与记录，如若不感兴趣，则会走神或者玩手机等。在混合式学习模式下，每个学生都有自己的任务，在线学习会留下记录，迫使学生必须完成任务，才能拿到学分。因此，学生必须成为合作者。其次，沟通者。语言教学不仅需要海量原语环境的沉浸，也需要传统课堂中面对面的师生、生生教学互动、讨论、评价与及时反馈等。但由于课时少、人数多，师生并没有太多时间进行线下沟通。混合式学习模式下，互动的形式很多，交互性强。在线学习过程中，学生同样会遇到问题，需要请教老师或者同学，也不是所有问题都需要面对面地沟通，现代技术使网络的沟通更便捷，很多网络学习平台本身也提供交流平台。因此，学生也是沟通者，需要在学习中提高自己的沟通能力。最后，创造者。在混合式学习模式下，由于学习方式都是新的，处于摸索阶段，有很多的学习方式可供学生选择，学生可以自由探索和创造使用各种方式。在整个学习活动中，学生可以充分发挥创造性，自由地探索知识和学习知识的方式。

5.4.3　实施准备工作

混合式学习在教学中的改革推进，除让教师和学生的角色和理念进行转变外，学校管理层的教育观念、教学理念的更新和有针对性的技术支持服务也是推动混合式课程建设与教学实施顺利开展的核心要素之一。

"十三五"期间，在湖南理工学院学校党委、行政部门的高度重视和部署下，信息中心根据《国家信息化发展战略纲要》、教育部《教育信息化 2.0 行动计划》等文件精神，认真贯彻学校"十三五"建设和发展的总体目标，紧密围绕校园信息化资源、管理、服务三个要素，创新工作机制，加强学校网络与信息化建设的规范管理，保障网络与信息化建设的实效性与可持续发展，努力构建适应学校数字化的教学、科研、管理、服务等环境，着力推进信息技术与学校工作的深度融合，提升学校网络安全与信息化建设工作水平，效果显著。

2015 年，在信息中心推动下，湖南理工学院成立了由学校主要领导和相关部门负责人组成的网络安全与信息化工作领导小组和网络安全与信息化专家咨询小组，出台了一系列信息化工作管理办法，制定了《湖南理工学院校园信息化建设规划（2016－2020）》，相继与中国农业银行、三大通信运营商、中国银联达成协议，引入信息化建设资金约 5560 万元，全面推进学校信息化建设工作。

进一步升级和优化校园网主干线路，重新建设校区弱电管道和铺设通信光纤与电缆，建成了以万兆核心主干，千兆带宽进楼宇，连接计算机超过 2 万台的大型校园网络。现在，学校全天候在网交换机 400 多台，安装无线 AP5958 个，有线网络信息点 29200 个，校园网络出口带宽达 23.6G，有线和无线网络全部覆盖各校区教学、办公、科研以及学生和教工等生活区域，为实现学校智慧校园建设奠定了坚实基础。

健全网络安全管理制度，编写《湖南理工学院网络和信息安全管理办法》和《湖南理工学院护网监控手册》等管理办法；建立了一套完备的网络安全防护和监控体系，安装了智慧校园信息业务网络中服务器、主机的安全评估系统与攻击监控与防护体系及多层防御保护系统，能实时检测出绝大多数攻击，并采取相应的网络安全防御策略，有力保障了学校网络安全。

搭建了以服务为导向的信息化基础平台，加强数据标准的规范，将校园网内原有业务系统、新建业务系统与智慧校园基础平台对接，有效整合学校各业务系统服务应用进行集中展示，使师生们能够方便、快捷地查询到自己所关注的信息，如通知、邮件、工资、未还图书等信息。

建立了一整套规范服务体系，包括岗位职责、岗前培训、运维制度、运维流程、运维计划、应急预案以及运维总结等，从制度层面对学校的信息化日常运维进行科学、合理的规范。创新信息化运维管理机制，依据中心信息化建设专业技术队伍和水平，适当将部分信息化业务的日常运维进行外包，提高信息化运维质量，节约信息化日常投入成本。加大信息技术队伍建设力度，完善信息技术队伍的专业结构，优化计算机技术、网络通信技术、教育技术应用与管理等专业技术人员配置。针对信息技术队伍业务建设开展各种形式的技术培训，通过各种途径学习信息前沿技术，提升信息技术队伍的业务水平和专业技能。

以上学校从政策、资金与设备上的支持，为开展混合式课程建设和教学实践的教师提供了系统化、科学化、可操作化的理念与技术支持服务。

混合式学习通过增加互动和学生参与来打破课堂中的分级控制，学生被要求对自己的学习承担更多的责任，同时必须对他们的学习体验进行一定的控制。鼓励教师采用新的教学方法，构建合作式的任务发挥技术能力。学校则要为个人和合作式探究提供吸引力、受欢迎的公共空间；教室需要更加开放，学习空间需要更加灵活（丁妍、高亚萍，2019）。信息＋疫情防控常态化时代，基于 MOOC 平台的混合式学习已成为高等教育的必然趋势。教师与学生也应做出相应的改变。传统的口译教学必须实现转型，从单纯的口译课堂教学转向基于教育技术和网络的混合式学习的教学模式，教学方式也从简单的交际型、任务型教学法逐步过渡到探究式教学法、开放协作式教学等多种教学法的有机结合。同时学校也应从政策、资金与设备上进行支持，为开展混合式课程建设和教学实践的顺利进行提供保障。只有教师、学生以及管理者都做好准备，混合式学习才能顺利实施。

5.5 基于混合式学习的口译课堂教学改革与实践

随着我国对外交流与合作的推进，社会对高层次专业性翻译人才的需求越发迫切。在国家新近批准设立自贸试验区的湖南岳阳，这种需求也有着突出的反映。为适应地方经济社会建设，为岳阳及湖南自贸区提速发展培养高水平翻译人才之所需，近 20 年，湖南理工学院外语学院一直在改革实践"英语＋相关学科专业"的复合型人才培养模式，相关实践经验以及业务精良的师资团队为应用型口译人才培养打下了坚实基础。本节以"翻译＋X"（湖湘文化传播/国际贸易/石油化工）中的"翻译＋国际贸易"为例，具体介绍基于混合式学习的应用型经贸方向口译人才培养的教学设计与实践。

5.5.1 课程简介

本书根据本校（湖南理工学院）与本院（外国语言文学学院）的口译人才培养定位与目标，以"基于校本特色、服务地方经济"为指导方针，以成果导向教育（Outcomes－based Education，OBE）为设计理念，以《英汉汉英口译》与《经贸英语口译》为例，对基于混合式学习的口译课程教学改革进行介绍。《英汉汉英口译 1》与《英汉汉英口译 2》为《经贸英语口译》的先修课程。

5.5.1.1 《英汉汉英口译 1》与《英汉汉英口译 2》

《英汉汉英口译》（Interpreting）（以下简称《口译》）是面向英语专业翻译方向本科生第六学期开设的专业核心课程中的必修课。本课程旨在培养学生英汉/汉英口译能力。先修课程为中西翻译理论概述、高级汉语阅读与写作、翻译信息技术、英汉/汉英笔译（1）等，后续课程为高级汉英翻译、交替传译、专题口译等。本课程旨在通过讲授口译基本理论、口译记忆方法、口头概述、口译笔记及公众演讲技巧等，使学生能较准确、流畅地进行汉英（英汉）互译；通过讲授联络陪同口译和交替传译的基本技巧，以及相关技能的基础性训练，使学生能完成一般外事活动中的联络陪同口译和交替传译工作，并为学生将来有机会进一步接受口译硕士的系统训练奠定基础。

本课程的任务是：

《口译 1》根据英语专业口译课程人才培养计划，主要采用理论与实践相结合，以任务型教学法与小组协同式教学法为教学模式，以教材为本，结合其他在线时效性材料，重点讲授口译基本知识和理论，对原语复述、公众演讲、联络陪同口译和礼仪祝词进行专项训练，综合提高学生的初级口译能力。遵循循序渐进的基本规律，按照先单项后综合、先简单后复杂的程序组织教学。技巧上遵循"听解—记忆—转述"的口译流程，材料上先易后难，以此有效帮助学生建立对口译学习的兴趣和信心，了解和掌握口译的基本理论和技能。

《口译 2》着重基本知识的介绍（如语音、翻译的基本技巧以及公众演讲技能等）；同时兼顾口译技巧与主题练习。联络陪同与交替口译练习侧重模拟真实的口译场景，旨在训练学生应对各种题材的综合口译能力。

根据《指南》要求，具体要求达到的特定教学目标包括：

课程目标 1。理解口译的定义；进行交替传译技能训练包括信息听辨、提炼主旨、口译记忆；掌握陈述技能；掌握口译笔记、数字口译；理解口译话语分析；掌握语言重组；掌握跨文化交际分析；掌握口译的应对策略，所占权重 40%。

课程目标 2。经过相关口译技能的训练（如笔记法、记忆法等），能够熟练运用联络陪同口译和交替传译的基本口译技巧，完成一般外事活动中的联络陪同口译和交替传译工作，所占权重 40％。

课程目标 3。具有较高的人文修养和较强的跨文化交际意识，在翻译实践过程中铸造正确的人生观、社会观和价值观，具备较强的社会责任感、中国情怀和国际视野，所占权重 20％。

5.5.1.2　《经贸英语口译》

Business English 既可以翻译为商务英语，也可以翻译为经贸英语，本书采用经贸英语这一翻译。经贸英语是在英语专业的基础上发展起来的，属于特殊用途英语（English for Special Purpose，简称 ESP）。它与英语专业有着必然的联系，但又有其经贸的专业特殊性，实际上也就是具有跨学科性。

《经贸英语口译》（Business English Interpreting）是面向英语专业翻译方向、商务方向本科生第七和第八学期开设的专业核心课程中的必修课，旨在培养学生英汉（汉英）商务口译能力。先修课程为中西翻译理论概述、高级汉语阅读与写作、英汉（汉英）笔译（1）、交替传译等，后续课程为高级汉英翻译、专题口译等。本课程旨在通过讲授口译中的语体识别与对等转换、口译与跨文化意识之间的关系、口译中的模糊信息处理等专题，以及口译中常见的微观技巧等，目的是全面提高学生的英语综合能力，使学生能较准确、流畅地进行汉英（英汉）商务英语互译；使学生能完成日常工作中的商务英语口译任务。

本课程的任务是：

《经贸英语口译》根据湖南理工学院英语专业口译课程人才培养计划，主要采用理论与实践相结合，基于 MOOC 平台与混合式学习，以任务型教学法与小组协同式教学法为教学模式，以教材为本，结合具体商务活动，如商务谈判、商务访问、礼仪祝词、商务陈述、新闻发布会、广告宣传、营销与全球采购、国际商务合作、金融与证券、经贸战略、经营管理、人物专访以及 IT 产业等 15 个商务语境，结合其他在线时效性材料，重点对口译笔记、语体模式识别与转换、信息的概括与增删、复述（Paraphrase）与重构（Reconstruct）以及按命题意义重组句型等口译技巧进行专项训练，以期全面提高学生的商务口译能力。教学上遵循口译理论与实践相结合、针对性与通用性相结合、真实性与时效性相结合的特点。内容上将语言技能的训练与经贸英语知识的介绍融为一体。口译训练时需注意"从严、从难、从实战出发"。另外，口译实践与商务语言活动的各个层面即听、说、读、写，尤其是笔译全方位地结合起来，反复实践，反复训练，以期帮助学生真正具备胜任日常工作中商务口译任务的能力。

本课程的教学目标是：

课程目标 1。理解商务口译的定义；进行交替传译技能训练，包括口译笔记、语体模式识别与转换、信息的概括与增删、复述与重构以及按命题意义重组句型等，所占权重 40%。

课程目标 2。将语言技能的训练与经贸英语知识的介绍融为一体。把学生培养成能够熟练掌握英汉语言、通晓商务知识、熟悉国际商务环境、善于跨文化交际的国际型商务人才，所占权重 40%。

课程目标 3。具有较高的人文修养与跨文化交际意识，在翻译实践过程中铸造正确的人生观、社会观和价值观，具备较强的社会责任感、中国情怀和国际视野，所占权重 20%。

经贸英语口译教学本身具有跨学科性、实践特性和发展特性，即在口译教学过程中需要充分考虑专业学科当下及未来发展的多样化需求。但我国高校经贸英语口译教学仍存在一些问题，其中主要有：教学方法较传统、单一，很难激发学生学习、练习、运用及举一反三的热情；教学内容与商务英语口译实际需求匹配度较低，偏重英语学术理论知识的学习，而非实用技能的培养，造成学生并不能很好地适应商务英语口译相关岗位的实际要求；学生专业基础素养不足，在一定程度上制约了学生口译能力的提升和强化。因此，为达成课程目标，经贸英语口译课程教学亟须变革课程教学方法与理念。

5.5.1.3 教材选用

《英汉汉英口译》与《经贸英语口译》是英语专业翻译方向与商务方向的主干课程，是理论与实践相结合的课程，具有技能性、涉外性、实践性和综合性的特点，在我校是面向英语专业商务英语方向、翻译方向、电子商务专业本科三年级学生开设的一门必修课。商务方向的先修课程主要有商务英语、国际市场营销，后续课程主要有国际商法、国际金融、国际商务谈判，共同形成国际贸易课程群，使学生通过系统学习掌握整个国际贸易交易中各个核心内容和环节。

　　口译课程并不适用采用一本教材，因此，本课程以高等教育出版社赵军峰教授主编的普通高等教育"十五"国家级规划教材《商务英语口译》为主，辅以上海外语教育出版社杨柳燕和苏伟教授主编的"十二五"普通高等教育本科国家级规划教材《口译教程》，以及高等教育出版社黄敏教授主编的《新编商务英语口译》（见图 5-2）等。但是，高校所使用的教材具备很高的学术质量，然而实践性与应用性相对比较欠缺。

　　口译学科实践性很强，材料需要体现时效性、现场性。因此，本课程主讲教师要经常从教材以外的渠道如在线优质视频、中国日报双语新闻、口译网、TED，以及相关口译微信公众号官号等补充时事材料。

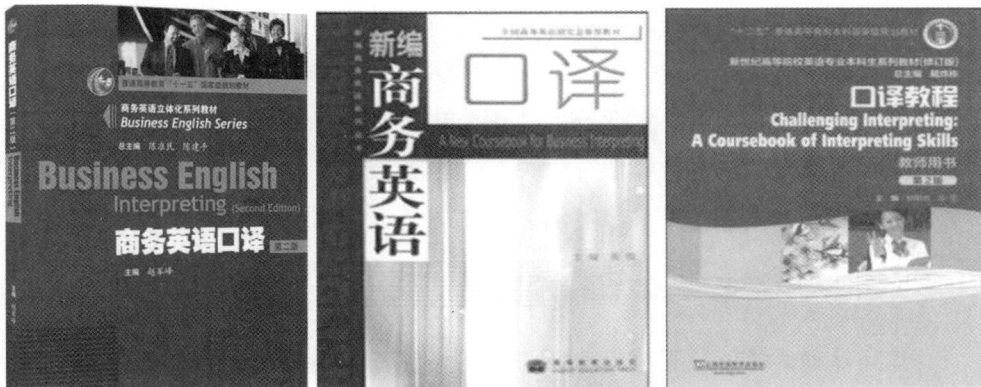

图 5-2　口译教材

5.5.1.4　办学条件与实践基地

　　学院建有计算机辅助翻译实验室 1 间，配有 SDL Trados、Transmate、MemoQ 等多种翻译软件，传神翻译教学实训系统 1 套，以及"中国特色话语对外翻译标准化术语库""中华思想文化术语""术语在线"等多个翻译语料库。学院还拥有高级视听室和多媒体语音室 14 间、微格实验室 12 间、多媒体系统实验室 1 间，以及自动录播室 1 间，可充分满足本科生与硕士研究生培养的硬件需要（见图 5-3）。

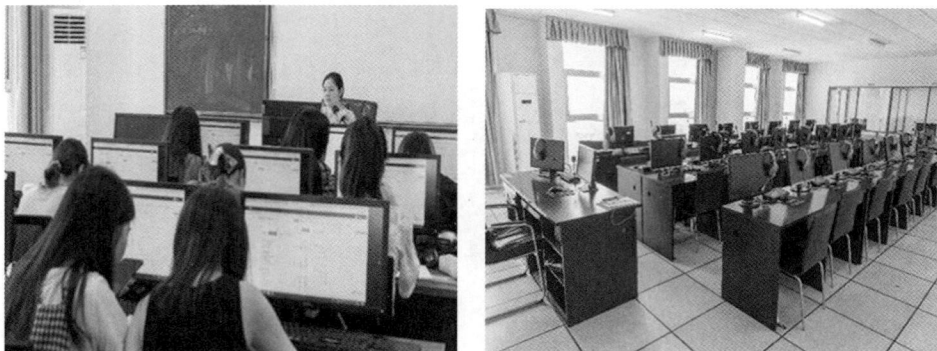

图 5-3 翻译实训室与同声传译室

学院与传神语联网网络科技公司、上海译国译民翻译服务有限公司、中石化长岭分公司、中石化巴陵分公司、湖南人民出版社、岳阳市文化旅游广电局、岳阳市贸促会、屈子文化园管理中心等单位签订了翻译实践基地协议，以及省级外国语言文学类专业校企合作创新创业教育基地、湖南省屈原文化研究基地等建立了长期的密切合作关系，均能为学生的校外实践提供丰富的机会和优良的条件。

5.5.2 课程群建设总思路

口译课程群建设过程中，线下与线上《口译》课程教学的主要内容与建设思路如下：

2003—2007 年，课程建设集中在线下口译理论与技能教学，教学研究主要探讨口译核心技能训练如何凸显口译交际的本质特征，以及口译核心技能训练过程的科学化和系统化。

2007—2014 年，通过与传神、译国译民等翻译公司的合作，课程以科研项目研究为依托，进一步深化课堂教学，增加实践教学的比重，并引入线上（如计算机辅助外语教学，E-learning 等）、线下（与翻译公司等进行实习就业一体化）等实践教学方式。

2014—2017 年，引入信息化手段，依托学校课程中心平台，建立《基础口译》网络教学课堂。《经贸英语口译》2015 年获批省级名师空间项目，拓宽了课程教学的方式与手段。

2017—2020 年，进一步深化信息化教学模式（基于各种教学平台，如湖南理工学院课程中心、超星泛雅以及中国大学 MOOC 等），不断融合慕课、微课与传统课堂等教学形式，并在"新文科"的理念下积极融入思政教学内容，促进语言技能教学与相关学科知识教学的良性互动，不断丰富实践教学手段，探索校地、校企、校校合作的"多位一体"实践教学模式，构建以需求为导向的基于混合式学习的应用型口译教学体系及人才培养模式。

5.5.3　课程群建设发展历程

口译课程群建设分为四个阶段：第一阶段为 2013－2017 年，《经贸英语口译》课程的前期课程《基础口译》在湖南理工学院的课程中心平台上建课，此为线上建课的初步尝试，获 2015 年度湖南省普通高校信息化教学应用立项建设项目的名师空间课堂立项（湘教科研通〔2015〕36 号），2017 年以优秀获得验收。

2014 年底，《基础口译》在上海卓越公司开发的"课程中心"网络平台上，结合课程资源建设、混合式教学模式探索、学习评价与反馈等教学实践完成了项目建设。

第一阶段的课程建设在初期的摸索过程中，课件基本上传，《基础口译》课程建设已初步形成（见图 5-4）。这一阶段视频制作比较简单，直接下载网络英文原版

图 5-4　《基础口译》门户网站主页（旧平台）

视频较多。另外，由于 2018 年 4 月学校将上海卓越公司开发的课程中心平台更换为北京超星公司的泛雅课程平台，2018 年春季学期只好将课程材料进行搬迁或者重新制作上传，耽误了上半年的平台使用，也导致部分数据丢失。目前，旧平台已不能使用，页面也不能打开，后台数据无法进行网络截图。

第二阶段为 2018 年春－2019 年秋，由于学校开始使用超星泛雅平台，《经贸英语口译》课程搬至新平台（见图 5-5）。

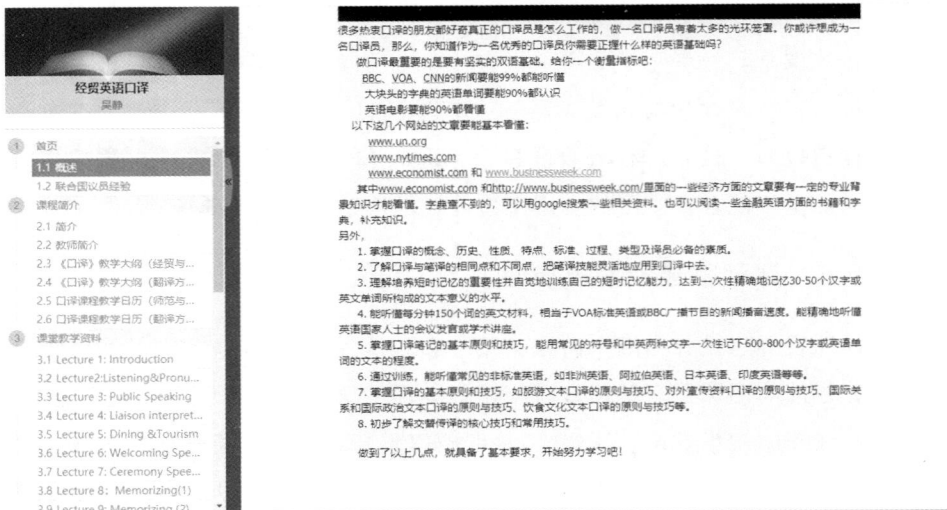

图 5-5　2017－2018（2）《经贸英语口译》课程网络截图

本阶段的目标是将《经贸英语口译》这门课以翻转课堂的形式呈现出来。以网络课程平台为载体进行系统化教学资源建设，构建开放的网络空间平台，符合学校或省级课程立项标准，版块完整，内容充实。同时，通过这种方式让学生得到个性化的教学，培养学生自主学习和研究性学习的能力。

本课程建设实施方案要点为以下四个方面：

第一，资料收集，包括音频、视频等有声材料和文字材料。梳理各个口译理论和口译技巧，并链接课后练习、小测试等制成知识点上传课程平台。让学生尝试翻转课堂这种新的自主学习方式，教师也要熟悉翻转课堂的基本流程——上课、做材料（包括视频、音频和 PPT 等）、上传，查看学生网上学习、作业完成的情况，根据平台反馈的数据和学生反馈的问题修改视频与进行教学个性化的备课。到 2018 年秋季学期末基本完成材料上传。

第二，成立口译小组，邀请部分学生担任助教，帮助搜寻和整理国内外中英文的时事热点相关资料，帮助老师上传部分资料，跟老师一起探讨和摸索翻转课堂教学模式的效果，让尽可能多的学生问题得到及时有效的解决。

第三，经过一段时间的教学，通过设置小测验，发现和完善网络课程出现的问题。将部分内容拍成视频上传至网络平台。让学生在课后、假期期间依旧能按计划自测和自学，并完成相关任务。

第四，根据一个学期的实践，通过采用与学生座谈、调查问卷等方式，对项目建设的经验进行总结，写出报告与同行专家商榷。根据反馈意见继续完善网络课程。

第二阶段实验时间为 2 个学年（2018－2019），在此阶段，基于混合式学习的《经贸英语口译》课程建设逐步走向稳定，在不断补充完善课程资源的过程中，混合式学习方式也在不断调整与完善中，教师与学生也逐步适应信息化教学手段。同时，由于平台更换，导致有些功能使用不够熟悉。

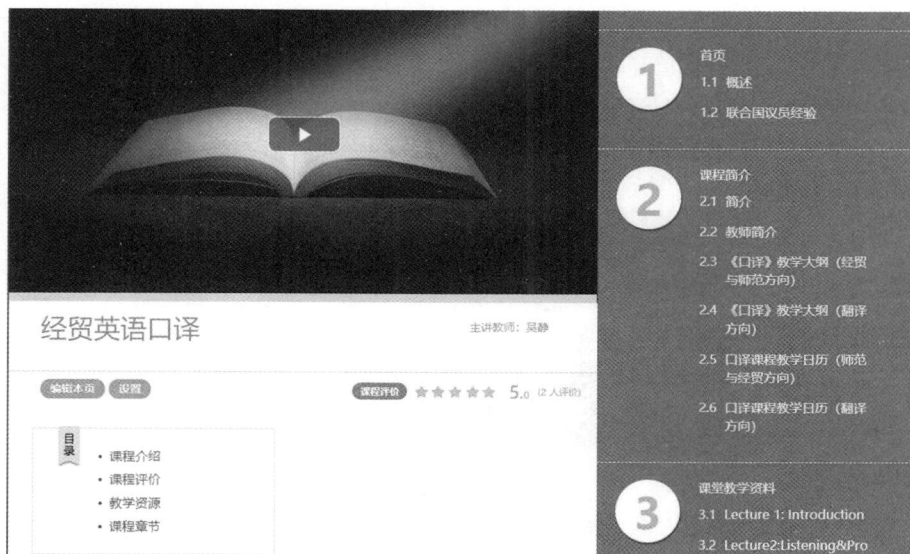

图 5-6　《经贸英汉口译》课程截图

图 5-7　2020 年春季学期李丹老师异步 SPOC 主页

第三阶段为 2019－2020（2）春季学期。因新冠肺炎疫情，口译课程学全面改为线上教学，尝试同时使用中国大学 MOOC 上南京师范大学李丹老师的异步 SPOC 与在超星泛雅平台上自建的《经贸英语口译》课程（见图 5-6～图 5-8）。通过 QQ 视频、钉钉、腾讯会议等进行线上教学尝试，教师远程进行线上教学，课后练习利用平台自带的学习行为分析功能进行监控。虽然互动次数急剧增加，但由于是第一次尝试纯线上教学，缺乏教学经验，教师和学生曾一度感到不适应，学生的不同居住地信号差异大，信息传递不够通畅，师生与生生之间的课堂互动受到阻碍，使得教学成效方面存在许多问题。

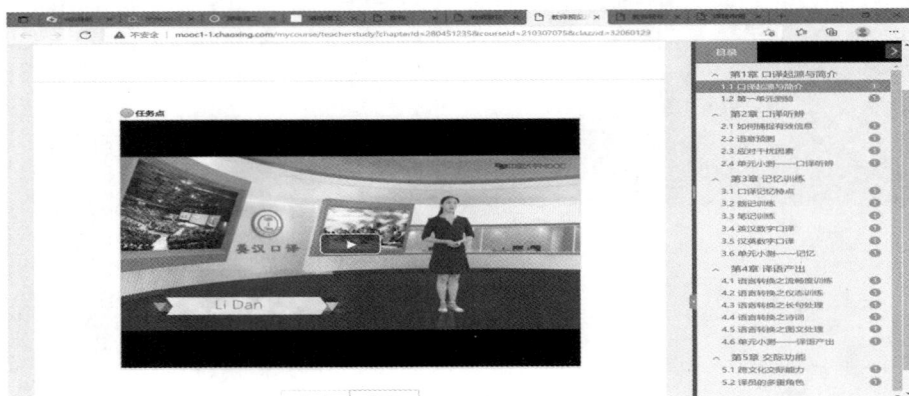

图 5-8　2020 年秋季学期李丹老师异步 SPOC 视频截图

图 5-9　《经贸英汉口译》2020－2021（1）秋季学期课程网站截图

第四阶段为 2020－2021（1）秋季学期和 2020－2021（2）春季学期，采用线上线下混合式教学（见图 5-9、图 5-10）。经过前面几年的不同形式混合教学的摸索，疫情防控常态化时代的混合式学习方式更为丰富。既有课前翻转课堂的学习与练习，也有线下课堂面授，基于传神等实训平台，加入教育信息技术，上课资源更加丰富，通过口译网、China Daily 以及英语视频 Live 等公众号提供的双语新闻，采用微信公众号等时事资讯对学生的各种口译核心技能进行教学训练。

图 5-10　《经贸英语口译》2020－2021 (2) 春季学期课程网站截图

第四阶段课程建设历经近 5 年的线上线下教学的变更，平台与课程建设逐步完善，混合式学习课程教学方式逐步多样化，教与学的方式普遍被学生和教师接受，线上的各类活动与互动次数较疫情前大幅增加。

5.5.4　基于混合式学习的口译课程教学设计

不同的人才培养目标决定了不同的课程设计理念、教学目标与教学方式等。不同的教学环境，需要教师对教学模式和教学策略进行再设计。本节以《经贸英语口译》课程为例，介绍基于混合式学习的口译课程的设计理念、教学目标、改革思路与课程教学组织模式。

5.5.4.1　设计理念

教学设计是连接学习理论和教育实践的桥梁，缘起于学习理论指导下的学习要素分析，落脚于实践中教学问题的合理解决（冯晓英、王瑞雪，2019）。

混合式学习理念基于信息化手段，重视学生的个性化学习，强调学生的学习过程，教师是学习的设计者和促进者，即通过设计、组织各项学习与实践的活动，引导、促进学生采取线上线下合作、协作式学习方式，为学生的学习搭建支架。混合式学习教学设计指的是在现代教育教学理论的指导下，借鉴和利用 MOOC 平台的优势及其特点，把在线学习和传统课堂教学有机结合而建立起来的较为稳定的教学活动结构框架。

黄荣怀（2009）提出的混合式学习课程设计三阶段分别为前端分析、活动资源设计和教学评价设计。杜世纯（2016）认为，混合式学习的设计，要遵循指向性明确、操作性简易、较好的完整性和稳定性等原则。在混合式学习教学设计中，学生及其学习评价一直处于核心地位，对教学过程中的其他因素起着决定性作用。换句话说，混合式学习教学设计不同于以教师为核心的传统教学模式，也不同于以互联网课程资源为核心的在线学习模式，它是以学生为中心，所有的课程安排、教学方法、讨论、练习、测试、学习评价等与学生学习效果和效率最优化的教学目标一致，具有极强的内在统一性。在混合式学习教学设计中，教师的角色发生了转变，教师的主要作用不再是知识的灌输者或传授者，而是知识的梳理者和学习的引导者，学生的课程学习主要依托混合式学习平台开展，学习过程由学生自主掌握，教师把握学习进度和考试评价。

盛群力（2010）认为教学设计必须解决四个核心问题，即应该达到哪些目标（教学目标）、提供哪些教育经验（教学内容）、如何有效地组织这些经验（组织流程）、如何确定这些目标正在得到实现（效果评价），这四个维度有机协调，互为一体。传统的口译课程由于教学定位模糊，导致教学目标、教学内容、组织流程和质量监控与评价的设计都不能满足国家战略与社会需求。

OBE 理念由威廉·G. 桑巴蒂（William G. Spady）（1991）创设。该理念以学生的学习成果为导向，探讨教师应围绕"什么能让学生成功做事"这一中心论题，认为教育改革重点从重视资源投入变为重视学习成果，课程发展基于"产出"而非"输入"，焦点放在学生"学到了什么"，而不是学校、教师"教了什么"；课程设计回归培养学生毕业后能"带走"的实际能力，而不是具体的课程要求；强调围绕学生的学习任务、专业设置、职业范围开展教学活动，重视培养学生适应未来、适应社会的综合能力等。OBE 以"学习成果"为本，强调以学生为中心，重视学生个性发展，扩展成功学习机会，强调学生个人的进步表现和学业成就。学校和教师应鼓励学生采取合作、协作等学习策略分阶段达成学习成果。采用多元化评价方式，制定相应的评估考核标准，并做好数据收集、整理和分析工作，以证明学生达到预期要求，从而推动学生与学校共同发展。

2022 年，教育部已明确提出应用型人才的培养目标是：全面提升服务区域经济发展和国家战略能力，增强中华民族凝聚力和向心力。据此目标，在信息化＋疫情防控常态化时代，本书对已有的口译教学设计理念、教学目标和教学方式等进行迭代升级，固本创新。

基于以上研究与教育部的要求，本书将基于混合式学习的口译课程设计如下：以 OBE 设计理念为指导，从实际需求出发，以成果为导向，为教师提供如何为学生的口译混合式学习搭建支架的理论与方法框架，通过理论学习和实践教学两部分来达到口译课程的教学目标。课堂上采用传统经典口译训练模式＋以赛促学的教学方式，以平台自带的学习行为分析功能结合线下考试和课堂观察全方位监控学生口译学习成效。

需求包括两部分：外部需求包括社会、行业和用人单位需要什么样的人才，内部需求即学校办学思想、人才培养定位，教学目标即学生通过本课程的学习能获得什么（如图 5-11 所示）。

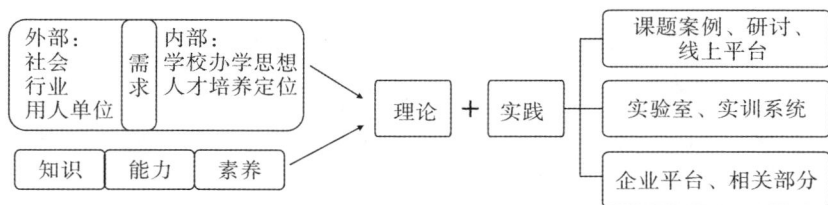

图 5-11　基于 OBE 的课程设计理念

5.5.4.2　教学目标

教学目标是教学活动实施的方向和预期达到的成果，是教学活动的出发点和落脚点。

《英汉汉英口译》《经贸英语口译》等口译课程群是英语（商务方向翻译）专业核心课程中的必修课。通过讲授联络陪同口译和交替传译的基本理论，以及相关技能的基础性训练，培养学生承担一般外事活动中联络陪同口译和交替传译工作的能力，使学生能完成日常工作中的各类尤其是商务英语口译任务。学生同时具有较高的人文修养与跨文化交际意识，在翻译实践过程中塑造正确的人生观、社会观和价值观，具备较强的社会责任感、中国情怀和国际视野，并为学生今后进行口译硕士的学习与训练奠定基础。

本课程立足学校办学理念与学院人才培养要求（内部需求），以社会、行业和企业的要求为基础（外部需求），从知识、能力和素养三个方面设定具体教学目标（见图 5-12）。

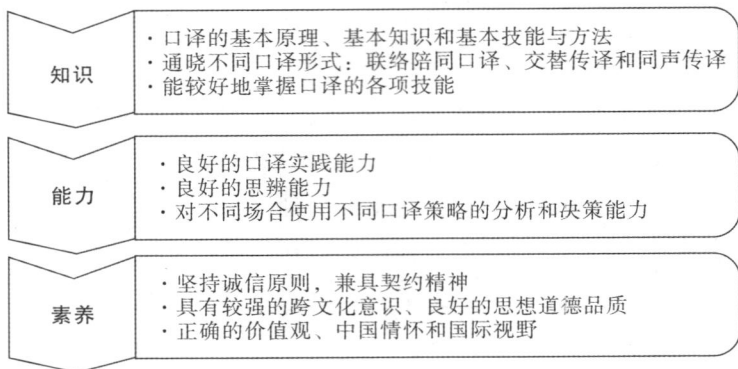

- **知识**
  - ·口译的基本原理、基本知识和基本技能与方法
  - ·通晓不同口译形式：联络陪同口译、交替传译和同声传译
  - ·能较好地掌握口译的各项技能

- **能力**
  - ·良好的口译实践能力
  - ·良好的思辨能力
  - ·对不同场合使用不同口译策略的分析和决策能力

- **素养**
  - ·坚持诚信原则，兼具契约精神
  - ·具有较强的跨文化意识、良好的思想道德品质
  - ·正确的价值观、中国情怀和国际视野

图 5-12　口译课程教学目标

5.5.4.3　改革思路

有别于传统口译课程按照教材编排顺序按部就班地授课，本书在以下三方面重构了《经贸英语口译》的课程教学设计。

从理论、实践、思政等教学层面重构课程体系：课程调整了以教材章节为基础的教学体系，以口译技能形成的自然过程为基础重构。同时，以语篇内容为驱动，以提高口译技能和思辨能力为主线，辅之以其他技能的综合训练，在语言能力、口译能力和思辨能力培养的基础上夯实全人教育。在实践教学环节上，强调教材实例与商务专业知识以及时事的有机结合，并以此为基础对学生的口译技能进行实训。鉴于口译课程的涉外性质，本课程教学中始终注重思政教育的有机融入，促进该课程教学的所谓"显性教育"与"隐性教育"的有机结合，将"四个自信"融入口译课程教学之中，实现口译课程的育人功能。

构建"以赛促学、以证促学、证赛学结合"的教学模式：鼓励和指导学生根据职业规划考取口译、笔译相关职业资格证书。鼓励学生积极参与全国口译大赛、海峡两岸口译大赛、外事传译大赛等各级各类口译竞赛。通过多年的教学与教、科研探索，本课程已初步建立起"以赛促学、以证促学、证赛学结合"的教学模式，并带领学生在相关竞赛领域取得了一系列重要成绩。

依托信息化手段，完善课程教学体系，提升口译人才培养质量，服务地方经济发展：立足湖南岳阳国际自贸试验区和城陵矶码头，了解长江经济带发展以及地方各相关部门对口译人才的要求，根据实际需求不断调整教学的侧重点，将信息化教学手段融入口译课程教学、测评与实践的各个环节，全方位提升口译人才培养质量，以便更好地服务于地方经济发展。

5.5.4.4　课程设置

课程设置必须符合培养口译人才培养目标的要求，是课程计划的集中表现。课程设置主要包括合理的课程结构和课程内容。相对于口译课程而言，合理的课程结构指的是开设的各课程之间应该先后顺序合理、衔接有序、能使学生获得口译专业所应具备的语言基本知识与翻译能力。合理的课程内容指的是课程内容安排应符合口译知识论的规律和学生的认知能力，包括口译的基本理论、基本技能训练以及国内外研究的前沿课题等。

本书根据兰迪·加里森（D. Randy Garrison）与诺曼·沃恩（Norman D. Vaughan）（2019）对混合式课程再设计的第三发展阶段（创建学习活动、评估计划和内容）和第四实施阶段（实际授课－理论联系实际）的内容要求对课程设置（具体活动设计与实施）进行了设计，具体规划如下。

课程结构。先修课程包括一些专业基础课，如英汉翻译理论与实践、基础口译、跨文化交际、商务英语、商务英语阅读等。学生已经具有一定的英汉双语互换的能力和必备的相关经贸方面的专业知识，为进一步口译学习打下了较好的基础。另外，口译能力实际是一种技能化的训练过程，只听课或者只看视频（微课），只有理论指导，缺乏实践练习的话，口译能力很难提高。因此，口译课程设置需要考虑实践性。口译教学实践性的实施尤为重要，基于MOOC 的口译课程教学可以在线提供模拟真实口译现场情景，让学生观察整个口译工作过程，获得直观的体验和经验。与此同时，校外实践基地的实习和与教师团队一起承接相关口译项目等，让学生既可以获得语言转换技能上的培训，又能培养其在复杂多变的口译工作环境下灵活处理各种信息的职业能力。

课程内容。口译能力的发展有层次性。口译技能的习得大致可分为初具能力阶段、熟悉阶段和专家水平阶段。初具能力阶段的技能中心是对情景做出整体的分析和规划；熟练阶段的技能中心是同时运用经验与理性分析；专家水平阶段完全依赖熟练后获得的直觉阶段。鉴于此，基于 MOOC 平台的口译课程设计了为学生提供分层的材料，以现代信息技术为基础的智能化口译模拟仿真练习，帮助学生根据自身情况，在不同阶段突出不同能力的培养，使学生可以自我选择，随时随地进行碎片化的自我练习。教师在教学过程中要不断调整教学理念，关注学生个性发展。通过校内外资源，更好地促进其个性化学习，将课程内容设计尽量落实到每个学生的发展中。

通过口译 MOOC 平台，对口译能力的培养具体从以下四个层面来进行，使整个教学系统化、连贯化。

第一，语言能力的培养。利用 MOOC 平台在线资源补充相关专业词汇、特殊句法、语义、语用等材料，培养学生的语言综合运用能力。

第二，认知能力的自我训练。课堂上教师训练相关口译技能（如笔记法、短时记忆法、数字口译、主旨口译等口译技巧），课后，在线提供相关微课，以及各类专项练习材料，学生可以自主练习以提高短时记忆能力，关键词提取能力、源语理解及复述能力、借助百科知识与语用知识进行推理的能力等。

第三，跨文化交际能力。课堂内外通过观摩优秀的、成功的口译视频（包括联络陪同、交传、主题口译等），进行线下线上、师生、生生的跨文化交际问题讨论，以提高学生的跨文化意识和交际能力。

第四，转换能力的培养。通过 MOOC 平台，提供真实语料、真实语境，学生在练习过程中，可以根据双语特点、传递信息的特征和自身的认知能力，在口译过程中采用恰当的转换方法、转换技巧和转换策略完成口译训练任务。其中，语言能力与转化能力既可以通过传统课堂授课的方式培养，也可以通过在线观摩相关口译视频来获得。但认知能力与交际能力的培养，还需要经过大量的真实语料的观摩和多次讨论才能习得，是一个长期而又艰辛的过程。

口译教学的最终目的是培养适应社会需求的应用型口译人才。根据口译学科的跨学科性和职业化等特点，本书在口译课程设置上，采用教学内容多元化（静态知识＋动态知识）、教学手段多元化（信息化教学＋翻转课堂）、考核评估多元化（内部评价＋外部评价，形成性评价＋终结性评价），以期为全方位培养合格的应用型口译人才提供教学与实践的保障。

5.5.5　混合式课堂教学组织与实施

《高等学校英语专业英语教学大纲》将口译课定位为英语基本技能课程，口译课既是大学英语专业大三或者大四开设的一门独立的专业课程，又是学生听、说、读、写基本技能的综合体现。本书以"技能为主、专题为辅"为指导思想，以成果导向教育为设计原理，构建了基于 MOOC 平台和混合式学习的口译课堂。本节从微观设计的角度对基于混合式学习的线上线下口译课程片段进行设计（见附录 2 和附录 3）。

混合式学习不是否定传统课堂，而是在传统课堂的基础上进行再设计。教学设计上的混合式方法是，把线上线下的各种教学方法经过认真选择后进行重新整合。兰迪·加里森与诺曼·沃恩（2019）认为，混合式课程再设计包括以下几个步骤：①分析阶段（或者前期分析，理解全局，在重新设计课程中，明确你想保留及改造的部分）；②设计阶段（确定课程的教学活动、评估计划和关键组成部分）；③发展阶段（为你的课程创建学习活动、评估计划和内容）；④实施阶段（实际授课－理论联系实际）；⑤评价阶段（确定混合式学习课程的有效性和传播结果）。根据这个设计理念，本书对混合式学习的口译课程实施进行了设计，包括以下五个方面：前期分析、教学设计、混合式课程实施（具体教学模式）、互动与活动（课堂活动）以及有效性评价。

5.5.5.1　前期分析

学习环境分析。硬件方面：本书通过对湖南理工学院外语学院大三的 155 位学生进行的调查发现：100％的学生拥有电脑和一部智能手机，80％的学生手机流量每月 5～10G，32.9％的学生不限流量，7.1％的学生是 5G 以下，学生皆已下载"学习通"和"超星"平台，并能够熟练使用相关功能。软件方面：学校提供录播室可以进行课程（微课）录制，教学使用的超星泛雅平台具有学习分析程序、程序设计自动评判等功能。因此，基于 MOOC 平台与混合式学习方式完全可行。

学习者特征分析。该分析主要评定学习者的预备知识、学习风格、学习偏好等，掌握学习者的相关特征（黄怀仁，2009）。英语专业大三学生经过两年的课程学习后，具备了一定的英语听、说、读、写等能力，由于先修课程里面有商务英语阅读等，对商务方面的知识也有一定的了解。作为大三的学生，对于大学的学习方式与在线学习方式都已适应，具备一定的自主学习能力。

学习内容分析。为更好地开展混合式学习，本书主要对口译基本理论、口译记忆方法、口头概述、口译笔记及公众演讲技巧进行讲授与训练等。Introduction to Interpretation 板块是单元学习的起点，故将相关口译形式介绍的视频、课件 PPT、练习材料与课外拓展材料（包括音频、视频、文字材料或相关知识点的链接）等形式多样的资源置于超星平台《经贸英语口译》课程中供学生进行翻转课堂自学与自测。

5.5.5.2　教学设计

本书根据兰迪·加里森与诺曼·沃恩提出的混合式课程设计指南（2019），结合本书的口译课程特点，以超星泛雅平台（学习通 APP 为手机移动版）为例。除了常规线下课堂教学，基于 MOOC 平台对以下几个方面进行了设计（具体教学设计案例见附录 2 和附录 3）。

（1）课程设计

对口译课程进行混合式学习再设计的计划。计划包括：制定混合式口译课程的教学目标和学习成效、开发口译课程教学大纲、开发在线学习活动（以模块形式）并与线下课堂面授相结合、根据已确定的学习成效和课程评估策略制定口译课程评分标准、按课程要求制定一套学生互动规范（针对平台、微信、QQ 等的讨论）。

（2）教学策略

获得有效的面授与在线教学的技术和策略，如调整线下教学内容与线上教学时间比例、促进和指导在线讨论、鼓励在线交流。评估学生在线学习与口译实践。

（3）技术整合

掌握信息化技术技能。

例如，管理口译课程网站，能够成功处理以下流程：

课程内容——添加和修改课程内容（公告、课程信息、课程文件、外部资源链接，如数字化学习对象）；

用户管理——注册登记、把学生转移到课程站点和团组区域；

工具——交流与合作功能，数字网盘、课程日历；

评估功能——在线测试和调查工具、在线评分簿、学生学习行为分析功能和口译课程的相关信息；

网站设计和功能——添加和编辑导航键。

解决学生基本技术问题：

登录和密码问题，扫码进超星或学习通班级群问题；引导学生找到能解决硬件（如计算机）、软件（应用程序和插件）以及连接服务（互联网服务供应商）问题的相应支持人员或资源文本。

5.5.5.3　课程教学模式

目前，利用教育信息技术结合广外模式、厦门大学模式和 Gile 模式的口译教学逐渐成为口译人才培养的新趋势。教学理念由早期的"专题为主、技能为辅"转变到现阶段的"技能为主、专题为辅"（王斌华，2019）。

本书主要采用国内最有影响的两种口译教学模式：①厦门大学口译训练模式（拓展版）：口译专题教学模式与口译过程—技能分解教学模式；②以仲伟合和詹成（2016）提出的"口译员知识结构公式"为理论基础，设计"两板三线"的口译教学内容：语言技能与语言知识课程、百科知识课程和口译技能课程。课程的安排可以以内容专题为主线，也可以以口译技能为主线。或者两种方式结合，以"技能主线"作为口译技能的训练，以"内容主线"作为口译技能的强化。不同专题下典型口译活动所涉及的口译模式略有差异。

本书融合以上设计理念，设计了基于现代信息技术的混合式口译教学模式：

本课程参考以口译技巧训练为中心的过程式口译教学模式，根据口译形成的自然过程，讲授以下层面的专业知识：

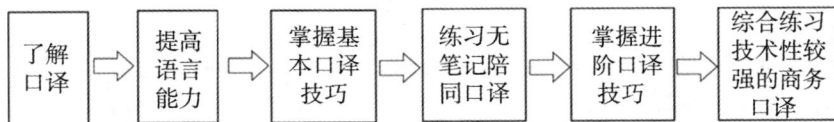

```
了解口译 ⇒ 提高语言能力 ⇒ 掌握基本口译技巧 ⇒ 练习无笔记陪同口译 ⇒ 掌握进阶口译技巧 ⇒ 综合练习技术性较强的商务口译
```

技巧上遵循"听解→记忆→转述"的口译流程，专题上参考对外经贸交往的进程，材料上先易后难，有效树立学生学习口译的兴趣和信心，引导学生全面掌握口译技能。

基于传神等实训平台，每一核心技能配置对应的练习。此外，通过口译网、China Daily 以及英语视频 Live 等公众号提供的双语新闻，补充实时教学与练习材料（见图 5-13）。

图 5-13　部分双语公众号截图

教学过程遵循基于混合式学习，线上线下、课内课外，"以学生为中心，项目任务为驱动，注重理论联系实际，强调学生自己思考，尊重个体差异"的原则，采用了多种教学方法（见图 5-14）。

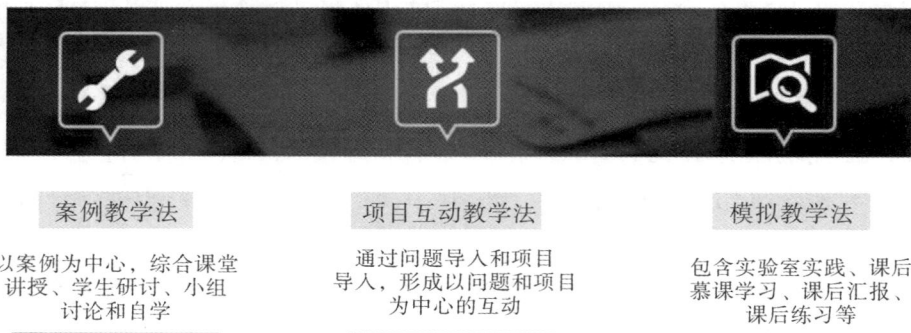

案例教学法

以案例为中心，综合课堂
讲授、学生研讨、小组
讨论和自学

项目互动教学法

通过问题导入和项目
导入，形成以问题和项目
为中心的互动

模拟教学法

包含实验室实践、课后
慕课学习、课后汇报、
课后练习等

图 5-14　教学方法

根据对混合式学习的界定，本书通常以线上学习课时占 22％，线下课堂学习课时占 78％的比例来分配。基于自建的口译课程或者异步 SPOC（2020春季学期，疫情期间纯在线学习时使用），超星学习通 APP 以及传神等实训平台，每一核心技能配置对应的技能练习。以下为基于混合式学习的口译课程教学组织流程（如图 5-15 所示）：

教学流程	教学目的	教学方法	教学活动
课前(线上)	前置预学 学情诊断	口译技能教学法 内容驱动教学法 基于协作学习的教学法	观看SPOC教学视频 完成测试、发帖讨论及答疑
课中(线下)	深化巩固 内化应用	成果导向式、启发式、 研讨式、探究式、项 目驱动式教学法等	问题、小测验 剖析重点及难点 口译技能演示与操练 模拟口译任务实战
课后(线上)	交流分享 反馈评价	基于协作学习的教学法	上传成果、作业等资源 学生互评、讨论 教师反馈

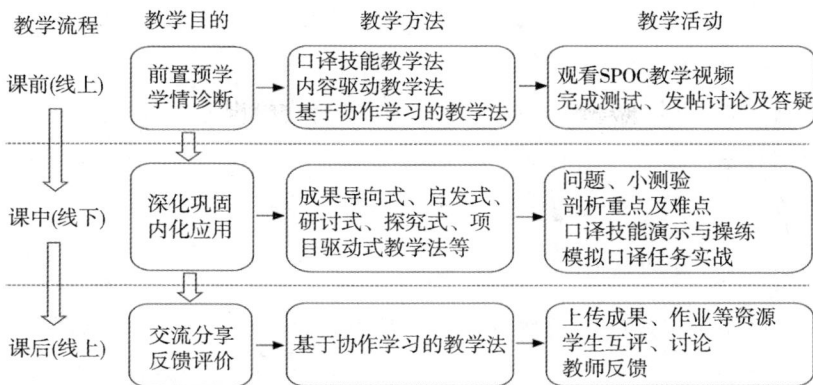

图 5-15　课程教学组织流程

总的来说，口译教学模式从传统的课堂教学转化为基于 MOOC 的线上线下相结合的混合式学习方式。由封闭的"教室"课堂教学模式转换为线上线下开放的对话型探究式、协作式模式。

课前学生翻转课堂，自学相关口译技能，在线自我训练；课内教师传授并带领学生操练基本口译技能与转换能力，如记忆训练、数字口译技能训练、关键词、逻辑词提取训练、注意力分配以及演讲技巧训练等；课后在线测试、答疑互动、在线小组协作式练习等。基于 MOOC 的口译课程，最大的优点就是可以在线提供最接近真实环境的语料，通过提供国内外最新口译资讯材料（如 BBC、VOA、CNN 等）和各类在线优质教学资源（如名校公开课、TED、国家级省级精品课、国家级省级一流课程或者名师微课等网络课程），以及相关口译公众号官网（如《中国日报》双语新闻、口译网、英文巴士、The One Interpreting 口译圈，英语视频 Live 等在线资源等），多变性和多元化的练习材料紧跟时事，可以使学生长久地保持对口译学习的兴趣以及激发学习的内在动力。

由于口译 MOOC 平台可以提供多样化的国内外名校名师的专业口译课程视频，学生可以在线选择，并且与教师和同学一起探讨问题和发表见解，以此培养学生的交互探究性学习能力。

海量在线练习材料，学生可以从自己的练习和学习中发现口译过程中的困难所在以及自身知识体系的不足，培养自主学习能力。

由于是教师自主设计的教学平台，可以在平台上发布作业、批改作业，还有作业反馈与答疑等教学步骤。使教学资源一体化，方便师生进行教学活动。

有效解决了以往口译教学模式单一、练习材料陈旧、师生及生生缺乏交流等教学问题。

教师利用 MOOC 平台自带的学习行为分析功能，可以对学生的学习行为进行检测和学习全过程进行分析，以内部评价＋外部评价、形成性评价＋终结性评价的方式代替传统单一的终结式评价。

5.5.5.4　互动与合作

口译区别于笔译最大的特点在于其即时性和口语性。口译并非一个从源语到目标语的解码过程，而是一个听信息、理解信息和重新表达的动态过程，译者的语言知识和非语言知识可帮助其进行正确的判断和推理，从而进行不同语言和文化之间的思维转换。所以，一个合格的译员应该具有听、说、读、译各个方面的语言能力和非语言能力，即逻辑推理和应变能力，也就是说，译员应该具有"全能性"。另外，由于口译的跨学科性和职业化等特点，线下课堂中教师对相关口译技能（如笔记法、记忆法等）的讲座式呈现不能满足学生口译技能的提高，需要对学生的口译技能采用多种方式的训练。在学习过程中，学生是任务的主要承担者，合作交流互动贯穿整个学习环节，课堂上的任务尽量贴近真实情景，如模拟领导人会见、模拟商务会谈等口译场景（仲伟合，2007）。也就是说，口译课堂的活动设计中，需要大量真实情景的模拟训练。

提高学生的口译综合能力，具体方法为：

要通过课内的师生互动、学生互动、小组合作提高学生的口译能力。在学生接受口译任务和演示完成任务期间，教师和其他学生充当观众，口译任务完成后，开展师生、生生现场的互动讨论。在课堂上除了师生互动，还有学生之间的互动。每次在演讲口译模拟结束后，教师首先安排学生自己来分析在任务实施中遇到的问题以及在展示过程中的表现，然后让其他同学就该同学的表现发表看法。这种"互联网＋交替传译"开放式教学所采用的小组合作学习方式，让学生有机会尝试多种学习风格，磨炼沟通技巧，发展批判性思维。在学习过程中学生共同安排分工、制订计划、解决问题以及分享心得。不同水平、不同学习风格的学生可以根据自己的学习需求把握学习节奏，并能得到教师的及时指导。根据任务分工，安排同学分别做相关主题的演讲，教师随机安排其他同学担任现场口译，任务结束后，同一组演讲和口译搭档的同学相互交流感悟和体验，其他同学也参与交流和讨论。教师在点评时，在语言内容层面结合翻译理论和口译策略对一些具有代表性的语句进行分析，同时在非内容层面对学生的仪态、神情、语气等方面做出评价和引导。在每一阶段学习过程结束后，组织阶段性的"圆桌论坛"，让学生们针对学习中的收获和困惑进行分享交流，相互借鉴、共同提高。

除了线下课堂的各种活动以外，电子产品、移动互联网等的出现，使教师与学生之间的课后线上交流方式也变得多元化。学生之间以及师生之间可以通过学习通平台、QQ、微信等社交软件进行更为深入的在线探讨和交流，学生可以发起与教师的一对一提问，也可以发起全班提问，教师还可以通过平台，发起调查问卷或针对单独某位学生的提问。多种方式的应用，帮助学生厘清课堂上由于时间短而未能透彻理解的问题。

要通过课外的模拟访谈、模拟谈判等形式提高学生的逻辑思维能力和推理能力。在完成口译任务时，要求学生尽量模拟真实的角色，从语言措词、言谈举止、风度气质等方面贴近真实的情景，这样既有利于锻炼学生应对现场口译压力的心理素质，又能够积累一定的口译实战经验，以突破在校口译学习实践与社会职业要求脱节的问题。教师也会在线下课堂中给学生发布即时口译任务，以锻炼学生的临场应变能力、思维快速反应能力以及团队协作能力。

要通过组织演讲、辩论、情景剧表演提高学生的表达能力和应变能力。口译是一种综合技能，主要表现为理解与表达两个方面，即听与说技能的展现，良好的口语表达能力也是口译的必备条件。因此，进行口译技能训练的同时，还需穿插公共演讲的技巧训练。口译也是演讲的一种形式，优秀的口译员和演讲者所需具备的素质有诸多相似之处，如良好的心理素质、及时的应变能力、灵活的语言组织能力等。同时，学生的自信心、应变能力和公众演说胆略会有效增强学生的心理素质，帮助学生更好地完成口译任务。课堂演讲内容主要分为：近年来本区域经济发展情况（如岳阳港口自贸区的发展、湖南省副中心城市发展等）；湖湘传统文化代表（如屈原文化、岳阳楼文化、红色文化等）。每位同学选取一个小话题，设定一个虚拟场景写演讲稿，教师在课堂上随机抽选一位同学上台展示。课内和课外的主题互为补充，既拓宽了学生的知识面，又培养了其逻辑思辨能力和心智素养，让学生对其发言稿的谋篇布局、逻辑层次、段落衔接有更直接的亲身体验。学生在编写演讲稿过程中，通过确定内容、语言形式和逻辑结构，学习了素材的收集、语言的组织、讲稿逻辑框架的构建。在演讲的过程中，则训练了演讲技能，如与观众保持眼神交流、语音清晰自然、内容流畅、语调平稳等。在演讲者和口译员的角色扮演与转换中，学生明确了演讲者和口译员各自的职责和角色。这种训练有利于缓解口译员在口译现场的心理压力，更好地完成口译任务。

要通过与政府或企业合作，组织口译观摩和"职业口译"实战体验，提高学生的适应能力和综合运用能力。

课程初期，教师播放相关视频，以提问和讨论的形式，让学生观摩并总结出实际工作中的联络陪同口译、交替传译等是如何实现的，译前准备应该注意哪些内容，可能会遇到什么问题，并明确接下来的口译学习方向和口译学习方法。课堂上训练内容前期以教材为主，相关在线资源为辅，加入时事新闻，适时融入思政教育。以 2022 年 2 月爆发的俄乌战争为例，教师在传授相关口译技能如主旨口译的同时，可以使用在线视频、音频等资料，补充俄罗斯与乌克兰的国家发展历史，以及两国交恶的缘由，此举不但可以提高学生口译学习的兴趣，也可以使学生了解外部世界，提高明辨是非的能力。同时，在这种尝试性的各种口译交替传译练习中，让学生在完成任务的过程中发现问题，找到不足之处，以此激起学生的探究兴趣，为下一步的学习做铺垫和引导。

通过对学生的口译技能、演讲技能及译员跨文化能力的培养，学生的口译能力才有可能全面提升。

5.5.5.5 有效性评价

信息＋疫情防控常态化时代，混合式学习被广泛应用。新教学模式必然催生新的教学质量评价体系。教育信息技术的发展为评价手段的创新以及证据的采集和分析提供了有力的支持。混合式学习的有效性评价关注学生学习的全过程，是一种动态评价（Dynamic Assessment）。这种评价方式不但要考查学生课前预习情况，课中的学习态度、知识掌握情况，还要考查学生课后在创新能力、解决问题能力等多方面能力的提升情况（裴小琴，2015）。也即利用信息技术记录学生学习行为，注重学生的学习过程、学习投入和学习效果（管恩京，2018），以此来分析学生的各项能力达标情况。

目前，高校对学生口译能力的评价还是以终结性评价为主。通常，教师通过学生的课堂表现、课后作业以及期末测试对学生进行终结性评价。但口译能力的评价，不能仅仅以单纯的一次测试而定。口译能力的发展应该是呈曲线形的，其观察测量只能通过长期跟踪来完成。

在互联网和信息技术的支持下，基于 MOOC 平台的大数据分析技术可以帮助教师跟踪和记录学生学习的全过程，了解学生课前、课后学习状况，加上线下各类考试和课堂观察，掌握学生的学习状态和心理变化，及时对学生进行有针对性的干预。全方位、立体式监测学生学习成效，继而对未来教学进行预判和调整。

基于 MOOC 平台与混合式学习的口译课程，为教师监测学生的口译能力变化提供多维度的评价方式。因此，综合前面的研究结果，在原有评价体系的基础上，本书构建了基于混合式学习的口译课程质量评价体系。加强了非标准化综合性评价，实现信息时代考核方式多样化；增加了学生互评，校外实习基地或企业专家评价，使评价主体多元化；以成果导向评价为指导，呼应教学目标达成等多种评价方式并举，以期能对学生的口译学习能力与实践能力进行全面有效的评价，为教师对教学的预判提供参考。具体实施方式为：

第一，通过对学生在课堂口译技能训练过程中的表现，观察学生口译技能的获得效果。第二，通过线下课堂的课前小测试，检测课前翻转课堂效果，同时对学生课后自学能力进行评价。第三，利用对口译 MOOC 平台自带的学习行为分析功能，对学生的学习轨迹进行分析，如学生观看课程视频的时长、查看课程资料的数量、完成在线测试的情况、交流互动的频率，以及不同口译能力阶段性练习与测试等对学生口译学习状况进行动态的形成性评价。第四，通过期末测试进行终结性评价。第五，加上第三方的评价，即实践基地与用人单位的评价与反馈，通过内部（教师）评价与外部（第三方用人单位）评价、形成性评价与终结性评价相结合的方式，教师可以通过大数据挖掘技术，对线上线下反馈的信息与数据进行定性定量分析、总结，对学生的口译学习成效进行科学合理的评价（吴静，2016）。

总的来说，混合式学习有助于学生掌握知识、获得技能，也有助于学生自主学习能力、协作探究能力、沟通交流能力和问题解决能力的提升，同时，也有助于教师混合式教学活动的顺利开展和混合式课程建设项目的健康、持续发展。

5.6　本章小结

混合式学习的教学目标是促进学习者个性化学习的养成、培养学习者的探究学习能力、自主学习能力和协同学习能力，增强学习者的学习意愿、提升学习质量和学习效果。混合式学习教学目标关注学习者的整个学习过程和学习感受，以学习能力的培养为核心，而不是仅仅追求学习成绩和学习结果，它的实现需要科学的教学设计（杜世纯，2018）。混合式学习教学设计不同于以教师为中心的传统教学模式，也不同于以互联网课程资源为核心的在线学习模式，它以学生为中心，所有课程安排、教学方法、讨论、练习、互动、学习评价等与学生学习效果和效率最优化的教学目的一致，具有极强的内在统一性。

鉴于此，本书按照 2020 版《指南》和 2018 版《国标》的要求，结合本校和本外语院对口译人才培养目标的定位，利用 MOOC 平台的优势，将在线学习和传统课堂教学相结合，创建较为稳定的混合式学习结构框架。在对学生进行口译训练时，口译方式主要集中在联络陪同口译与交替传译。

由上可知，基于混合式学习的口译课程教学设计改变了教师的教、学生的学、学校的管，以及教育的形态。

第 6 章　基于混合式学习的口译课程
有效性评价与分析

在上述混合式学习理论、口译理论与口译课程教学等理论的指导下，笔者以在超星泛雅平台上的经贸英语口译课程为依托，实施了几个学期的混合式口译课程改革与实践，根据平台在线数据、问卷调查、学生问卷和学生测试的结果，对学习者调查反馈的定量和定性数据进行讨论与分析，以检测评估混合式学习下的口译课程教学改革与口译实践成效。另外，对口译实践教学的总思路、实施方案与成效进行介绍。

6.1　口译课程质量评价

课程质量评价机制对教学具有导向、诊断、激励、调节功能。课程质量评价的过程是实现教育价值的过程，是达到教育目的的手段。只有当评价成为学习系统的助推器和黏合剂时，学生才会将学习视为一个自身不断改进和完善的过程，评价才能真正发挥其促进学习的作用（金艳，2021）。本节尝试构建与混合式学习模式相适应的效果评估指标，为使用学习分析技术对混合式学习进行效果评估提供参考，主要使用的研究方法是：文献分析法，通过梳理和分析国内外混合式学习效果评价的相关文献，结合本书的需要，整理出主要涉及的评价指标；超星平台自带的学习行为分析法，根据平台设计提供的指标进行分析，如在线学习时长、章节测试结果、在线互动频次等；调查研究法，通过问卷调查法和访谈等方法了解和咨询学生对混合式学习的了解和喜好，归纳出影响混合式学习的关键因素；外部评价法，由于口译课程的实践性、职业性和跨学科性，第三方的校外评价也是人才培养质量考评的重要一环。

6.1.1　口译课程考核方式

传统的口译课程质量评价方式以终结性评价为主，评价方式较单一。相比之下，基于 MOOC 平台与混合式学习的口译课程质量评价，依托信息化技术，对教学质量的监控与评价提供了有力的数据支撑，使口译课程质量评价实现多元化。

6.1.1.1 传统口译课程考核现状及存在的问题

本科口译教学目的主要通过大量口译实践，结合口译基本理论与技巧的学习，帮助学生了解和掌握英汉两种语言之间的异同，获得汉英/英汉互译能力。在交替传译训练的基础上，通过影子训练、预测能力、应变能力、储存能力、共时理解和共时表达等方面的能力训练，进一步强化口译记忆、数字翻译、笔记技巧，以及将所有的训练融入仿真的口译活动中进行实战训练，使学生能较好地承担生活接待、导游、一般性会议和商务洽谈等口译任务，并为以后进一步攻读口译硕士打下良好的基础。本课程考核方式一般为考查，利用语音设备进行口试。

考核内容：在限定的时间内，对相当于中级口译水平的正常语速对话、会议发言和演说等进行模拟口头翻译。考核要求：考查学生是否掌握口译记忆方法、口译笔记、口头概述等口译基本策略。考查学生话语分析能力、对所听材料进行逻辑分析、在口译过程中跨文化交际的能力和英汉两种语言互译的能力。

在传统的面对面课堂教学中，终结性评价是在教学活动结束后，学生学习效果以期末考试成绩作为最重要的评价参考依据，对学生教学目标的达成度做出评价。一般以 100 分制的计分形式给出最终成绩，有回顾式的特点。终结性学习评价可考查学生对知识的掌握程度，但这种评价方式常常忽视了对学生学习态度和学习过程的评价，是一种静态的评价方法，必然带来评价的片面性。优点是操作简单，缺点则是不能反映学生学习的全过程。

口译是一门应用型较强的课程，传统口译课程的考核为一次现场口译考试形式，虽然也能较好地体现学生的语言基本功和口译能力，但考试的题型和时间有限，以静态的终结性评价为主，不能全面地考查学生的学习态度和学习过程，以及英语口译综合技能、口译笔记技能、跨文化交际能力和口译应对策略等综合能力，动态的形成性评价难以得到具体实施。

6.1.1.2 基于混合式学习的口译课程考核改革与实施方案

基于混合式学习的口译课程考核改革的目的是评价关注学生学习的全过

程，是一种动态评价。既要检测学生对英语口译知识与口译技能的掌握程度，是否具有跨文化交际能力以及能否灵活运用现场口译的各种应对策略等，也要对学生的心理素质、创新能力、实践能力、习惯、情绪等综合素质进行考查。进行口译课程学习时，在线视频学习时长、线上互动或讨论积极性、在线章节测试以及期末测试等会计入口译课程学习质量考核指标，以下为具体的口译课程考核改革思路：

平时课堂中的现场口译练习，可以发现学生学习过程中的问题与进步。

基于课程中心的口译 MOOC 帮助学生课外自主学习，提供线上学生课外口译的各项技能的视频学与练，通过学习轨迹分析可以检测学生口译理论联系实践的能力。

期末的现场交替传译考试可以较全面地考查学生的各项口译能力和口译综合水平。

与传统考试方法相比，对以上三个方面的考查可以更好、更全面地考查学生的口译综合水平。

基于混合式学习的口译课程考核具体实施方案：

（1）考核方式

该课程为考查课程，考试方式为闭卷。该课程采用形成性评价与终结性评价相结合的评价方法，学期总评成绩使用百分制评定，由五部分构成：平时成绩（10%）、在线视频学习（10%）、线上互动环节（10%）、章节测试成绩（20%）、期末成绩（50%）。

平时考核环节。平时考核主要包括思政实践、考勤、课堂互动及小组汇报。考勤主要考查学生的学习态度；课堂互动和小组汇报主要考查应用所学知识分析问题的实践能力、口头和文字表达能力等。

在线视频学习考核环节。通过视频学习，学生能掌握每个章节的核心知识点，平台根据学生在线观看视频的时长和视频学习的完成度进行自动计分。

线上互动考核环节。教师会在线发布一些相关的话题讨论、投票、问卷等即时活动来激发学生对所学知识的思考和内化，学生也可以发布话题讨论、在线提问或者答疑，系统自动记录学生活动参与情况。

章节测试环节。教师在每完成一章节的内容后，进行章节测试并打分。

期末考核环节。期末考核为期末考试（闭卷），英汉各一段。

各部分的具体评价环节、关联课程目标、评价依据及方法和在总成绩中的占比，如表 6-1 所示。

表 6-1 课程内容学时分配与支撑课程目标

成绩构成	考核项目	考核依据与方法	占总评成绩的比重	关联课程目标
平时成绩	课程思政实践	基于每个口译主题，如保护环境。通过课外文献查阅、课堂展示、课堂小组讨论等多种形式，考查学生对相关主题的了解情况以及核心价值观状况	5%	课程目标3
	出勤	每次课堂考勤，占比 10%	至少包含 3 项，共计占比 5%	课程目标1
	课堂互动	根据课堂互动参与情况，系统自动计分，占比 40%		课程目标1 课程目标2
	小组汇报	根据小组汇报的质量，按百分制评分，占比 50%		课程目标1 课程目标2 课程目标3
在线视频学习成绩	视频学习次数	根据学生视频学习的次数，平台自动计算出平均成绩，占 20%	至少包含 2 项，共计占比 10%	课程目标1
	在线视频学习时长	根据学生在线视频学习的时长，平台自动计算出平均成绩，占 80%		课程目标1 课程目标2
线上互动	线上讨论次数	根据学生在线讨论的次数，平台自动计分，占 20%	至少包含 2 项，共计占比 10%	课程目标1 课程目标2
	线上抢答次数	根据学生线上抢答的次数，平台自动计分，占 80%		课程目标1 课程目标2
章节测试成绩	章节测试完成度	根据学生在线配套练习完成度，平台自动计分，占 20%	至少包含 2 项，共计占比 20%	课程目标1 课程目标2
	章节测试完成质量	根据学生配套练习完成的正确度，平台自动计分，占 80%		课程目标1 课程目标2
期末考试	闭卷考试	考试成绩	共计占比 50%	课程目标1 课程目标2
总评成绩		平时成绩 10%＋自主学习成绩 20%＋口语成绩 20%＋期末成绩 50%	100%	

（2）课程目标达成度评价

在课程结束后，需要对课程目标（含思政课程目标）进行达成度的定量评价，用以实现课程的持续改进。

课程目标达成度评价参照《湖南理工学院人才培养目标达成度评价实施方案》执行：

使用教学活动（如课程思政实践、课后作业、课堂练习、单元测验、实验验收、演讲、课堂讨论、互动、阅读报告、大作业等）成绩和期末考试部分题目得分率作为评价项目，来对某个课程目标进行达成度的定量评价；

为保证考核的全面性和可靠性，每一个课程目标的评价考核项目不少于两种；

根据施教情况，各课程目标的评价项目分值应与课程分目标的权重大体一致；

对某一个课程目标有支撑的各评价项目权重之和为 1；

使用所有学生（含不及格）的平均成绩进行课程目标达成度评价。

由上可知，基于混合式学习的口译课程评价相比传统评价方式，具有更全面、更立体等优点，更适合现代社会口译人才培养需求。

6.1.2　课程运行数据分析

自从 2014 年基础口译在湖南理工学院"课程中心"平台建课并投入使用以来，基于 MOOC 与混合式学习的应用型口译人才培养实验开始起步。从课程运行数据的角度来看，第一阶段为 2014—2017 年，起步与建设期，实验进行顺利，数据较完整；第二阶段为 2017—2020 年春季学期，发展与完善期，混合式学习方式稳定发展，但 2018 年学校更换使用"泛雅超星"平台，导致部分原始数据丢失；2020 年春季学期因为疫情，全面采用线上教学，混合式学习方式被迫中断，此阶段的数据不完整；第三阶段为 2020 年秋至今，成熟与创新期，也为混合式学习模式大力推广、多种方式混合实验期。有了前面几年的实践探索，混合式学习模式逐渐完善，且被师生广泛接受，数据较完整。因此，下面以第一阶段和第三阶段的在线学习数据为依据，通过超星平台自带的统计功能，对基于混合式学习的口译课程教学效果进行分析。

6.1.2.1 第一阶段课程运行数据分析

2014－2017 年这一阶段，混合式学习理念刚刚兴起，教师、学生与相关的科研人员面对这个新事物还处在摸索阶段，平台功能也不够完善，页面使用不够友好，自制的 PPT 和短视频也比较粗糙、简单。但这一切都阻挡不了开拓者们尝试改革创新的决心。

（1）口译基础课程建设

2014 年底，口译基础课程在湖南理工学院的"课程中心"开始建设并投入使用（见图 6-1）。以下是截至 2017 年的数据分析。

图 6-1 《口译基础》初建课网页

《口译基础》为湖南理工学院首批 200 多门在线课程之一，获 2015 年湖南省普通高校信息化教学应用项目名师空间立项。2017 年以优秀通过验收。以下是对最初实施混合式学习实证研究的整个过程的总结。

（2）项目介绍

《口译基础》"名师空间课堂"（见图 6-2）分为：首页、课程简介（包括教师简介、课程简介、教学日历等）、教学资料、学习资料库（包括云链

图 6-2 《口译基础》名师空间课堂

接）、英汉互译、口译 Tips、常用学习网站、教学录像、教学资料、互动栏目（论坛、交流区、作业等）。

项目组成员及学生团队一起综合运用屏幕录像专家 V2011、Photoshop、Flash、Cooledit、Movie Maker 等多个软件，开发积累了几十个视频、音频素材，利用国内外网站（如口译网、TED. com、网易公开课、国内外名校官网、BBC、VOA、CNN、Whitehouse. gov 等）及时上传链接，跟进国内外各个领域的最新动态。截至 2017 年验收日期点击率已突破 2 万余人次，在本校 800 多门 MOOC 中点击率排名第 9 位，并上了推荐课程榜单第 9 名（见图 6-3）。学生递交作业 2000 余份、教师回答学生提出问题达 100 多次、学生论坛发帖内容共 100 多篇。

图 6-3　课程排名榜截图

（3）基于 MOOC 平台的混合式口译课程教学模式

口译课程为英语专业本科生主干课程，针对地方高校普遍存在的优质教学资源缺乏、知识讲授主导课堂等问题，运用开放教育理论和掌握学习理论，结合现代信息技术，通过构建课程资源、互动学习、反馈评价的多元混合式学习空间，开展翻转课堂教学模式改革与实践，形成一套适合地方高校的应用型口译课程建设模式。

（4）课程资源建设目标与任务

本书 2014 年在湖南理工学院"课程中心"网络平台上，结合课程资源建设、混合式教学模式探索、学习评价与反馈等教学实践完成了项目建设。已经完成并上传了系列教学资源，包括教学文档（4 份，课程标准、教学大纲和考核大纲等）、电子教案、多媒体课件（18 份）、微课（7 个，口译笔记法、公众陈述技巧、口译 Tips、口译常用网站、英汉互译技巧和如何上传作业等），还有教学视频（6 个）、作业习题（38 次）、网络考试（2 次）、配套电子教材（1 套）及拓展资源（50 余份），已完成项目申请书制定的建设目标。

充分利用《口译基础》"名师空间课堂"实现师生、生生的交流与互动（近 1000 人次），网上答疑 20 余次，发布教学、竞赛、考证等消息。扩展了教学的时间、空间，提供了资源共享平台。推进优质口译课程资源共建共享，促进新型教学组织形式混合式教学的不断创新与完善，持续提高了口译课程教学效率和口译人才培养效果。

（5）任务完成情况

课程资源建设。知识体系构建与知识点拆解，教学微视频设计与制作，教学互动环节设计，辅助教学资源建设等（如图 6-4 所示）。

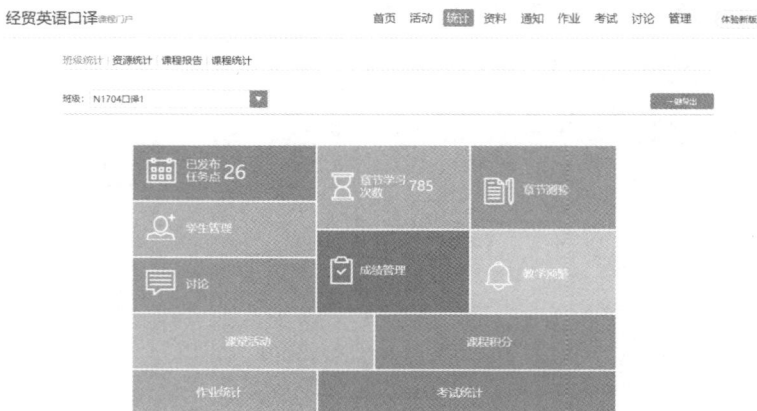

图 6-4　课程建设内容截图

翻转课堂教学模式探索。课前学生观看教师制作的口译短视频，翻转课堂教学内容（如图 6-5 所示）。教师进行课前自主学习的统计分析，课中探究活动的设计，课后拓展创新的设计等。

图 6-5　课程自制视频截图

　　学习评价与反馈。学习数据的采集与处理，学习行为分析，学习反馈与优化等（如图 6-6～图 6-9 所示）。

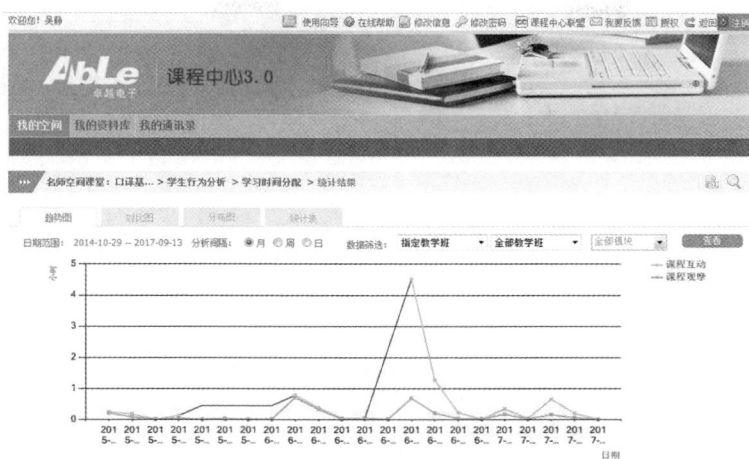

图 6-6　学习行为分析截图

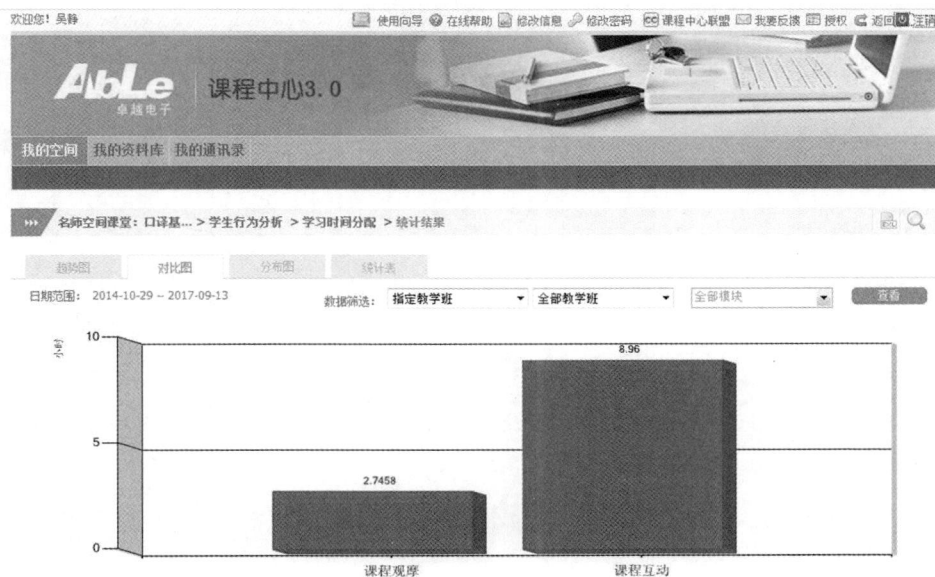

图 6-7　学习时间分配截图

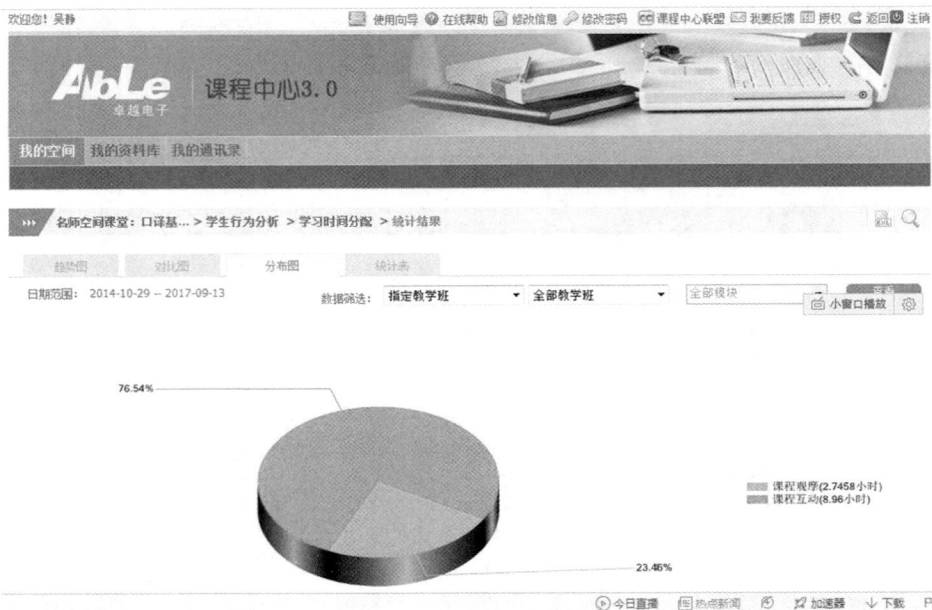

图 6-8 学习时间分布截图

学号	姓名	教学班	学习总时间
24140701350	刘骥	其他学生	0:3:25
14141903177	潘许诺	BF1406	0:11:0
14141801699	姚尚飞	BF1406	0:4:22
14142500095	陈绍瑾	BF1406	0:11:29
14140802574	王浩轩	BF1406	0:19:48
14143800041	高盼	1406	0:0:4
14140722623	夏佳卉	BF1406	0:0:7
14140724250	吴小龙	其他学生	0:1:2
14140724190	邵可蒙	BF1406	0:5:55
14140722592	高昕	其他学生	0:3:22
14140722599	胡蝶	BF1406	0:5:12
14140722603	黄雪飞	BF1406	0:5:22
14140722604	康彩欧云	BF1406	0:1:28
14140722608	李思奇	BF1406	0:8:23
14140722610	刘家琪	BF1406	0:0:50
14140723238	宋梦晓	BF1406	0:2:22
14140721729	马娇雪	BF1406	0:2:38
14140721730	欧欢	BF1406	0:1:55
14140724283	黄悦	其他学生	0:0:5
14140723836	吕阿会	BF1406	0:1:15

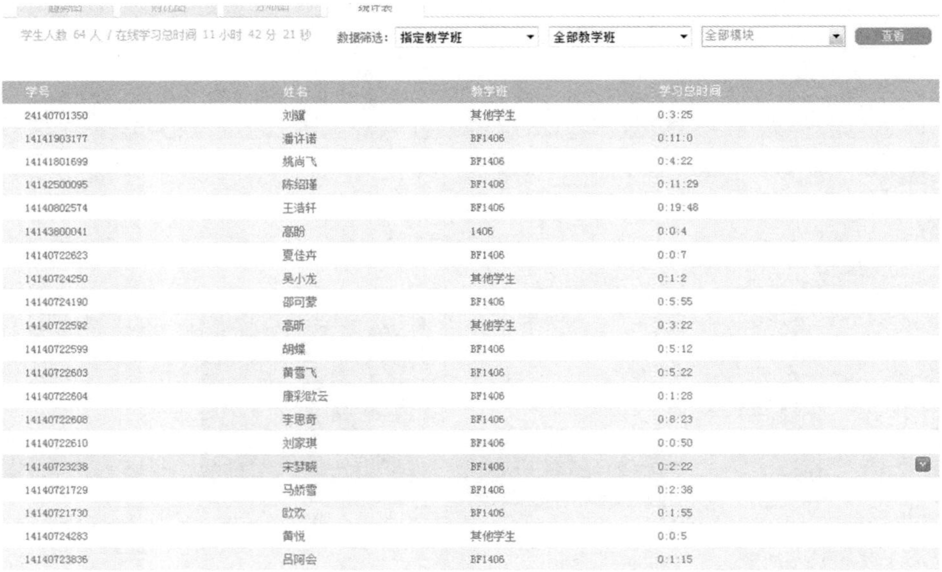

图 6-9 教学班网上学习时间统计截图

（6）课程资源建设完成情况

《口译基础》课程资源建设主要包括课程文档资料、课程学习资料、课程训练资源三个方面的内容。

课程文档资料主要包括课程简介、课程教学文档等。课程简介包括课程片花、参考教材、主讲教师简介等方面的内容。课程简介采用文字形式对课程进行简要描述，课程片花采用视频形式对课程及学习方法进行了简要的介绍，参考教材以图片形式展示了常用的国内外优秀参考教材。课程教学文档包括课程教学大纲、课程考核大纲、教学日历三个教学规范性文档。三个文档均采用图片形式展示（如图 6-10 所示）。

图 6-10　教学日历截图

课程学习资料主要包括微课视频、动画、课件等。微课视频主要用于学生课前学习，主要表现为陈述性知识，将为开展翻转课堂教学打下坚实基础。微课视频采用 Focusky、Camtasia、科大讯飞语音合成系统、Easy Sketch 等技术制作，每节微视频 5～8 分钟（如图 6-11、图 6-12 所示）。

图 6-11　微课截图

图 6-12　微课

　　自主制作课件共 18 章，包括 Introduction、Pronunciation、Listening skill 1、Listening Skill 2、Listening Skill 3、记忆练习 1、记忆练习 2、Lasion Interpreting、Ceremony Speech、Figures Interpreting、Figures in Discourse、无笔记交传 1、无笔记交传 2、笔记交传 1、笔记交传 2、笔记交传 3、笔记交传 4 等内容，覆盖整个教材的主要内容。课件采用 PPT 制作，早期的平台，PPT 不能直接上传，要通过 iSpring 软件转换为 Flash 形式才能上传展示（如图 6-13 所示）。

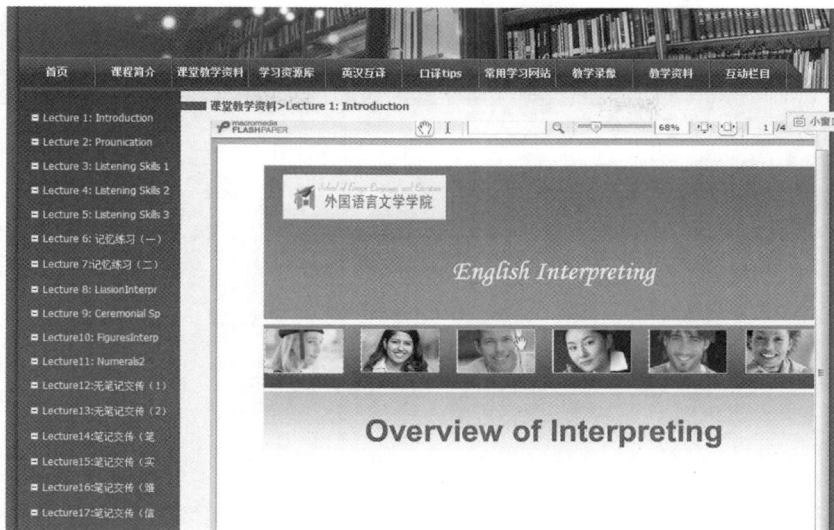

图 6-13　课件截图

　　课后课程训练资源主要包括口译练习视频、课堂上课资料等。共 18 项，包括基础实验、综合训练、实践项目三个层次（如图 6-14 所示）。

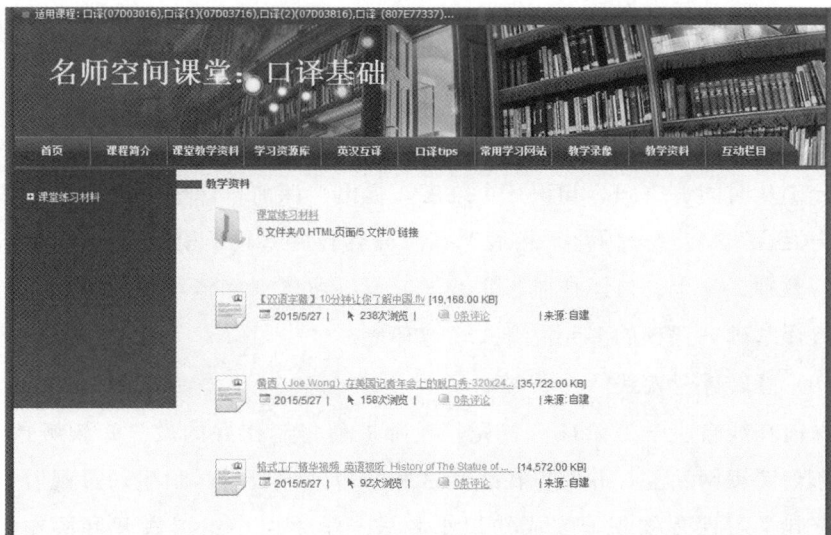

图 6-14　课后课程训练资源截图

　　在线题库，共 18 个文档，由课题组自主开发，教师可对学生提交的作业进行在线评测（如图 6-15 所示）。

图 6-15　在线作业截图

（7）混合式学习模式

《口译基础》混合式学习模式探索包括口译课程教学模式设计、翻转课堂实践两个部分。

（8）教学模式设计

分别从时间、空间、知识三个维度，提出"课前－课中－课后""线上－线下－混合""传递－内化－拓展"三阶段翻转课堂教学模式，协同多种教学要素（教师、学生、口译技能、实践学习与练习资料和情境模拟等），构建基于《口译基础》课程的多元混合式学习环境。

（9）翻转课堂实践

课前在线自主学习阶段。首先，教师提前将制作好的教学短视频或者微课发布到课程网站上，并配以在线测试和学习辅导资料。学生通过观看视频、查阅资料学习课程知识，完成知识小测试。学生以小组形式开展协作学习，分享搜集到的关于口译方面的视频、音频、学习方法及训练材料等。答疑区讨论口译技能学习中的难点，提出疑问。教师收集学生作业中的错误和提出的疑问，回答提问并整理问题类型（如图 6-16、图 6-17 所示）。

图 6-16　答疑截图

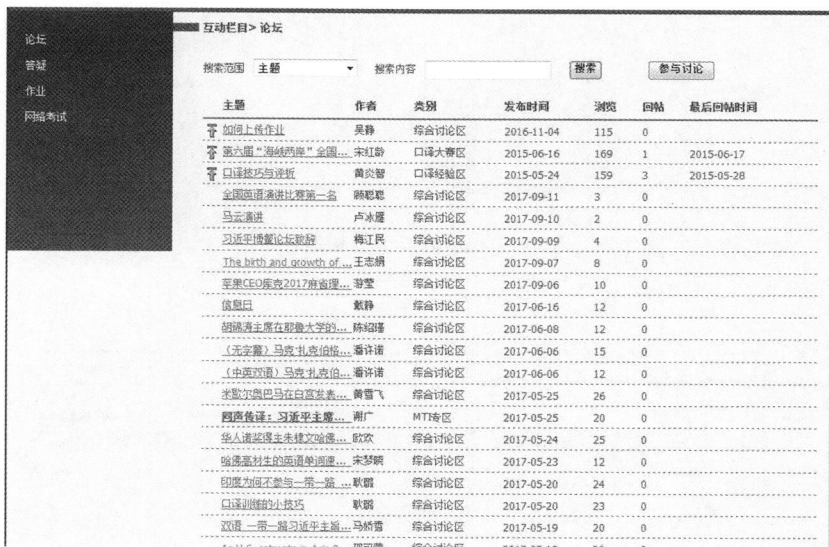

图 6-17　论坛截图

（10）质量监控与反馈情况

《口译基础》学习监控与教学反馈包括学习行为分析、教学评价反馈两个部分。

学习行为分析主要包括资源访问分析、学习时间分配和学习成绩相关分析。

资源访问分析。项目建设期间，课程资源网站的页面浏览量为 2 万次，网站用户群体包括：本校教师、本课程教师、本校学生、本课程学生、社会公众。学生利用课程网站进行课程学习，时间主要花费在微课或者口译技能短视频的观摩和课程互动上，分别占整个学习时间的 23.46％和 76.54％，说明学生利用课程网站的主要方式是课前学习观摩和课后讨论互动（如图 6-18、图 6-19 所示）。

图 6-18　学习行为分析截图

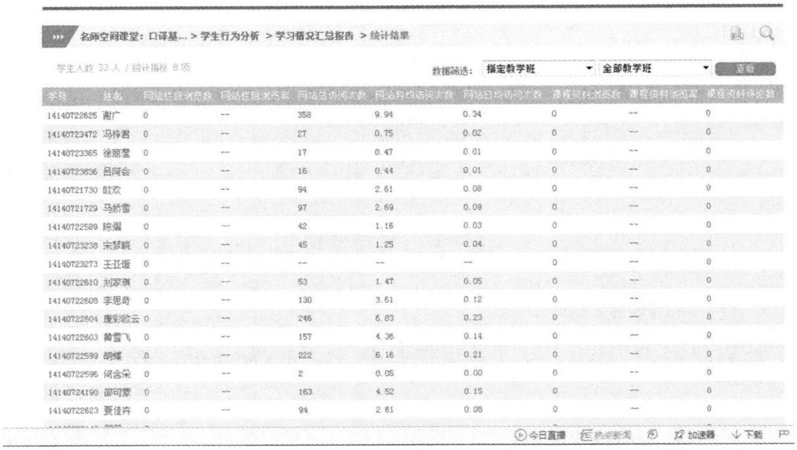

图 6-19　学习行为分析截图

学习成绩相关分析。从网站访问量与作业成绩的相关分析发现，随着课程网站访问次数的增加，学生学业的完成质量趋于更好，相关系数，即登录网站的次数与学生作业完成质量呈现较强的正相关（0.6～0.8）。这说明，学习主动性强的学生、经常访问口译课程网站的学生口译水平提高较快，也即课程网站的反复观摩对于提高学生的口译学习成绩有积极作用（如图 6-20 所示）。

名师空间课堂：口译基... > 学生行为分析 > 学习情况汇总报告 > 统计结果

学生人数 21 人 / 统计指标 5 项　　数据筛选：指定教学班　全部教学班

学号	姓名	作业提交数量	作业提交率	作业平均分	作业最高分	作业及格率
14140722625	谢广	3	100%	92	93	--
14140723472	冯梓君	3	100%	89	90	--
14140723365	徐丽莹	3	100%	80.66	82	--
14140723636	吕阿会	2	66.66%	89.5	90	--
14140721730	欧欢	3	100%	89	92	--
14140721729	马娇蕾	3	100%	90.33	93	--
14140723238	宋琴晓	3	100%	92.33	95	--
14140723273	王亚璇	0	--	--	--	--
14140722610	刘家琪	3	100%	58.33	88	--
14140722606	李思奇	3	100%	92	92	--
14140722604	康彩微云	3	100%	64.16	94	--
14140722603	黄雪飞	3	100%	59.33	89	--
14140722599	胡蝶	3	100%	89	90	--
14140724190	邵可蒙	3	100%	56.66	90	--
14140722623	夏佳卉	0	--	--	--	--
14140802574	王浩轩	3	100%	89	90	--
14141501553	戴静	3	100%	90.33	91	--
14142500095	陈绍瑾	3	100%	88.66	90	--
14141801699	姚尚飞	3	100%	91.33	93	--
14141801710	张婷	0	--	--	--	--

图 6-20　**学习行为分析截图**

经过近 3 年（2014－2017）的多轮实践，项目取得的主要成效及经验如下：

《口译基础》“名师空间课堂”平台提供学习资源，给学生提供与课程有关的教学和练习材料，包括网络课程、课程讲义、扩展资料、参考文献、在线短视频等。课程资源的提供可以扩展学生的学科知识视野、提高学生口译学习兴趣。资源的建设与提供并不是难题，而对于资源的学习使用才是最重要的，因此要利用资源，做好学习的引导，以此来激活学生的自主学习能力。

利用《口译基础》“名师空间课堂”平台开展翻转课堂（课下知识学习、课上讨论练习）和微课教学（5～10 分钟的以视频为载体的知识点的讲解），支持学习者的碎片化学习。通过信息技术，将课堂教学内容、学习过程、课后资料下载、作业上传平台和师生互动等不同教学环节放到《口译基础》"名师空间课堂"平台，形成课程内容翻转，以方便不同层次的学生多次观摩，减少教师授课的重复劳动。

采用混合式学习法，给不同层次的学生提供多种学习渠道。单纯的人机学习，仅靠课后看视频，缺乏教师与学生之间的深度参与、情感融入等，学生很难提高，可见，MOOC 不可完全替代传统课堂教学。经过对 MOOC 热的反思后，混合式学习是国际教育技术界对网络化学习提出的新概念，是把师生课堂面授与网络在线学习相结合的一种新型的学习方式。线下教学可以弥补 MOOC 学习中缺乏人文互动和师生情感交流等缺陷，混合式学习充分挖掘、利用各平台的教学辅助功能，为学生构建以"线上教"为中心，多平台覆盖，多功能化的信息化教学体系，为学生口译技能的习得与操练提供新途径。

混合式学习对口译学科的适切性验证。研究表明，翻转课堂主要应用于探究性课程，国外翻转课堂"以理科课程为主"（张金磊等，2012），即通常所指的 STEM 课程（Science，Technology，Engineering 和 Mathematics），由于理科知识点明确，更适合翻转教学，而文科类课程知识点板块不强、较为松散宽泛，且更注重情感交流和沟通，因此，"文科课程的翻转难度较之理科要更大一些"（张红艳等，2013）。但口译课程实际上是一门跨学科的语言技能课，口译能力的培养，首先从单个口译技能开始，因此，可以将单个口译技能录制为短视频，供学生课前翻转，反复观看和观摩，同时进行单个技能的自我训练和测试。另外，口译教学也是语言教学，本身并没有标准答案，因此离不开教师的引导、课堂评价及师生之间的讨论。但传统课堂教学又存在课时少、班级人数多、学生课堂操练不够、教材更新慢等问题，只有将传统课堂学习与网络化学习结合起来，使二者优势互补，线上线下、课堂内外才能获得最佳的学习效果。

总之，经过三年的混合式学习模式的实践与探索，基于 MOOC 平台的《口译基础》"名师空间课堂"已经显现了初步成效。例如拓展了教学时空，提高了学生的学习兴趣，促进了学生的学习主动性，改善了教学质量，在一定程度上提高了学生的口译能力，同时也持续提高了口译课程教学效率和口译人才培养效果。但混合式学习在实践过程中仍然不断碰到新问题，其中主要的难题之一是：与传统教学法相比，混合式学习要求学生完成的产出任务频次高、类型多，而大学英语班级普遍较大，教师的课程与科研任务繁重，难以保证反馈及时、充分。如果只要求学生产出，而不提供有效、快捷的反馈，学生产出动机就会受挫，产出质量也难以保证（杨晓琼、戴运财，2015）。为解决这一难题，师生合作评价（Teacher-Student Collaborative Assessment，TSCA）、教师评价、学生自评、同伴互评、机器自动评分等多种评价方式的运用，是混合式学习应对难题的一项新措施。

6.1.2.2　第三阶段课程运行数据分析

2018 年后，混合式学习在各级教学中得到更为广泛的应用，混合的形式更加丰富，教学平台更加完善，功能更加强大，平台自带学习行为分析功能。2020 年初突然暴发的新冠肺炎疫情，迫使教师教学方式和学生的学习方式发生巨大变化。经过 2 年的疫情防控常态化下的线上教学或线上线下相结合的方式，教师和学生都已逐渐接受了混合式学习的授课方式。另外，湖南理工学院外国语言文学学院的英语专业于 2020 年获批国家级一流专业建设点，同年年底获批翻译专业硕士点。对于翻译方向的主干课程口译来说，适应时代发展，进行课程纵深改革尝试已成必然。

（1）课程简介

经贸英语口译是国家一流本科专业英语的核心课程，属必修课，36 学时，计 2 学分，授课对象为英语专业三、四年级学生。主要讲授联络陪同口译、交替传译的基本理论，注重口译技能的基础性训练，有效融入思政教育，旨在培养学生有关口译工作的能力，以及正确的价值观念。该课程也是英语专业翻译方向学生的专业必修课，在口译课程教学中把学生的具体口译技能、英汉语言的听、说、读、写、译整体综合素质和职业化能力培养有机地融为一体。注重英汉两种语言的基本功训练，注重口译各项技能的全面发展，突出语言交际能力的培养；培养学生对口译过程中文化差异的敏感性、宽容性以及处理文化差异的灵活性，使学生在熟练掌握口译的基本理论和技巧后，能较好地承接生活接待、导游、一般性会议和商务洽谈等口译任务，并为以后进一步攻读口译硕士打下良好的基础。

先修课程：基础英语、英语视听说、跨文化交际、语用学、翻译理论与实践、商务英语阅读等。

　　口译课程从根本上讲是一门跨学科的语言技能课，理论并不多，需要大量的技能操练，因此，本课程采用线下主导型混合式学习理念，面授的线下课堂教学以交流、讨论和答疑为主导；在线翻转课堂辅助教学资源的呈现扩展以及对课堂讨论进行延伸，帮助学生进行线上自主、探究式学习。混合式学习的线上线下比例为：线下课堂占总学时的 78％，线上课堂占总学时的 22％（如图 6-21 所示）。

■ 线上 ■ 线下

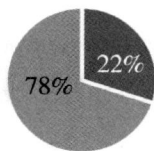

图 6-21　混合式学习的线上线下课堂比例

（2）课程资源建设情况简介

本课程共 100 个任务点，图 6-22、图 6-23 为课程任务点类型分布情况：

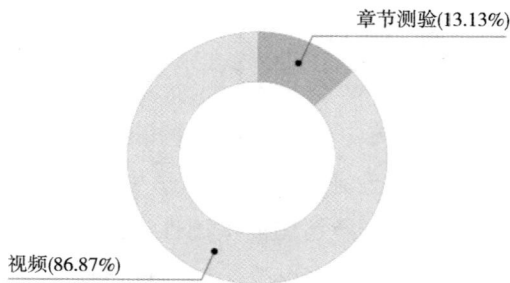

图 6-22　2020－2021 学年第一学期课程任务点类型分布

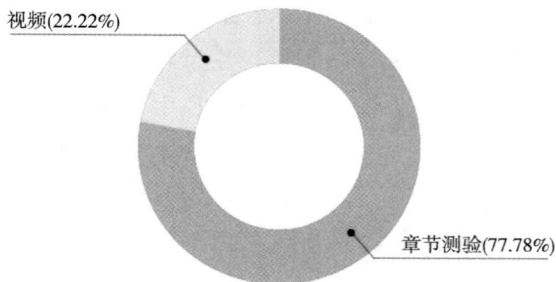

图 6-23　2020－2021 学年第二学期课程任务点类型分布

图 6-24、图 6-25 为课程资源统计情况：

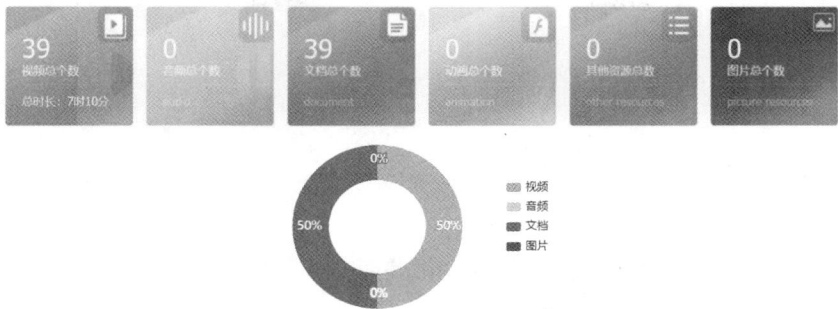

图 6-24   2020－2021 学年第一学期课程资源基础统计数据与各资源类型分布及占比情况

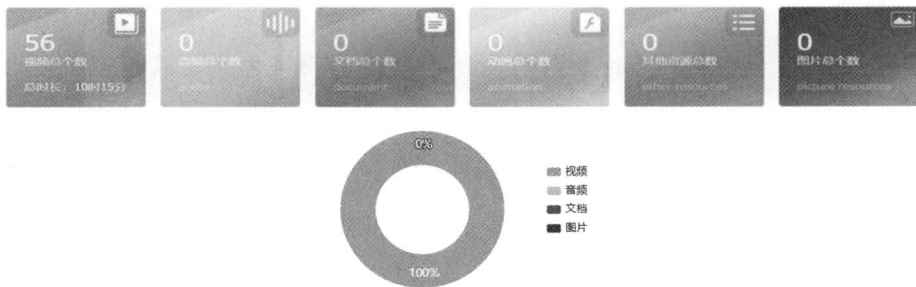

图 6-25   2020－2021 学年第二学期课程资源基础统计数据与各资源类型分布及占比情况

表 6-2 为课程建设情况：

表 6-2   课程建设

章节资源总数	章节视频数	章节文档数	作业库作业数	题库试题数	试卷库试卷数
701	95	39	214	342	11

图 6-26、图 6-27 为作业库作业数：

图 6-26   2020－2021 学年第一学期作业库作业数

图 6-27 2020－2021 学年第二学期作业库作业数

图 6-28、图 6-29 为题库试题数：

图 6-28 2020－2021 学年第一学期题库试题数

图 6-29 2020－2021 学年第二学期题库试题数

图 6-30、图 6-31 为试卷库试卷数：

图 6-30　2020－2021 学年第一学期试卷库试卷数

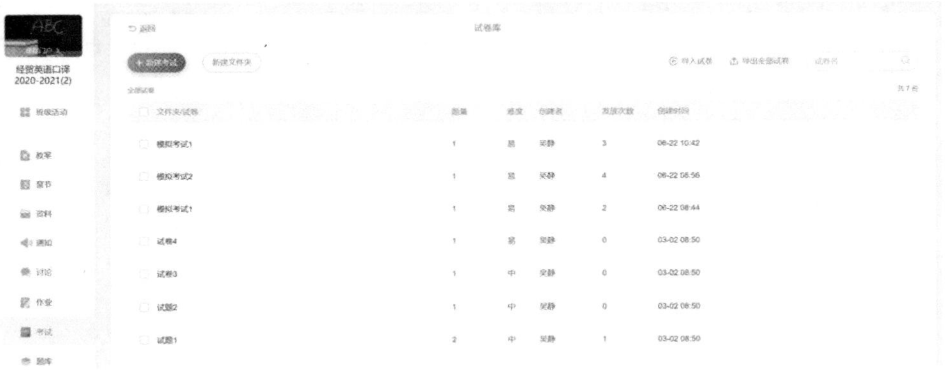

图 6-31　2020－2021 学年第二学期试卷库试卷数

表 6-3 为课程活跃度情况：

表 6-3　课程活跃度

期次	课程学生总数	学习访问量	共计发帖数	教师发帖数	课程公告数	发布考试数	考试参与总人次
2020－2021 第一期	154	22728	4472	121	1	2	154
2020－2021 第二期	153	23063	9947	284	18	0	0

（3）课程运行

①课程运行模式

经贸英语口译的课程运行模式如表 6-4 所示：

表 6-4　经贸英语口译的课程运行模式

选课模式	固定选课
学习方式	采用混合式学习的方式，在网上进行预习、听课、检测，并参与讨论及提问，在线下参加组织的各类教学活动
学习计划	规定时间内完成全部的学习与考试
学习内容	点击所选的相应课程进行学习，按照学习计划观看课程视频，阅读相关参考书目，观看相关讲座视频或直播，并根据学习内容进行提问以及讨论
作业考试	根据个人首页提醒按时完成作业以及考试，以获得相应成绩

②教学时间安排

2020－2021 学年第一学期

课程学习：2020 年 9 月 10 日－2020 年 12 月 23 日

课程考试：2020 年 12 月 30 日－2021 年 1 月 7 日

2020－2021 学年第二学期

课程学习：2021 年 3 月 18 日－2021 年 6 月 20 日

课程考试：2021 年 6 月 27 日－2021 年 7 月 4 日

③课程运行分析

课程运行分析包括对学生选课情况、学习访问总量、学生讨论及作业情况的相关数据。

④学生选课情况

2020 年 9 月 10 日－2020 年 12 月 23 日，共有 154 名学生选修了经贸英语口译 2021－2021（1）。

2021 年 3 月 18 日－2021 年 6 月 15 日，共有 153 名学生选修了经贸英语口译 2020－2021（2）。

⑤学习访问总量

学习访问量指学生用网页端访问课程页面，用学习通 APP 打开课程访问章节或切换章节、打开活动任务、资料、错题集等学习记录。各班学习访问总量如表 6-5 所示：

表 6-5　学习访问总量

学期	学习访问总量
2020－2021 学年第一学期	6058
2020－2021 学年第二学期	7044

以 2020－2021 学年第一学期 1803 班 11 月为例（见图 6-32、图 6-33）：

图 6-32　学生访问量统计

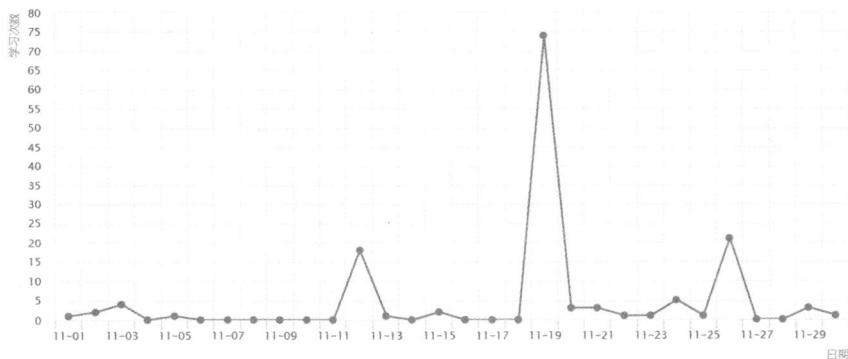

图 6-33　学生学习课程章节的次数统计

⑥师生讨论情况

在课程讨论区中教师与学生、学生与学生之间可以实现多维度互动，能够在一定程度上消除网络学习的孤独感，及时互动。指导教师也能通过讨论区了解学生的学习情况，形成良性互动。

第一学期中，讨论区话题量共计 4472 次，其中教师发帖 121 次，学生发帖 4351 次。

第二学期中，讨论区话题量共计 9437 次，其中教师发帖 284 次，学生发帖 9153 次。

图 6-34 为部分在线讨论情况：

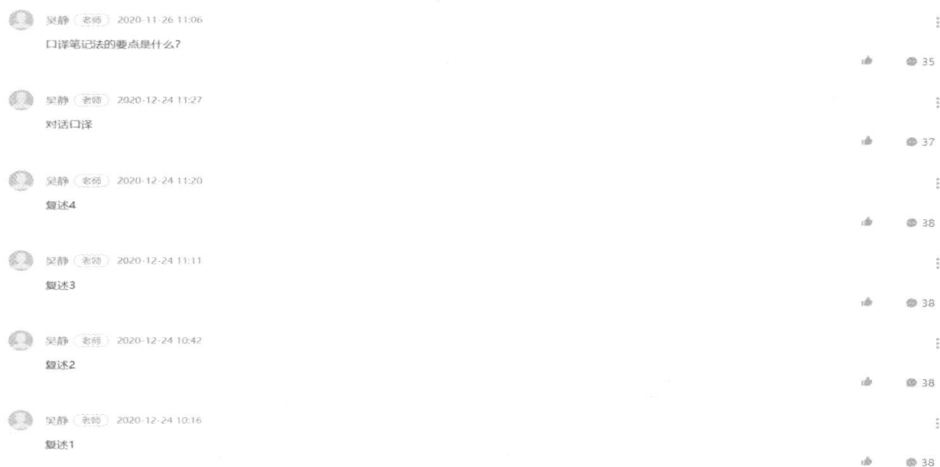

图 6-34　在线讨论

线上部分以视频学习与讨论为主，学生在线下课堂上通过超星泛雅平台的手机版——学习通 APP 实时参与，讨论内容对全班成员可见。此举既方便老师提供参考答案，又能进行实时评价，也方便学生互评与自评，让多种评价方式能在一个课堂同步发生，从而让同学能得到及时、多渠道的反馈，帮助口译课堂实现线上线下的多样化评价方式，充分激发学生的课堂参与度和口译学习兴趣。

⑦班级活动报告

线下班级课堂报告，以 2020 年 12 月 1803 班课堂为例展示一节课中的师生交互数据（如图 6-35 所示）。

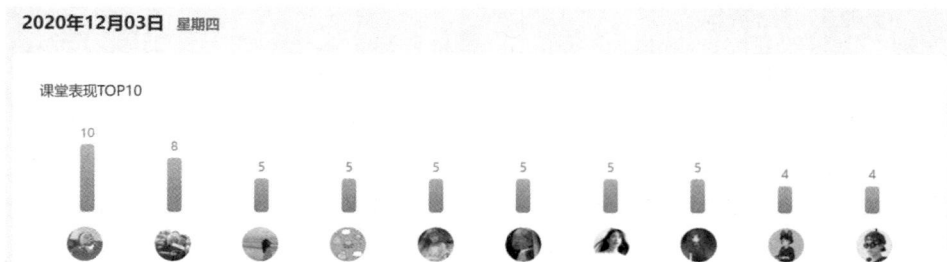

课堂回顾

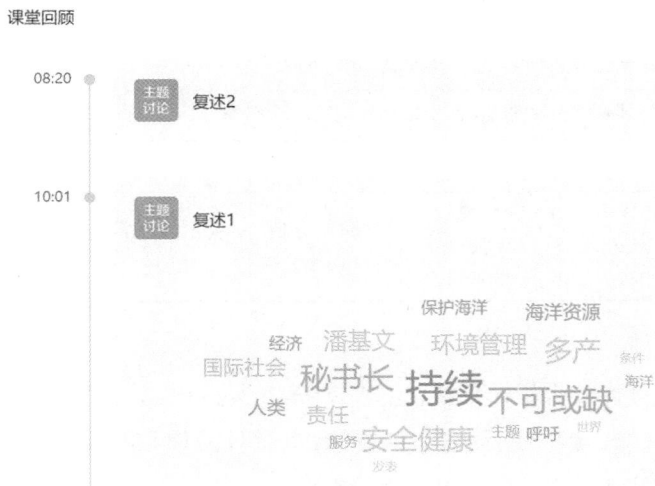

图 6-35　课堂交互

⑧学生总体作业情况

作业以线上讨论为主，分为课堂作业与课后作业。课堂作业为老师在线下课堂布置任务，并同步在线上平台讨论区发布讨论，学生在帖子下面进行回帖抢答，算入期末综合考核成绩。题目主要需要用文字回答和语音回答，教师实时讲评或在课后留言回复点评，回答优秀者奖励加分。

（4）课程质量评价方式

课程质量评价方式包括对课程完成情况和课程考核成绩的分析，便于教师了解学生课程学习的完成情况以及在线成绩，全方位了解学生学习效果。

鉴于对已有课程评价体系的研究，本书基于混合式学习的口译课程质量评价体系采用内部评价＋外部评价、终结性评价＋形成性评价相结合的方式。内部（教师）评价与外部（第三方用人单位）评价为主观评价，终结性评价（期末测试）＋形成性评价（平时成绩）为客观评价。

本书对第三阶段使用的超星泛雅平台自带的学习行为分析，选取了以下几个指标：学习访问总量、作业情况及学生讨论。鉴于此，本书将学生的最终成绩分为口译课程考试成绩和平时表现成绩两个部分。其中，课程考试成绩（终结性评价）为学生期末测验成绩，占总成绩的 50%；平时表现成绩（形成性评价）根据学习者在线上线下学习过程中的表现状况进行量化，占总成绩的 50%（如表 6-6 所示）。

表 6-6　基于混合式学习的口译课程质量评价体系

基于混合式学习的口译课程质量评价体系（100%）					
形成性评价（50%）					终结性评价（50%）
线上（40%）				线上线下（10%）	
平台访问分值（10%）	视频观看任务与分值（10%）	视频观看时间分值（10%）	发回帖分值（10%）	线上线下测试（10%）	期末考试（50%）

⑨课程考核成绩

线上平台学习行为分析指标再细化（如图 6-36 所示）。由超星泛雅平台设计，教师选取其中一些选项进行再设计，平台自行计算课程积分，方便教师进行统计，以便更好地对学生学习过程进行监测。

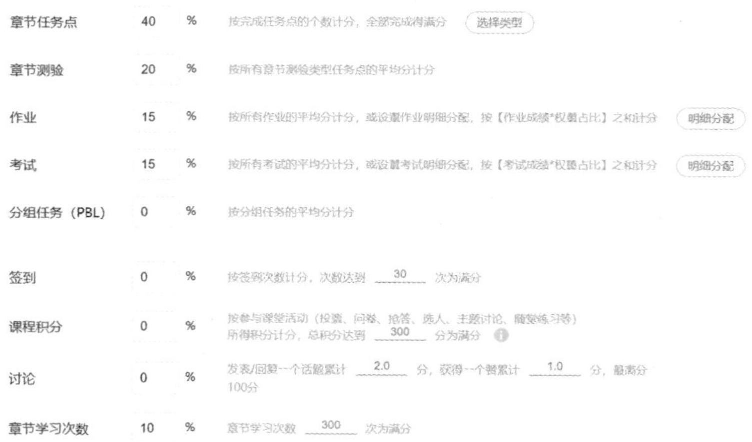

图 6-36　线上平台学习行为分析指标

⑩第一期在线成绩总体情况

第一期在线考核情况如表 6-7 所示。

表 6-7　《经贸英汉口译》2020—2021（1）课程成绩分析报告

班级名称	学生数	0～60分	60～70分	70～80分	80～90分	90～100分	最高分	最低分	平均分	标准差	方差	及格率	优良率
N1803口译1	38	38	0	0	0	0	2.73	0.10	0.88	0.59	0.35	0	0

续表

班级名称	学生数	0～60分	60～70分	70～80分	80～90分	90～100分	最高分	最低分	平均分	标准差	方差	及格率	优良率
N1804口译1	41	41	0	0	0	0	4.20	0.03	0.77	0.95	0.90	0	0
N1801口译1	38	38	0	0	0	0	4.57	0.30	1.65	1.07	1.15	0	0
N1802口译1	37	37	0	0	0	0	3.70	0.07	1.68	0.90	0.81	0	0

⑪第二期在线成绩总体情况

第二期在线考核情况如表 6-8 所示。

表 6-8　《经贸英汉口译》2020—2021（2）课程成绩分析报告

班级名称	学生数	0～60分	60～70分	70～80分	80～90分	90～100分	最高分	最低分	平均分	标准差	方差	及格率	优良率
N1804口译1	40	40	0	0	0	0	12.81	4.68	9.70	1.85	3.34	0	0
N1803口译1	38	38	0	0	0	0	13.17	3.98	8.87	2.96	8.74	0	0
N1802口译1	37	37	0	0	0	0	14.77	4.51	10.00	2.39	5.69	0	0
N1801口译1	38	38	0	0	0	0	14.91	0.10	9.10	3.64	13.24	0	0

（5）第三阶段研究发现

第一阶段的学习行为分析主要包括资源访问分析、学习时间分配和学习成绩相关分析。与第一段的实验相比，第三阶段两学期的基于混合式学习的口译课程实践更加成熟，所考查的影响因素更加细化。学习行为分析包括平台访问、视频观看任务、视频观看时长以及发回帖分值等。以上质量评价指标通过与学生的口译学习成绩的相关性检测，得出以下结论。

学生平台访问频率越高，表明学生学习的积极性和主动性越高。对学生的平台访问与口译课程考试成绩进行皮尔逊（Pearson）相关性检验，结果发现：线上学习平台访问次数越多，学生口译课程考试成绩越高；另外，学生线上学习的积极性、主动性往往与线下学习和线下团队协作学习的参与度高度一致。相关性研究表明，学生在团队协作中的参与度、贡献度越大，课程考试成绩也越高，且两者之间在 0.01 水平（双侧）上显著相关。在"互联网＋"时代，学习者的主动学习机会越多，课堂环境就越有活力，学习者在这一过程中也更加积极活跃（Williams，Chinn，2009）。在平台提供的互动与交流渠道上，学生的发帖若获得他人的认同及反馈，则有助于提高学生的学习兴趣和学习效果。因此，在混合式学习模式下，教师应建立相应的线上学习和线下活动的规则，促进学生学习自主性和团队协作学习的积极性、主动性，以提高学生的口译学习效果。

线上学习以相关知识点的微课观看为主，因此，有必要对视频观看任务点数、视频观看时长与口译课程考试成绩的相关性进行分析。结果发现：视频观看任务点数与视频观看时长在 0.01 水平（双侧）上显著相关，与课程考试成绩无显著相关性；视频观看时长与课程考试成绩在 0.05 水平（双侧）上显著相关。这说明学生反复观看视频的次数越多，一方面会加深对同一内容的理解和掌握，考试成绩也会有所提高；另一方面也说明该知识点难度较大，教师在线下教学时应该重点再讲解或辅以说明。

在线发回帖也是互动的主要方式。对学生发回帖数量与课程考试成绩的相关性进行分析，发现发回帖次数与口译课程考试成绩的相关性为 0.258，相关性不显著。原因在于，大部分同学碰到问题采用发帖的方式寻求教师和同伴的学习指导和帮助，但往往收到回复不及时，或者回复内容较简单，针对性不强，帮助作用不是很大。师生交互是教学的重要形式，因此，在此后的混合式学习模式下，教师应加强对在线讨论交流的关注，以帮助学生及时解决学习过程中出现的问题和困惑。

总的来说，经过两学期（2020－2021）的实践，取得的主要成效及经验如下：

混合式学习模式实施过程中，需要有效解决以下问题：微课的精细化设计、自主学习任务点与口译课程内容相匹配的设计与开发、在线模拟仿真练习设计、学生在线协作探究学习项目的设计以及线上线下混合式学习的口译课程质量评价体系的构建等。以上问题的解决，有助于学生掌握口译基本理论知识、获得口译技能，提升自主学习能力、协作探究能力、沟通交流能力和问题解决能力，也有助于教师顺利开展和深入推进基于混合式学习的口译课程教学模式。

基于 MOOC 平台的线上线下混合式学习模式，平时线下课堂中的现场口译练习，可以发现学生口译技能学习过程中的问题与进步。课后线上任务点学习，促使学生提高自学能力，培养其积极应用课上所学的英语口译技能，促使理论与实践挂钩。同时，线下教学也采用了情景模拟法，让学生分别扮演翻译（口译）项目中不同的角色，体验翻译（口译）实践过程（苗菊、王少爽，2010），提高口译实践能力和职业化能力。不管是教学、交流还是考核，平台上留下的学习行为轨迹都能充分调动学生自主学习的主动性、积极性。基于混合式学习的口译课程授课模式体现了建构主义的特点：运用教师指导下的学生自主及协作学习模式，将所学的翻译（口译）知识与技能内化为学生的实战能力（朱玉彬、许钧，2010）。

基于混合式学习平台内部评价与外部评价、形成性评价与终结性评价相结合的评价模式，注重学生口译学习的过程，遵循口译学习的规律，体现口译学习的效果，可以较全面地考查学生的各项口译能力和英汉口译能力发展情况。考核既有线下考试，也有线上测试，既有一学期结束的期末总测试，又有平时在线练习及测试。现场口译练习与测试可以发现学生学习过程中的问题与进步；课后在线练习与测试可以检测学生自主学习的能力；期末现场交替传译考试可以较全面地考查学生的口译基本水平。

另外，混合式学习的特点是可以随时调整上课方式，根据疫情的影响，可随时调整线上线下的课程和学时安排。在疫情防控常态化时代，混合式学习模式已成为必不可少的教学方式。

6.1.3　基于混合式学习的口译课程效果评价

信息化＋疫情防控常态化时代，学生的学习方式已经与互联网紧密联系，因此，有必要了解学生们对混合式学习方式的真实状态与感受，以期为相关教学改革提供参考。

6.1.3.1　问卷的结构与内容

问卷是依据基于混合式学习的口译课程实施的目的和内容，以官恩京（2018）提出的混合式学习教学质量评价体系中的一些有效性特征，如基于混合式学习的教学目标、教学设计、教学模式，师生与生生的互动与合作、翻转课堂的效果、探究协作能力培养等，在杜世纯（2018）的问卷基础上，自行设计。调查问卷的目的是了解学生对基于 MOOC 平台的混合式学习的认知、接受度和评价。含有 31 道题，均为限选题或客观题。调查内容包括：个人情况与互联网使用情况（第 1～10 题），如性别、年龄、上网时间和混合式学习使用频率等。混合式学习的使用与认知（第 11～16 题），如上网的目的、时间长短、最喜欢的网上交流方式、对混合式学习是否了解以及是否采用混合式学习来学习其他课程等。混合式学习的评价与建议（第 19～30 题），如对目前教师采用混合式学习方式的评价，学习效果如何，是否与同学互动，有何建议，等等。

6.1.3.2 问卷的信度和效度

在设计修改问卷的过程中，征求了相关专家的建议，做了相应的修改。在正式实施问卷之前进行了先导型测试以测试问卷的信度和效度。经过 SPSS23 测试了问卷的信度，信度值为 .852，表明其有很高的内在一致性（如表 6-9 所示）。

表 6-9　调查问卷结构表

部分	问题	内容
1	1～10	个人情况/互联网使用情况
2	11～16	混合式学习的使用和认知
3	19～31	评价和建议

信度检验表（见表 6-10）的结果显示，Cronbach 的 Alpha 值为 .888，表明问卷的信度良好，可供实验结果参考。

表 6-10　调查问卷的信度

Cronbach 的 Alpha	项数
.888	31

6.1.3.3　调查问卷实施与结果分析

（1）学生分析

由于第一阶段为实验起步阶段，混合式学习方式不成熟，第二阶段因为更换平台，导致混合式学习的执行不够完整，数据缺乏说服力。第三阶段（2020—）成熟与创新期：多种方式混合学习实验期。因此，本问卷经过不断的修改完善，直接针对第三阶段，也就是湖南理工学院英语专业 2018 级 4 个班的全体学生，共对 153 名学生进行了调查与访谈。我校为地方一本院校，生源主要来自湖南本省，学生的中英文水平一般，且女生远远多于男生。

（2）数据来源

《基于混合式学习的口译课程评价调查问卷》于 2021 年 7 月 3 日发放，发放对象为 2018 级全体选修经贸英语口译课程 2 个学期的学生，由于是在平台发放，计入学生的课程积分，因此 153 位同学全部填写提交。回收率为 100%。经查看，排除不完整、填写错误或太过简单的无效问卷，共获得有效问卷 151 份，有效率为 98.7%。

（3）数据分析

第一部分问题，关于个人信息、上网时间和上网内容。外语学院 90% 都是女生，大三的学生年龄大部分在 21 岁左右。从回收的问卷可以看出现在的大学生在高中时就已经学过信息技术课，大一、大二有过网络学习经验。有的是选修了学校的网络公修课，有的是为了完成某门课的作业而在网上查询相关的在线课程，也有的是出于个人兴趣爱好。总之，学生对于网络课程的流程、操作都没有问题，甚至比一般文科教师的水平高，无须担心学生会在电脑操作方面有什么问题。手机和电脑已是每位大学生必备工具，其中大部分是手机上网，其次是笔记本电脑，去图书馆机房的不多。每天上网超过 6 小时的学生达到 80%，互联网已成为其日常生活与学习的一部分。由于移动互联网的出现，我校的网络已经覆盖整个校园，学生宿舍都可以接通宽带上网，学生不必去网吧或者机房，大部分时间在寝室，随时随地都可以登录网络平台进行学习和做作业。学生上网的目的五花八门，女生多为购物、追剧，男生多玩游戏，无论男女，网上最常用的交流方式是 QQ。这说明大学生的网上行为需要引导，在线课程要思考如何才能吸引大学生的兴趣，不让自控力较弱的学生被互联网上的内容带偏，影响课程学习效果。另外，90% 以上的现代大学生遇到不懂的问题，第一反应已经不是问相关老师，而是求助于互联网寻求答案。这说明互联网已成为当代大学生探索知识、开展学习的首要工具了。跟随互联网一起成长的"00 后"，对网络的熟悉程度和操作熟练度已经远远超过教师。信息时代，大学教学如不与互联网相融合，就会让学生感觉脱离时代太远，继而影响学习兴趣。

第二部分问题，对基于混合式学习的认知和使用情况。大学生使用比较多的在线学习资源包括搜索引擎、相关课程网站、电子期刊库、专业论坛社区等。对大学生使用在线课程学习情况的调查发现，数据让人很吃惊，超过90％的受访学生已经上过各类 MOOC 网站，如中国大学 MOOC 等，学生对 MOOC、微课等接受度达 90％以上，也有学生在网上购买感兴趣的课程，如韩刚的《口译笔记法》等。其原因是近年来网课的兴起，许多学生在高考之前就已经购买并学习过相关学科的网课，进入大学后对网课并不陌生也不排斥，碰到感兴趣的课程也会购买。可见，很多学生实际上已经开展了混合式学习，所以，应尽快建立科学、规范、有统一标准的混合式学习模式（杜世纯，2018）。超过 85％的学生认为混合式学习对口译学习有帮助，如果条件允许的话，有 80％以上的学生会通过混合式学习平台来选修一些课程。通过调查发现，混合式学习对"00 后"大学生有着巨大的吸引力，超过 72％的学生希望通过混合式学习来选修课程。

第三部分问题，评价与建议。超过 95％的学生喜欢并愿意接受混合式学习方式，认为它让教师能适时调用网络优质资源，补充课堂教学内容，又有线下教学的人文关怀和情感交流。但同时，78％的学生认为在学习的过程中还是需要教师的帮助和指导。也就是说，在混合式学习过程中，教师的角色发生了转变，由知识的传授者变为知识的梳理、编排者，学习的设计者和学生学习过程中的引导者。教师也需要更加关注个体学习，做不同的引导。超过 50％的学生认为影响混合式学习效果的主要因素是学习背景，38.5％的同学认为负面因素是没有自己需要的在线学习资源，也是 5 个选项中选择最多的一项，说明学生对混合式学习的认识已趋于客观，明白只有不断丰富自身的学习背景，才能提升知识的掌握速度和学习质量。其实，无论是传统的线下课堂，还是基于混合式学习的教学，原有的学习基础或者知识积累，以及合适的线上线下学习资源，都是促进新知识学习的基础。同理，背景知识、课程预习以及优质的学习资源对混合式学习的顺利进行至关重要。对于生生、师生评价方面，32％的学生会关注同伴评价，认为同伴的评价也会给自己带来促进学习的作用，80％以上的学生依然认为教师的评价更权威、更可靠、更有效。这也是由于在中国文化熏陶下，教师的权威性对学生依然存在。因此，混合式学习方式增加了教师的工作量，教师的作用也变得多样化。关于学习兴趣和学习动机方面，37％的同学认为个人应独立完成课程作业，45％的同学认为小组合作完成的课程作业更能激发学习兴趣，这是由于口译的职业性，它需要个人的反复练习才能提高口译能力，但由于一个口译项目往往需要团体协作完成，因此，团队的在线模拟仿真演练带来的真实感也有助于提高学生对口译学习的兴趣和积极性。

6.1.3.4　访谈和结果分析

访谈记录将进一步补充回答研究问题，完善研究内容。《基于混合式学习的口译课程评价访谈》同时于 2021 年 7 月 3 日在平台发放，计入学生的课程积分，因此 153 位同学全部填写提交。调查问卷回收率为 100％。经查看，排除填写错误、不完整或太过简单的无效问卷，共获得有效问卷 148 份，有效率为 96.7％。访谈问题主要围绕以下 6 个问题：

1. 你认为大学口译课程中开展混合式学习的目的是什么？

2. 你认为本校于口译课程中开展的混合式学习是否到位？

3. 你认为采取混合式学习方式对口译课程的成绩提高有帮助吗？

4. 你会在今后的英语课程（不仅限于口译课程）学习中使用混合式学习方式吗？

5. 你认为本校基于混合式学习的口译课程存在的问题有哪些？

6. 你对开展基于混合式学习的口译课程有何建议？

学生对前 4 个问题的回答有着高度的一致性，主要观点如下：

学生对混合式学习普遍持乐观支持态度，认为混合式学习方式更多，学习效率高；线上与线下一起进行可以提高学习效率；针对不同个性的学生，因材施教；提高学生学习兴趣；寓教于乐，轻松学习。教学多样，资源共享，信息内容丰富；更方便同学们提交作业，方便老师批改等。几乎所有同学都认为对口译课程的成绩提高有帮助，混合式学习实施到位，以后的其他课程也会使用混合式学习方式。在线学习原因就是网上信息量大，便捷操作简单，学习资源丰富，"00 后"学生熟谙在线学习方式，已成为他们学习生活的一部分。

关于基于混合式学习口译课程存在的问题和建议，学生们主要抱怨硬件设备有点落后，另外，学生可能会更加依赖电子设备；学生在网上的行为需要引导，需要教师筛选优质材料吸引学生；平台建设也需要持续更新，平台不适合使用太多等；对于口译这门理论讲授不多、实践多的课程，学生需要教师对练习进行更多点评等问题。

总的来说，学生对课程评价为：学生获得感强，有超过 99% 的学生认为学到了丰富的知识，近 98% 的同学认为学完本课程掌握了口译基本技能知识，具备实践能力和树立了正确的价值观。实践基地与用人单位对毕业生的口译实践能力和职业适应能力也给予了很高的评价。

这表明在混合式学习实施的过程中，教师对学生线上线下相结合的学习过程的引导、监督和调控，对学生知识的掌握和技能的熟练程度起到了重要的保障作用；也可以有效地证明混合式学习不仅能提升学生学习质量，而且能够有效地促进学生的自主学习能力、团队协作能力、沟通交流能力和创新思维能力的培养。

总的来说，混合式学习方式相比传统教学方式更加灵活、更有针对性，让学生可以自我设计、深度参与学习的各个方面。教学内容方面，在线可选题材更加丰富，教师可以及时更新练习材料，线上海量优质资讯增加了教师的备课资源。教学质量监控与评价方面，在传统的课堂上，教师主要依据各种考试成绩对学生的学习成效进行评估，同时加上平时观察，记录相关数据，然后整理分析，这就延误了对教学的即时调整；基于混合式学习的教学，教师可以使用平台数据监控学生的学习行为和成效，进行即时整理和分析，对教学进行预判与调整。

6.1.3.5 结果反思

通过对调查问卷和访谈的分析，我们已经比较深入地了解了"00后"大学生对混合式学习的认知，以及对基于混合式学习的口译课程的评价，同时也了解了混合式学习在口译课程实施过程中存在的一些问题和建议。总的来说，学生对混合式学习抱有巨大的兴趣，95.8% 以上的同学认为混合式学习对口译学习有帮助，愿意使用混合式学习的同学也高达 91%。

通过调查问卷，我们还发现，学生愿意选择混合式学习的原因主要是：网上信息量大，学习资料丰富；口译练习材料更新快，紧跟时事，能够拓宽学生专业知识视野，增加了趣味性和知识性。但还是有 67% 以上的同学认为需要教师的帮助与指导，而由于课后回复工作量激增，教师对及时回复信息疲惫不堪。虽然学生普遍认为混合式学习对口译课程学习有帮助，但同时也认为网上信息过杂、干扰信息太多是影响混合式学习效果的主要负面因素等。

经过与学生更深层次的交流后发现，混合式学习中学生需要花费更多的时间。原因是在学习过程中，学生由于自身的知识储备和认知能力限制等原因，有时候意识不到问题的存在，还是需要教师的现场检测和观察，这也会使教师在线下课堂花费更多的时间进行再检测和再讲授。如果学生自控力不强的话，在学习过程中注意力分散，一边学习一边通过 QQ 跟朋友聊天，或者不时地浏览其他不相关的网页，学习效果就将会大打折扣。课程虽然可以反复观看，但学习效率大大下降了。对一些自主学习能力较差的学生来说，混合式学习可能会使学生学习半途而废，跟不上班级进度。

对于教师而言，如果学生的学习效果不佳的话，对教育教学的投入也是一种时间、精力的浪费。因此，在信息＋疫情防控常态化时代，在先进的教学理念指导下构建一套高效、科学、系统的混合式学习方式，从根本上提升教学效率和学生学习质量是本书实践的意义。

6.2　口译实践教学与成效分析

混合式学习就是将经过认真选择且相互补充的面对面学习与在线学习的方法及技术进行有机结合。它不是简单地将各种技术连接在一起，而是具备清晰的结果构想。学生的学习过程和成效本身发生的质的转变将是评价混合式学习作用的重要指标，结果将由学生的满意度和毕业生的成功率来决定（丁妍、高亚萍，2019）。因此，本书以成果导向教育为指导，将口译实践教学与学生的实习就业一体化有机结合，提升学生的口译能力和口译职业技能。口译实践结果的评价，采用内部（教师）评价和外部（第三方用人单位）评价、过程性评价和终结性评价相结合的模式。

6.2.1　实践教学总思路

湖南理工学院是一所以理工科为主、多学科协调发展的省属一本高校，是湖南省 2018－2022 年第二批博士学位授予立项建设单位、首批国家产教融合发展工程应用型本科规划高校、湖南省"国内一流学科建设高校"。学校总体的学科构成和水平，以及应用型高校的战略定位，无疑使应用型翻译（口译、笔译）人才培养具有了扎实基础。应结合湖南理工学院的办学特色和优势特色，与本校的强势学科化工专业、中国语言文学专业，以及国际贸易专业相融合，创新应用型口译人才培养模式。在教学方式上将信息技术融入课堂教学，采用混合式学习的方式；教学内容聚焦本校强势学科，在文化传播上优先服务于屈原文化、岳阳楼文化以及岳州窑文化；实践教学上采用与相关政府部门和企业联合形式。

鉴于口译专业的应用性、实践性和职业化，为了推动口译教师努力实现口译研究与教学和实践的深度融合，本外语学院与传神公司等翻译企业共建了三家翻译实习实训基地，联合制订人才培养方案，邀请企业人员作讲座、授课，派遣师生前往基地观摩、实训；跟校内优势学科联合打造行业特色翻译研究基地，鼓励不同专业的师生合作，致力于翻译与相关专业的多驾齐驱、资源共享；鼓励英语类专业学生攻读中国语言文学、化学化工、国际贸易等辅修学位。基于混合式学习的应用型口译人才在实践教学环节的具体培养思路如下：

新文科背景下的学科交叉、联合培养。实施"英语翻译＋X"（化学化工/国际贸易/文化传播）的人才培养模式，强化应用型翻译人才的专业性。采用"英语学科导师＋相关学科导师""校内导师＋行业导师"的联合培养。

人才培养目标落实于个性化的人才培养方案。学生通过普适性翻译技能课程和"自选专业基础课程"＋"自选专业翻译实践"的个性化课程体系，实现成长为专业性翻译人才的目标。

完善翻译课程体系，将原来为英语专业开设的英汉笔译、汉英笔译、英语口译的三门翻译课程细化为商务口/笔、旅游翻译、经贸翻译、科技翻译等12门，涵盖翻译知识、笔译能力、口译能力、实践实训四大模块，并为全校学生开设了英汉互译、应用文体写作与翻译、学术论文写作与翻译三门公选课。鼓励将信息技术融入课程教学，采用微课、慕课、翻转课堂等教学模式，采用与翻译公司等实践平台的合作，变革应用型翻译人才培养模式。

校、企、地联合，搭建实践高平台。与传神公司、岳阳长兴化工、汨罗屈子园等企业和文化园共建了五家翻译实习实训基地，推动了翻译与相关专业的资源共享、统筹建设和协调发展。另外，本书聘请了 17 名翻译经验丰富、项目管理能力强的行业专家担任兼职教师，与屈子文化园、传神翻译以及化工、经贸与岳阳本土文化传播等机构合作密切，为学生翻译实践和职业素养培训搭建了较高的平台。

6.2.2　实践教学实施方案与方法

口译课程教学主要聚焦在口译理论的传授和口译技能的培养上，口译实践让学生加速进入口译理论与口译技能的应用和创新阶段，然而，口译实践中知识的应用与职业能力的提高，对于学生而言也是一个适应提高的过程，需要专业教师的指导和评价反馈。因此，变革传统实践模式为基于实践基地与以项目驱动的实践方式，拓展学生实践成长机会，在专业教师的指导实习下更利于学生口译职业能力的提升。

本书实行新文科背景下"学科交叉、联合培养"的应用型翻译人才培养模式。具体实践教学实施过程如下：

（1）"英语翻译＋其他学科领域（专业）"培养

在"英语翻译"方向下设三个领域：湖湘文化翻译、石油化工翻译和涉外商务翻译。基于这一模式，学校组建语言服务人才教育中心，专任教师由外语学院从事翻译教学的英语教授、中青年教学骨干和中文学院、化学化工学院英语表达流畅，且有本专业翻译实践经验的教授联合组成。本翻译方向的学生着重以上三个领域的翻译理论与实践的教学和培养，服务于区域经济发展。

（2）"双导师＋ 校企联合"培养

全过程协同企事业单位培养应用型翻译人才培养，认真实施"校内导师＋行业导师"的"双导师"制度，强化"四个共同"：校企共同制订人才培养方案、共同实施教学管理、共同指导学位论文和共同开展考核评价。

在严格遴选校内导师的同时，按要求从校外协同培养单位遴选、聘任资深译员和管理人员担任行业导师，为学生开设课程、讲座或指导翻译实践。

（3）"实践能力＋职业能力"培养

对学生翻译实践环节提出了质与量的要求。一方面，通过采用研讨式、职场模拟式等教学方式，将职业翻译工作内容引入课堂，要求学生运用计算机辅助翻译实验室，加强翻译技能训练；另一方面，通过承接翻译项目，聘请实践经验丰富的资深译员开设课程或讲座，帮助学生了解与熟悉翻译行业的操作过程和运营模式，获得翻译行业的从业资质与职业素养。

在混合式学习末期，借鉴国内外外语教学理论和实践的精华，立足于解决传统口译教学中"重学轻用"或"重用轻学"的不良倾向。本书采用了一系列措施来提升学生的口译实践能力：第一，教师通过设计个人或小组的口译任务的反思、总结，帮助学生解决实践过程中的实际问题；组内/组间互评等线上活动，为学生提供最高强度的认知临场感支架，帮助学生在实践过程中的自我知识建构和协作知识建构。第二，将口译教学与口译职业规划和口译市场紧密结合。针对如何将就业力（Employability）嵌入课程大纲进行探索和讨论，关注焦点包括学生在进入职场之前的口译技能、职业化能力和终身学习能力的培养（Céspedes，2017）。第三，加强实习口译实践环节，如通过师生团队承接力所能及的各类语言服务项目，以及校、企、地的国际交流项目等，进行口译能力、跨学科能力和职业化能力实践训练。

6.2.3 实践教学成效

该课程自 2011 年至今已开设了 11 年，累计为相关专业培养了 1500 多名学生。不少学生考入上海外国语大学、广州外国语大学、浙江大学等知名大学的高翻学院。毕业生在各涉外国际国内机关、进出口企业担当口、笔译译员，其中不乏宝马、宝洁、格力、蔚来等国际国内知名企业。例如，2018 届毕业生龙城任职于 500 强央企中国电建集团中南勘测设计研究院，任翻译译员（兼口笔译），具备 200 场以上汉英同传交传陪同经验。服务对象包括：亚投行、CMMI 研究院、安提瓜国家农业部部长、DJ 吉尼斯记录获奖者 Arch Junior、美国达人秀亚军著名歌手 Jackie Evancho、NBA 著名球星 Nick Young、湖南卫视、浙江卫视、湖南省商务厅、中国电建等。2015 届毕业生王晗曦作为瑞士国宝级品牌 LAURASTSR 中国区市场总监在 2019 年中国进口商品博览会上接受了专访。

据不完全统计，在服务地方外事活动方面：师生团队担任国际观鸟节开幕式译员、担任岳阳市委书记会议译员、担任英国 Sumerset 郡访问团译员、担任加拿大瓦尔大学第七届暑期文化研修班结业典礼译员、担任岳州中学访

问陪同译员、担任澳大利亚科克本市代表访问团译员。2017 年以来，受国家
商务部等部门委托，我校获批湖南省唯一对外体育技术培训接待基地，为萨
摩亚等"一带一路"沿线国家提供体育技术援助，本教学团队师生承担了主
要语言服务工作，受到《湖南日报》、湖南教育网等多家主流媒体报道。

服务文化交流活动：2018 级学生吕凤香在 2019 年的北京世界园艺博览会
中实习，任援外翻译，被授予"优秀译员"荣誉称号；2019 年担任汨罗"屈
原及楚辞学国际研讨会"的"中外诗歌行"节目的口译和英语主持人；2019
年担任中国代表团访问爱丁堡大学的口译人员；2018 年担任宾夕法尼亚大学
的 Mark 教授一行人访问西安交通大学的口译人员等。

2010—2018 年成功举办基于混合式学习的湖南省"国培计划"省市县教
师工作坊研修项目 6 项，为省内中小学教师提供语言培训，师生合作担任市
内口译、笔译志愿者，为来自美国、英国、加拿大、澳大利亚、德国、泰国
等多国的各类代表团服务多达 30 余次，参加大型国际会议语言服务工作 5 次
（如国际观鸟节等）。为政府、企业、学术等方面翻译超过 100 万字的各类笔
译材料，为政府、企业的相关人员、宾馆工作人员、银行职员以及出国人员
等进行语言和外事培训，取得了良好的社会反响。

6.3　本章小结

本章对基于混合式学习的口译课程质量的有效性进行了评价与分析。首
先对两个阶段的相关口译课程运行数据进行了分析，采用在线调查问卷和访
谈的方式，进一步补充回答研究问题，完善了研究内容。具体考查了学习者
的以下几个方面：互联网使用情况、混合式学习的使用和认知以及对混合式
学习的评价和建议。目的是了解混合式学习平台资源配置和利用率的情况、
学习者学习体验，以及基于 MOOC 平台的混合式学习存在的问题，以期将本
书的混合式学习效果评价建立在更真实可信的基础之上。通过两个阶段的课
程运行数据分析以及调查问卷和访谈发现，当代大学生普遍为资深网民，互
联网已成为其生活中的一部分，基于互联网的混合式学习实际上早就已经存
在，学生普遍认为混合式学习对口译能力提升有很大的帮助。但是，如果缺
乏系统、科学的指导和规范的操作程序，盲目地使用混合式学习，不但不会

提高教与学的质量，反而会浪费学生和教师的时间、精力和金钱。在实践教学方面，通过多措并举的方式，开拓学生的口译实践渠道，校、企、地联动，线上虚拟仿真训练，线下在校外专家的指导下，到实习基地进行口译实践，有效提高了学生的口译实践能力和职业能力。

第 7 章　结论与展望

　　本书以"基于校本特色、服务地方经济"为指引,利用 MOOC 平台与混合式学习模式,创新应用型口译人才培养模式。在研究设计上探索定量与定性相结合的研究方法,从专业培养方案、混合式学习下师生准备工作、课程教学方法改革、实践教学体系、质量评价体系等五个方面,多维度、多层次协同开展口译人才培养模式改革与实践,同时从不同的角度和理论框架对研究结果展开多元阐释。自 2014 年混合式学习教学实施以来,经过多轮实践,基于混合式学习的口译人才培养模式日臻完善,教师的教学理念发生了很大改变。通过实践与探索,混合式学习对口译课程教学和实践教学的可行性进行了验证,对已有的口译人才培养模式进行了基于混合式学习的应用型人才培养模式革新。

7.1　研究结论

　　本书根据国家对地方高校的人才培养的要求,以及湖南理工学院所处的地方特色(以湖湘文化为代表)以及长江经济带对口译人才的需求,对口译人才培养目标定位为"基于校本特色、服务地方经济",采用混合式学习,打造新文科背景下的学科交叉、联合培养的应用型口译人才培养模式。具体做法:在《国标》和《指南》的要求下,根据本校的人才培养目标和特色修订口译人才教学大纲;以服务长江经济带区域经济发展为主要目的,同时辐射周边区域经济发展需求,校、企、地联动合作,共同开发相关专业课程内容;借助信息化技术制作相关主题的短视频或微课;变革传统授课方法,依托网络,基于混合式学习,通过线上线下、课内课外,以项目作业、小组互练、在线互动等为主的协作探究式学习,开展应用型口译人才的实训;建立基于MOOC 平台和实践基地的科学合理的考核体系和反馈通道,将口译实践与评价方式置于信息技术监控之下;探索以自主、协作、探究式学习为主导,教师规划、指导为辅的混合式学习模式，努力实现"精英化与大众化并行的口译教育，为社会培养更多能够在毕业后尽快上手"的口译人才。

经过近十年的理论思考探索和多轮教学实践，基于混合式学习的应用型口译人才培养模式在以下几个方面取得了一些成绩与经验。

7.1.1 教师教学理念与行为的革新

信息化＋疫情防控常态化时代，通过混合式学习的实践与探索，教师也不断提升了自身的专业知识、教育学知识以及信息技术能力。同时，混合式学习不是单纯的技术问题，它是多种教学理念和方法的融合体。因此，教师的教学理念和教学行为在潜移默化中也发生了很大变化。具体体现在以下几个方面：

（1）目标与观念转型

人才培养目标、育人观念以及教师角色的转变。经过近几年的疫情防控下的混合式教学实践，教师已普遍接受并在课程教学中实施了混合式学习的教学方式。为有效实施混合式学习，必须有正确的理念，避免陈旧理念阻碍口译人才培养方法的有效应用。MOOC 通过互联网与世界高校接轨，口译教学也从单一的口译能力培训转向为中国的国际化服务，为国家战略和区域经济发展需求、学校办学定位服务。口译的跨学科性和职业化能力的培养受到重视。教师教学与学生学习不再是单向传播，已转变为学生在学习过程中与教师一起以一种探索和研究的方式学会认知和创造，成为具有创新意识和国际视野的高素质口译人才，具有健全的人格、创新的思维、全球的视野。另外，为适应信息时代的发展，教师的身份也从单一的课堂授课者转换为基于MOOC 平台的口译课堂的组织者、口译转换技能训练的设计者和管理者。

（2）课程教学方式转型

信息＋疫情防控常态化时代，高校英语教师必须从传统的教学观念中转变过来，顺应时代发展潮流，结合现代教育技术和教学理念，寻找适合"90 后""00 后"学生的生活方式和学习习惯的教学方法。虽然微课制作费时费力，也有一定的争议性，但 MOOC 平台便捷、开放、信息量大，符合新时代学生的学习习惯等优点毋庸置疑。混合式学习模式融合了传统教学优势与网络教学优势，是当今高等教育领域内的必然发展趋势。它既要发挥教师引导、启发、监控教学过程的主导作用，又要充分体现学生作为学习过程主体的主动性、积极性与创造性。

互联网能够在课外给学生提供一个随时随地学习与交流的平台，师生、生生之间有便利的交流机会（朱晔，2015）。开放学习环境，强调学生导向或自主性的学习，教师可以提供指导和支持，帮助学生有效地参与复杂的、开放式问题的学习（Land & Oliver，2012）。

任务导向的教学或过程导向的教学，让学生更多地接触所要掌握的知识和技能，以深化体验和理解，最终提高外语学习中的产出效率（蒋平、蔡慧，2009）。口译教学尤其要把握实践体验性原则，即通过长期的口译实践获得并提升娴熟的口译技能（赖祎华，2014）。开放式教学模式倡导学习者主动建构学习，教师变为学生学习的"催化剂"与"助产士"。

（3）革新了教材观

传统课堂上，教材是主要的教学资料来源。混合式学习的课堂中，教材不再是唯一的知识来源。除此之外，教师可以充分利用在线优质资源，如国家级一流课程、精品课程、网易公开课、名家在线相关专业知识讲座以及各种公众号中的文章、短视频或其他媒体素材等，教师在精准把握课程教学目标的情况下，结合特定知识点，根据学生个性需求，对教学内容进行选择、补充、删减和拓展，动态生成课程内容。同时，根据学生的反馈，对课堂活动方式进行再设计，对预设课中不合理的方面进行修正。

总的来说，混合式学习为教师提供了一个重新思考口译教学理念、口译教学方式和优化口译教学实践的机会。

7.1.2　学生的有效学习行为得以提升

拥有优质教育资源不等于学生的有效学习必定发生。还需要辅以相应的教学手段，帮助学生完成有效学习。移动互联网、电子产品的出现并运用到课堂上，学生在这样的课堂中学习，会有以下进步：

（1）课堂注意力显著提高

其主要原因是，教师将口译课堂练习发送到每位学生的 MOOC 平台手机端，要求学生在 1～3 分钟内完成练习并提交答案，随后公布全部答案的统计情况并对答题情况进行分析讨论、打分。更重要的是，期末总成绩中的线上成绩由课程积分累计而来，因此学生的听课注意力显著提升。

（2）对课程的主动参与意识显著提升

无论是课堂上的口译技能操练与问题回答，还是课后线上浏览视频、做练习，参与提问、生生互评等都会通过 MOOC 平台机器自动打分，从而使课程积分提高。另外，由于学生的答案或意见都可以通过平台看到，也就是说学生的意见和建议可以得到表达，也能即时为全体学生和教师获知，因而大大提升了学生的课程参与度。

（3）综合素质和口译能力的并进

根据调查问卷和访谈的反馈，以及近几年口译人才培养质量的稳步提升，例如，考研考证率的大幅上升，各类口译大赛中无论是获奖人数还是获奖等级逐年增多增高，参与口译社会实践的好评等，可以很清楚地看到，学生的团队意识、表达能力、自信心和协作精神在经贸英语口译这门专业核心课中得到了很好的训练和提升。也就是说，贯穿整个课程体系的价值塑造、能力培养和知识传授有效提高了学生的专业素养和口译能力。

7.1.3　混合式学习对口译课程教学的可行性验证

普遍认为混合式学习以往多用于理工科的课堂上，文科课程由于具有单个技能不突出的特征，被认为不太适合翻转。但由于口译课程是一门技能型课程，课程教学模块清晰，技能训练板块较强，故而适合翻转。将单个口译技能独立制作为 3～5 分钟的微课置于网上或者 MOOC 上，方便学生反复观摩操练。但由于口译人才培养的职业性和跨学科性，需要大量实践、互动以及质量监控与反馈，单纯的翻转课堂，光靠看视频也很难提高口译人才培养的质量。混合式学习既可以提供线下课堂口译技能讲解演练，又能提供基于MOOC 的微课翻转与在线学习、交流与互动，并能实现学生的学习过程全信息化监控。因此，结合传统课程教学精华与现代教育信息技术的基于 MOOC与混合式学习的口译人才培养模式是可行的。经过多轮实验，将混合式学习应用到经贸英语口译课程教学中，取得了令人较为满意的成果。

通过采用线上线下混合式学习，对口译课程的多轮改革与实践，应用型口译人才培养获得以下成效：

（1）混合式教学改革效果显著，受益面广

自立足于服务地方经济的混合式语言服务人才培养模式改革实施以来，

学生语言服务实践和创新能力得到显著提升，受益学生 5000 余人。借助泛雅平台，建立了 1 项省级名师空间课堂、1 门省级精品在线开放课程、3 门校级精品课程、2 门校级精品资源共享课、3 门院级网络课程，年利用达 1 万余人次；中央财政支持的系列翻译实验室、商务英语实验室、FiF 口语训练与测试系统和 iTest 4.0 大学英语 6 级题库等仿真装备，每年近 1000 名学生参加仿真实训；校企地实习基地年接收实习生约 30 人/天。

另外，面向校内校外开放，资源共享，受众面广。自 2013 年开始，精品课程、名师空间课堂、精品资源共享课和网络课程对全校师生约 2 万人开放。通过口笔译 MOOC 平台空间，本成果每年直接受益学生数达 1600 人左右；同时还多次为校外学习者（如政府相关部门、企事业单位的相关人员等）提供在线辅导答疑、在线研讨、在线测试和成绩评定等。

（2）应用型口译人才培养成效明显，毕业生质量提高

应用型口译人才培养质量显著提升。用人单位评价毕业生"专业技术能力优秀、实践创新能力强"，对毕业生满意率达 98％。学院连续五年就业率超98％。近三年考取英语专业研究生 100 余人，学院考研录取率 2014 年为8.7％，2015 年为 17％，2016 年为 14.7％，2017 年为 18.78％，整体而言呈逐年上升趋势，近三年录取率位居全校前列。

作为地方院校，与省内 985/211 的高校同台竞争，2014 年开始在省内各级口笔译大赛中实现零的突破，并逐年递增。截至 2018 年，学生在"海峡两岸"英语口译大赛、全国口译大赛、湖南省英语同声传译大赛、湖南省外事笔译大赛、湖南省研究生英语翻译大赛、"互联网＋"大学生创新创业大赛、大学生研究性学习和创新性实验计划项目等竞赛中获得各级各类奖励 50 余项；2021 年，在第十届口译大赛中取得历史最好成绩，2 人获得大区赛（半决赛）二等奖，2 人获得省级 2 等奖，1 人获三等奖。通过人事部全国翻译专业资格（水平）考试（全国最权威同时也是最难的翻译等级考试）人数为 10多人，学生获得省市校级项目立项 10 多项；等等。

（3）服务地方经济，社会反响良好

2010－2018 年成功举办基于混合式学习的湖南省"国培计划"省市县教师工作坊研修项目 6 项，为省内中小学教师提供语言培训，师生合作担任市内口译、笔译志愿者，为来自美国、英国、加拿大、澳大利亚、德国、泰国

等多国的各类代表团服务多达 30 余次，参加大型国际会议语言服务工作 5 次（如国际观鸟节等）。为政府、企业、学术等方面翻译超过 100 万字的各类笔译材料，为政府、企业的相关人员、宾馆工作人员、银行职员以及出国人员等进行语言和外事培训，取得了良好的社会反响。

（4）教研科研能力提高，受到行内好评

本项目主要完成人获"优秀网络课程奖"累计 10 次；获多媒体课件大赛国家级二等奖 1 项、省级 2 项，经贸英语口译获湖南省线上线下混合式一流课程立项，湖南省普通高校信息化教学竞赛一等奖、湖南省普通高校教师课堂教学竞赛（现代教育技术组）二等奖、湖南省微课大赛二等奖各 1 项；主持省部级课题相关 23 项、校级课题 16 项；获得 40 余项教学奖励；发表相关教学改革研究论文 40 余篇，获省级教研教改论文竞赛一等奖 1 项、三等奖 1 项。

产生了一批高层次理论成果。出版语言服务著作 3 部，在《现代外语》《外语界》《外语学刊》《外语研究》《语言教学与研究》以及 RELC Journal 等 CSSCI 外语类核心期刊及一些国际语言学期刊上发表高质量论文近 30 篇；阶段性研究成果获得湖南省大学外语专业委员会年会论文和湖南省教育规划各类奖项 12 项；团队教师被评为"科研之星"，被相关媒体报道。

7.1.4 构建了基于混合式学习的应用型口译人才培养模式

本项目在已有培养模式上进行了专业培养方案、教学方法改革、混合式学习实施准备工作、实践教学体系、评价体系五个方面的改革，多维度、多层次协同开展基于 MOOC 平台与混合式学习的应用型口译人才培养模式改革研究与实践，努力形成了基于 MOOC 平台和多种教学方式混合的教学特色，探索了地方高校应用型口译人才培养的新路径。

如果缺乏基本的理论知识和积累，口译实践便没有依托的基础；而若没有后期的口译实践加强学生对基础理论学以致用，理论知识本身便失去应用价值。因此，本书通过理论研究与实践探索，为地方高校应用型口译人才培养提供了新思路。

一是理论层面的研究：地方高校应确立何种体现办学宗旨的口译人才培养理念？

在中国特色话语体系建设中，外语不再只是单纯的交流工具，它是重要的研究工具，可为中国发展提供人类文明成果、理论借鉴和研究支撑，推动中国文化、学术、思想和主张的对外表达，外语学科被赋予了更多的责任（宁琦，2020）。国家发展战略对外语专业人才的需求发生了重要变化，信息化＋疫情防控常态化时代，外语人才培养的目标定位与方式也随之发生变革。通过对长江经济带的调研，在《国标》和《指南》的要求下，本书根据本校自身的学科、专业优势和地理资源优势，大量开发校本特色课程，并以此带动学生的个性化学习。因此，在人才培养目标上，本书将英语口译人才培养定位为：立足区域特色及学校办学理念和办学特色，以校本特色课程为保障，大力倡导个性学习。简言之，就是基于校本特色，服务地方经济。运用基于MOOC 平台与混合式学习，打造新文科背景下的学科交叉、联合的应用型口译人才培养模式。既可满足新时代对英语专业口译人才的多元化需求，避免英语专业口译人才"千校一面"的不良局面，又可以打造学生个性的口译专业能力，增强学生以服务地方经济社会发展为核心的竞争力。

二是实践层面的探索：地方高校如何借助信息技术，通过改革口译课程教学、实践教学及评价体系，创新口译人才的培养模式，服务地方经济发展？

具体来说，本书借助信息技术和大数据技术，以及混合式学习，结合校本特色，有效解决了最初提出的四个问题：

第一，英语专业口译课程的设置与长江经济带发展需求之间的适应问题。

教师应对国内外最新的口译领域的研究紧紧跟上，才能筛选出既适合学生又不过时的练习材料；针对人才培养方案中的"翻译＋X"模式，除口译技能的传授与操练外，练习材料内容选择相关的湖湘文化/经贸知识/化学化工，口译人才培养更加符合当地社会发展需要。

第二，基于混合式学习的口译课程改革问题，以提升口译人才的专业能力。

从与教育技术结合不足的传统课堂到"常规课堂教学＋口译 MOOC 平台"混合式课堂的教学模式转变，解决了口译教学与教育技术结合不足、教学手段相对落后的问题。专业要求教师的教育信息技术手段需要不断更新，除了常用的多媒体课件制作技术，教师还需要不断进修学习最新教育技术，如微课制作技术、MOOC 平台以及各种学习平台数据挖掘技术、在线互动及评价技术等。以项目作业、实验仿真、小组互练、在线互动等为主的线上线下协作探究式学习的学习模式，解决了口译教学缺乏动态互动、学生自主协作学习机制不健全、教学效果不理想的问题。

第三，应用型口译人才实践方式的变革问题，以增强相关专业学生的职业适应能力。

利用校企、校地、校际语言服务协同育人实践平台以及相关企业实习实训基地，利用大数据技术较好地解决了学生因缺乏真实语言环境的实战经验而导致职业能力低下的问题。

第四，基于混合式学习的口译课程评价方式的变革问题，以全面提升学生口译学习兴趣和自主学习能力。

依托大数据和形成性评价总结教学规律、进行教学预测、反思教学结果、改进教学内容和方式，进而形成闭环反馈机制的教学质量监督体系，解决了教学过程因缺乏全方位、立体的质量监管反馈系统而不能全面有效地进行教学预测的问题。基于大数据的教学质量与监控体系，实现了多维度公平公正评价。学校管理者可以实时掌握全校各类评价数据，全面监控教学质量，使教学评价有理有据、真实客观。教师可以实时掌握教学质量评价分析，及时发现问题并改进、提升教学质量和教学能力。学生可以及时评价、反馈学习过程中的问题。

学习平台自带的评价系统只能评价一些较为机械化和具有固定答案的互动，但大多数课堂互动是灵活多变的，线上学习平台无法对后者做出评价。本研究构建的互动评价体系能很好地弥补线上学习平台评价体系的不足，有助于实现教育微观层面的公平性。

总的来说，本书基于混合式学习的应用型口译人才培养，对照《指南》要求，固本创新，凝练专业建设方向，夯实和拓展专业内涵，制定符合地方经济发展的专业课程体系，彰显了翻译学科应有的内涵。专业定位明确：服务面向清晰，符合国家和区域需求、学校办学定位。专业管理规范：切实落实本科专业"国标"，人才培养方案科学合理。口译人才培养改革成效突出：在新文科、跨学科的目标指引下，持续深化口译人才教育教学改革，引领带动"四新"建设。在师资队伍的建设上：加强基层教学组织建设，师资结构合理，整体素质高。人才培养质量方面：以学生为中心，毕业生社会认可度高、整体评价好。简言之，口译人才的培养融"知识、能力、职业素质"为一体，培养内容融"通识能力、专业基础能力、专业发展能力"为一体，培养途径融"信息技术、课堂教学、实验实训"为一体。

除校内常规课堂教学改革外，应用型口译人才培养还需要进一步完善以下方面：

需进一步协调师资队伍建设与课程目标建设相契合。师资队伍建设事关课程教学质量与人才培养目标，其重要性不言而喻。

需进一步建立翻译人才可持续发展体系。建立翻译人才培训基地，与传神语联网公司、译国译民翻译公司、巴陵石化、屈子文化园等机构建立长效合作机制，创新协同培养模式；加强国际交流合作，充分利用国外友好大学资源，实施翻译人才海外译训计划；定期开展翻译人才培训班，邀请外宣专家、翻译大家、理论名家、实践行家传道授业；建立行之有效的导师制，明确"传帮带"任务，压实导师培养责任。

需进一步完善翻译人才培养质量保障机制。坚持学生中心、产出导向和持续改进的基本理念，注重学生发展。根据翻译专业"国标"和专业"教学指南"修订培养方案，完善各环节教学质量标准，健全自查自纠的质量保障机制，将建设质量文化内化为师生的共同价值追求和自觉行为，形成以提高人才培养水平为核心的质量文化。

未来的改革方向与改进措施：

（1）改革方向

充分贯彻"新文科"建设理念，以及"产学研"结合的人才培养理念，以需求为导向进行课程改革与建设。充分利用团队实践教学的资源优势，构建知识、实习实训、课外创业创新的立体型教学与实践教学体系。按照区域、行业分类的原则，择优选择校地合作、校企合作、校校合作，确保翻译人才培养具有优质的实习实践基地。

（2）改进措施

以需求为导向，持续推进口译课程改革与建设，确保口译课程教学与应用型口译人才培养目标的高度契合。以提高"双师"素质为重点，不断增强师资的业务能力，建立稳定且高素质的专业教学团队，确保课程教学与目标建设的顺利实现。精选和持续调整教学内容和展现方式；继续探索实践教学的形式，持续拓展与地方政府部门和企业之间的联系，拉近课堂与社会的联系，以便更好地服务地方经济发展。

7.2　不足与展望

7.2.1　经验总结

作为地方高校，在基于 MOOC 平台与混合式学习的口译教学实践过程中，我们发现依然存在一些问题：

（1）MOOC 平台使用中的混合比例问题

混合式学习的应用需要考虑线上线下混合比例，但不需要每个学期完全一致，也不必生搬硬套。在混合式学习中，教师可以根据实际需要设计线上与线下学习活动的比例。然而，无论是以线上为主还是以线下为主，在混合式教学中期学生都容易出现倦怠和低落期，尤其是线上学习。因此，在混合式教学中期教师需要根据学生的状态和表现，及时设计和组织线下活动，总结学生前期的学习表现、为学生的困难和问题提供反馈和支持、对学生进行激励。

尤其进入 2022 年疫情防控常态化时代，混合式学习需根据疫情进行线上线下学习比例调整，采用合理灵活的混合比例，运用不同的教学策略和实施方法。完全依靠网上看课程视频不太可能取得最佳效果，因此如何整合线上线下口译教学内容，构建模块式、立体式、结构式的翻转课堂教学模式，实现高效的混合式协作学习仍将是探讨的重点问题之一。

（2）开放的教育资源适合问题

MOOC 网上教学元素相对较多且多数具有时效性，但开放的教育资源可能会与课程目标、课程内容不完全相符，在线资料多且杂，这就需要教师对在线资料进行筛选，这无形中增加了教师的工作量。在资源和平台建设上，已有一些软件和课程资源能够满足混合式学习的教学基本要求，但仍缺乏将学习资源和学习系统完美结合的平台。已有的资源，同质性问题较严重，缺乏特色。

（3）混合式学习课程体系和评价体系标准问题

通过混合式学习实践，发现在教学过程中开展混合式学习没有经验可以借鉴。在对文献梳理的过程中发现，混合式学习的开展存在盲目性和随意性，缺乏整体设计和对学生个性化需求的把握，课程内容设计在结构上也缺少系统性规划，既缺乏针对性又缺乏灵活性，难以满足人才培养中日益增长的、多样性的在线需求。另外，缺少清晰的混合式学习教学理念、教育方法，缺少规范以及契合教学实际的基于混合式学习的评价体系标准和评价模式。

教学数据是教育管理的主要依据，是课程设计、教学设计和课堂教学质量提升最基础、最重要的参考数据。高质量、可持续的教学过程性数据是有效监测教学效果的保障，也是实质性提升过程性考核成效的重要条件。教学过程性数据主要来源于教学各阶段的评价数据，但长期以来，由于数据类型复杂、评估方式多样，采用人工方式记录外语教学过程性数据在规模和范围上受限。鉴于此，高效获取、存储和利用此类过程性数据是教育信息化的关键，也是深化外语教育教学改革、向过程要质量要效益的关键（孔蕾、秦洪武，2021）。

（4）教师应对教育革新的能力储备问题

依托大数据分析技术及自适学习系统，通过信息分析和挖掘技术感知、捕获和分析教育信息，探讨如何开展分层和个性化教学，这对教师的课堂教学与组织能力、与学生的沟通交流能力、信息技术的应用能力都提出了新的挑战，所以教师是否有能力应对新的挑战将成为这场人才培养模式革新成功的关键（吴静，2016）。信息技术与传统课堂相比，具有课堂备课资源更加丰富，交互设计方式多样化、可以自定步调学习，辅助学生制订个性化学习方案等优势。但如果过度注重、依赖技术而忽视课程教学的内涵，使教师不能深挖课程教学内容，流于形式，学生流连于无效网络资源，则有悖于课程教学设计的初衷，就会降低教学效率，导致教学效果低下。因此，教师在革新信息化教学的同时，不但要适应现代教育信息技术的要求，同时还要了解混合式学习的真正内涵，在混合式学习的线上线下课堂中，切实提高自身师范能力，不断增强跨学科的业务能力，确保课程教学与育人目标达成的顺利实现，以适应新时期应用型口译人才培养对教师教育、教学能力的新要求。

另外，这种授课模式对学生自控力要求比较高。由于翻转课堂基于互联网，缺乏教师的直接监管，自主学习必须依靠学生的自控力和毅力完成，部分自控力较弱的学生很容易在学习过程中被网络内容带偏。对一线教师而言，微课制作、课后回复大量的信息等，让工作量加大，另外激励机制欠缺、实践教学的数据采集不足等问题，都在一定程度上限制了混合式学习在高校中的应用效果，因此有必要从理论创新、模式创新和技术创新等方面继续进行研究与实践。

7.2.2 未来与展望

随着时代的快速变迁，本书构建的基于混合式学习的应用型口译人才培养模式仍处在实验阶段，由于样本数量较小、代表性局限，研究结果还有待更大范围的检验。对基于混合式学习的应用型口译人才培养的理论构想，部分设想曾付诸课堂实践，但仍需多轮实验后加以完善。在所采用的效果评价工具上，问卷与调查均限于在线调查，问卷设计都是单选题，访谈没有开展一对一的对话，对被访者的想法和态度测量不够精准。今后的研究可以采用效度更高的问卷和更灵活的访谈方式。另外，这种开放式教学所采用的模拟交替传译任务的学习方式建立在一个基于网络的学习环境中，其产生的学习效果取决于许多因素，包括模拟的实现方式、教师脚手架策略的应用以及学习者的兴趣和动机所带来的主动性。今后如何更好地提升学生的口译兴趣和学习动机，以及如何提高学生口译的质量和效率还有待进一步的探索。

本书构建的基于混合式学习的口译人才培养模式不是传统教学模式与网络学习的简单相加，而是传统教学模式在新的教学理论指导下与新技术平台的有机整合，但这种整合并非短期内就能完成，需要更多的师生参与实践，也需要教学配套机制甚至教学体制的不断更新。

信息时代＋疫情防控常态化时代下，混合式学习（教学）模式的蓬勃发展对于创新人才培养具有重要意义和实践价值。本书的实践，推动了信息技术与口译课程教学的深度融合，促进了教师教学方式和学生学习方式的改变，同时也为其他高校开展混合式课程建设与教学实施提供了实践参考。

未来的口译人才培养，随着语料库技术在应用语言学和翻译学领域的应用日趋成熟，口译教学研究可充分利用口译语料库，向"网络化"口译教材、社会化口译共享平台、大数据口译课堂等方向展开探索（张威、刘宇波，2021）；而在人工智能、大数据、云计算、区块链技术不断深入发展的今天，基于深度学习和神经网络的翻译技术与应用的日新月异，对我国乃至国际口译研究、教学和实践也带来了一系列根本性挑战（张威、刘宇波，2021）。2022 年 2 月 25 日，教育部高等教育司司长吴岩在重庆的会议上提出："应用型人才的培养，应坚持应用技术型办学方向，适应社会需要设置专业，全面提升服务区域发展和关键战略能力，增强中华民族凝聚力和向心力。"同时，中华人民共和国教育部 2022 年工作要点也提出：实施教育数字化战略行动。强化需求牵引，深化融合、创新赋能、应用驱动，积极发展"互联网＋教育"。加快推进教育数字转型和智能升级，深化网络学习空间应用，改进课堂教学模式和学生评价方式。强化数据挖掘和分析，构建基于数据的教育治理新模式。指导推进教育信息化新领域、新模式试点示范，深化信息技术与教育教学的融合创新。

由上可知，结合国家对人才的需求，口译人才培养未来依旧应深耕在基于信息化教学的应用型人才培养方面。对于地方高校而言，应充分贯彻"新文科"建设理念，以及"产学研"结合的人才培养理念，以需求为导向，将信息技术融入课程教学，进行课程改革与建设。只有精选和持续调整教学内容和展现方式，继续探索基于信息化的实践教学形式，通过"互联网＋"持续拓展与地方政府部门和企业之间的联系，拉近课堂与社会的联系，通过和其他高校之间的课程联动和研讨来推动教学改革，才能切实提高口译人才培养质量。

后 记

2010—2011 年笔者在斯坦福大学访学时，就对该校的在线教学（学习）很感兴趣，感觉有了线上的辅助，不但可以丰富课堂教学资源，还可以增加与学生交流的渠道。回国后，恰逢本校组建基于在线的"课程中心"，于是在 2012 年开始学习各种录屏、录课技术，搭建了第一门线上课程"口译基础"，也是混合式学习的最初尝试。课程建好后，正好碰上湖南省开始资助信息化教学，"口译基础"顺利获得了 2015 年度湖南省普通高校信息化教学应用立项建设项目的名师空间课堂立项（湘教科研通〔2015〕36 号），并于 2017 年以"优秀"通过验收。在此基础上，笔者一鼓作气，2016 年以"MOOC 平台与混合式学习环境下的口译人才培养模式创新研究"为题申报教育部人文社会科学研究规划基金一般项目，并成功立项（16YJAZH062）。现在回想起来，成功没有偶然，是一直努力使然。

但研究探索的路上并不是一帆风顺的。从教育部课题立项至今，身体抱恙，动了两次大手术；学校教学平台的更换，导致前期实验数据丢失；青春期儿子的叛逆与高考，职称的晋升、工作的压力都让人心力交瘁。以上种种，让结题工作一推再推。然而守得云开见月明，静待花开终有时，终于在 2021 年有了些许空闲，从 6 月开始，利用课余时间写作，于 2022 年 4 月完成初稿。

在此感谢湖南理工学院的潘理教授与余东涛教授对本书的框架提出了宝贵的指导意见，感谢湖南理工学院外语学院的领导们提供相关的文件资料，感谢编辑周禄雨老师辛苦校稿，感谢 2021 级研究生刘赛和李江凤校对参考文献。同时，也要感谢我的父母和孩子，让我得以克服种种困难。

最后，自觉水平不足，拙笔固有浅薄，只当竭尽所学。借以此记，勉励一直努力中的自己，不忘初心，砥砺前行！

吴 静
2022 年 5 月 12 日

参考文献

［1］鲍川运. 关于翻译教学的几点看法［J］. 中国翻译，2003（2）：50-52.

［2］陈仕清. 慕课对我国基础英语教育改革的启示［J］. 基础英语教育，2014（3）：3-8.

［3］陈丽，冯晓英. 学习理论的发展与网络课程教学策略创新［J］. 开放学习研究，2015（1）：1-8.

［4］陈科芳. 本科阶段的特色口译教育——以浙江外国语学院口译实验班为例［J］. 外国语，2017（3）：110-112.

［5］陈科芳. 关于本科翻译专业社会应用型人才培养的一些思考［J］. 中国翻译，2009（3）：50-53.

［6］程晓堂.《国标》背景下英语专业英语教育方向：课程设置参考框架［J］. 中国外语，2021（3）：16-23.

［7］洪诗谐，陈菁. 中西口译实证研究：回顾与展望［J］. 中国翻译，2021（1）：30-39.

［8］邓文君. 高校口译课教学改革的思考与探索［J］. 教育理论与实践，2017（24）：55-57.

［9］D. Randy Garrison, Norman D. Vaughan. 高校教学中的混合式学习：框架、原则和指导［M］. 丁妍，高亚萍，译. 上海：复旦大学出版社，2019.

［10］杜学鑫. 英语专业混合式学习模式研究与实践——以"语言学导论"课程为例［M］. 南京：东南大学出版社，2018.

［11］冯晓英，孙雨薇，曹洁婷."互联网＋"时代的混合式学习：学习理论与教学法基础［J］. 中国远程教育，2019（2）：7-16.

［12］高彬，柴明颎. 释意理论的历史性解读［J］. 解放军外国语学院学报，2009（3）：71-76.

[13] 高璐璐，邹德艳. 顺应职业化发展需要改革人才培养模式 [J]. 中国高等教育，2016（2）：48-49.

[14] 顾晔. 以学科文化为核心英语课程改革的探索和实践——浙江大学专业学位研究生的案例 [J]. 中国高教研究，2008（4）：91-93.

[15] 黄荣怀，马丁，郑兰琴，等. 基于混合式学习的课程设计理论 [J]. 电化教育研究，2009（1）：9-14.

[16] 黄荣怀，张振虹，陈庚. 网上学习：学习真的发生了吗？——跨文化背景下中英网上学习的比较研究 [J]. 开放教育研究，2007（6）：12-24.

[17] 黄荣怀，周跃良，王迎. 混合式学习的理论与实践 [M]. 北京：高等教育出版社，2006.

[18] 黄忠廉. 翻译本质论 [M]. 武汉：华中师范大学出版社，2000.

[19] 胡杰辉. 混合式外语教学的理论内涵与研究范式 [J]. 外语界，2021（4）：2-10.

[20] 胡庚申. 我国口译研究 40 年（1978—2018）[J]. 外语教学与研究，2019（11）：938-948.

[21] 何克抗. 从 Blending Learning 看教育技术理论的新发展 [J]. 中国电化教育，2004（3）：1-10.

[22] 何恩培，闫栗丽. 改革开放 40 年语言服务行业发展与展望 [J]. 中国翻译，2019（1）：130-135.

[23] 侯林平. 翻译定义新探 [J]. 西南交通大学学报（社会科学版），2004（4）：59-63.

[24] 黄友义. 翻译硕士专业学位教育：划时代的改革，前程似锦的未来 [J]. 中国翻译，2017（3）：5-6.

[25] 刘季春. 探寻本科翻译教学的第三种模式 [J]. 中国科技翻译，2010（2）：30-33.

[26] 赖祎华，祝伟国. 互联网＋交替传译开放式教学模式研究 [J]. 外语电化教学，2018（4）：78-84.

[27] 金艳. 外国语言文学类专业本科教学评价——理念与实践 [J]. 中国外语，2021（5）：4-10.

[28] 蒋凤霞，吴湛. 口译的跨学科理论概述 [J]. 外国语文，2011（2）：

79-85.

[29] 孔蕾，秦洪武. 新文科背景下外语教学过程性数据数字化建设：设计与实践 [J]. 外语电化教学，2021（2）：57-64，9.

[30] 林丹丹，盛群力. 学习理论与教育技术：一种互惠关系 [J]. 理论探讨，2016（12）：5-14.

[31] 蓝峰. 科学与艺术之争——翻译研究方法论思考 [J]. 中国翻译，1988（4）：2-6.

[32] 李芳琴. 口译交际的基本特点与口译教学 [J]. 四川外语学院学报，2004（3）：116-119.

[33] 林丹丹，盛群力. 学习理论与教育技术：一种互惠关系 [J]. 理论探讨，2016（12）：5-14.

[34] 刘和平. 口译理论研究成果与趋势浅析 [J]. 中国翻译，2005（4）：1-4.

[35] 刘和平. 中国口译教育十年：反思与展望 [J]. 中国翻译，2016（3）：46-52.

[36] 刘和平，雷中华. 对口译职业化＋专业化趋势的思考：挑战与对策 [J]. 中国翻译，2017（4）：77-83.

[37] 刘和平. 翻译能力发展的阶段性及其教学法研究 [J]. 中国翻译，2011，32（1）：9.

[38] 洛林·W. 安德森. 布鲁姆教育目标分类学（修订版）[M]. 蒋小平，等，译. 北京：外语教学与研究出版社，2014.

[39] 路兴，赵国栋，原帅，等. 高校教师的"混合式学习"接受度及其影响因素研究——以北大教学网为例 [J]. 远程教育杂志，2011（2）：62-69.

[40] 罗选民. 中国的翻译教学：问题与前景 [J]. 中国翻译，2002，23（4）：3.

[41] 林记明，穆雷. 翻译的课程模式与教学模式辨析 [J]. 外国语文，2009（2）：115-119.

[42] 林郁如. 新编英语口译教程 [M]. 上海：上海外语教育出版社，1999.

[43] 穆雷. 翻译理论在翻译教学中的作用 [J]. 外语与外语教学，2004

（3）：43-46.

[44] 马志强，孔丽丽，曾宁. 国内外混合式学习研究热点及趋势分析 [J]. 现代远程教育，2016（4）：49-57.

[45] 苗菊，王少爽. 翻译行业的职业趋向对翻译硕士专业（MTI）教育的启示 [J]. 外语与外语教学，2010（3）：5.

[46] 苗菊. 翻译能力研究——构建翻译教学模式的基础 [J]. 外语与外语教学，2007（4）：4.

[47] 潘卫民，李巍. 格式塔理论对翻译教学的启示 [J]. 上海翻译，2007（2）：35-38.

[48] 秦勉. 网络环境下口译教学模式的创新思考 [J]. 外语研究，2005（3）：49-51.

[49] 任文. 试论中国口译理论话语体系的构建 [J]. 中国翻译，2018（5）：21-26.

[50] 任文，郭聪，黄娟. 改革开放以来中国口译研究 40 年考察 [J]. 外语教育研究前沿，2019（1）：27-36.

[51] 束定芳. 大学英语教学改革之目标与方向 [J]. 东北师范大学学报，2012（2）：87-89.

[52] 孙艺风. 翻译学的何去何从 [J]. 中国翻译，2010（2）：5-10.

[53] 帅林. 跨学科口译理论研究在中国 [J]. 中国科技翻译，2007（3）：4.

[54] 田爱丽. “互联网＋”时代基于美国道尔顿制的课堂教学改革探究 [J]. 现代教育技术，2018（1）：26-30.

[55] 王菲菲. 释意派译论心理学溯源 [J]. 外语教学理论与实践，2018a（2）：84-91.

[56] 王菲菲. 试论释意派译论的跨学科特质 [J]. 外语教学，2018b（2）：91-95.

[57] 王甦，汪安圣. 认知心理学 [M]. 北京：北京大学出版社，1992.

[58] 王华树，李智. 口译技术研究现状、问题与展望（1988－2019）——一项基于相关文献的计量分析 [J]. 上海翻译，2020（3）：50-55.

[59] 王洪林，钟守满. 口译教学翻转课堂模式构建及其多维视角分析 [J]. 外语学刊，2017（4）：79-83.

［60］汪雅君，傅鹏辉. 从联合国语言服务看翻译专业素养构成［J］. 中国翻译，2020（2）：61-70，189.

［61］王宇，韩斯超. 教师退出 MOOC 课程建设原因分析——以"艺术史"课程为例［J］. 网络化与数字化，2014（11）：83-90.

［62］王国华，俞树煜，黄慧芳，等. 国内混合式学习研究现状分析［J］. 中国远程教育，2015（2）：25-31.

［63］王志军，陈丽. 联通主义："互联网＋教育"的本体论［J］. 中国远程教育，2019（8）：1-9，26.

［64］吴静."互联网＋"时代背景下地方高校英语专业混合式学习教学模式探讨［J］. 衡阳师范学院学报，2016（5）：164-167.

［65］吴静. 地方高校英语专业混合式学习实施策略研究［J］. 云梦学刊，2016（5）：148-150.

［66］吴静. MOOC 环境下口译课程教学的变革研究［J］. 湖南科技学院学报，2016（9）：172-174.

［67］谢思田. 我国译史发端界说——中国翻译释意思想起源的寻迹［J］. 外国语，2011（2）：78-83.

［68］许明. 跨学科视野下的口译能力研究［J］. 中国外语教育（季刊），2012（2）：40-48.

［69］许明. 口译认知过程中"deverbalization"的认知诠释［J］. 中国翻译，2010（3）：7.

［70］邢西深，李军，"互联网＋"时代在线教育发展的新思路［J］. 中国电化教育，2021（5）：57-62.

［71］俞敬松，王华树. 计算机辅助翻译硕士专业教学探讨［J］. 中国翻译，2010（3）：5.

［72］于歆杰. 以学生为中心的教与学——利用慕课资源实施翻转课堂的实践［M］. 高等教育出版社，2015.

［73］余胜泉，路秋丽，陈声健. 网络环境下的混合式教学——一种新的教学模式［J］. 中国大学教学，2005（10）：50-56.

［74］杨雨航，何文萱，曹曙. 与时偕行：教育新常态下课程与教学的探索与回应［J］. 教育发展研究，2021（8）：78-83.

[75] 杨科, 吴志萌. 口译专能习得机制——一种基于网络的口译习得模式 [J]. 西南民族大学学报, 2010 (5): 260-261.

[76] 赵晋, 王婷婷, 张建军. 我国学习评价体系变迁及其驱动要素分析 [J]. 中国考试. 2021 (9): 23-31.

[77] 赵国栋, 原帅. 混合式学习的满意度及影响因素研究——以北京大学教学网为例 [J]. 中国远程教育, 2010 (6): 32-38.

[78] 郑静. 国内高校混合式教学现状调查与分析 [J]. 黑龙江高教研究, 2018 (12): 44-48.

[79] 祝智庭, 孟琦. 远程教育中的混合 [J]. 中国远程教育, 2003 (19): 30-35.

[80] 詹泽慧, 李晓华. 混合式学习: 定义、策略、现状与发展趋势——与美国印第安纳大学柯蒂斯·邦克教授的对话 [J]. 中国电化教育, 2009 (12): 1-5.

[81] 张其亮, 王爱春. 基于"翻转课堂"的新型混合式课堂教学研究 [J]. 现代教育技术, 2014 (4): 27-32.

[82] 张庆宗. 外语学与教的心理学原理 [M]. 北京: 外语教学与研究出版社, 2011.

[83] 张吉良. 从研究方法看释意学派和科学研究派的口译研究 [J]. 外语研究, 2009 (4): 68-73.

[84] 张佩瑶. 对中国译学理论建设的几点思考 [J]. 中国翻译, 2004 (5): 3-9.

[85] 张威, 刘宇波. 国内外口译研究最新进展对比分析——基于 CiteSpace 的文献计量学研究 (2015－2019) [J]. 外国语, 2021 (2): 86-98.

[86] 张威. 口译认知加工分析: 认知记忆在同声传译实践中的作用——以口译省略现象为例的一项观察性研究报告 [J]. 北京第二外国语学院学报, 2009 (2): 9.

[87] 张文鹤, 文军. 国外翻译教学研究: 热点、趋势与启示 [J]. 外语界, 2017 (1): 46-54.

[88] 钟美荪. 发挥外语专家指导作用, 推动外语专业振兴发展 [J]. 外语界, 2019 (2): 2-6.

［89］仲伟合. 译员的知识结构与口译课程设置［J］. 中国翻译，2003（4）：63-65.

［90］仲伟合. 我国翻译专业教育的问题与对策［J］. 中国翻译，2014（4）：40-44.

［91］仲伟合. 口译研究方法论［M］. 北京：外语教学与研究出版社，2012.

［92］仲伟合. 改革开放40年我国翻译专业教育：成就、挑战与发展［J］. 中国翻译，2019（1）：68-75.

［93］2020年全国高教处长会暨高等学校教学指导委员会工作会议召开［EB/OL］. 2020-06-28.

［94］全国翻译专业资格（水平）考试用书编委会. 英语口译实务真题解析［M］. 北京：新世界出版社，2019.

［1］Allen I E，Seaman J. Garrett R. Blending in：The Extent and Promise of Blended Education in the United States［EB/OI.］.［2018-03-26］.

［2］Allen I E，Seaman J. Sizing the Opportunity：The Quality and Extent of Online Education in the Unite States，2002 and 2003［J］. Sloan Consortium，2003（23）：659-673.

［3］Bassnet-McGuire，Susan.，Translation Studies. London：Methuen &.Co. Ltd.，1980.

［4］Bliue A M. Goodyear P. Ellis R A. Research Focus and Methodological Choices in Students' Experiences of Blended Learning in Higher Education，2007（4）：231-244.

［5］Roger T. Bell. Translation and Translating：Theory and Practice［M］. Foreign Language Teaching and Research Press，2001. 9.

［6］Catford J. C. A linguistic theory of translation. London：Oxford University Press，1965.

［7］Céspedes，B. Addressing employability and enterprise responsibilities in the translation curriculum［J］. The Interpreter and Translator Trainer，2017，11（2-3）：107-122.

［8］Chesterman，A. 2000. A causal model for translation studies［A］. In M. Olohan（ed.）. Intercultural Faultlines［C］. Manchester：St. Jerome

Publishing. 15-27.

[9] D. Randy Garrion, Norman D. Vaughan. Blended Learning in Higher Education: Framework, Principles, and Guidelines [M]. San Francisco: John Wiley and Sons, 2007: 71-83.

[10] Downes, S. (2005). An Introduction to connective knowledge [DB/OL]. [2019-04-10]. http: //www. downes. ca/cgi-bin/page. cgi? post=33034.

[11] Downes, S. (2012). Connectivism and Connective Knowledge: essays on meaning and learning networks [DB/OL]. National Research Council Canada, [2019-04-10]. http: //www. downes. ca/files/ books/ Connective _ Knowledge-19May2012.

[12] Fantinuoli, C. Computer-assisted interpreting: Challenges and future perspectives [A]. In Gloria Corpas Pastor & Isabel Durán-Muoz (eds). Trends in E-tools and Resources for Translators and Interpreters [C]. Leiden: Brill, 2018: 153-174.

[13] Gerver, David. Empirical Studies of Simultaneous Interpretation: a review and a model [A]. Brislin R. Translation: APPlications and Research [C]. New York: Gardner Press, 1976.

[14] Gile, D. Basic Concepts and Models for Interpreter and Translator Training [M]. Revised Edition. Amsterdam/ Philadelphia: John Benjamins Publishing Company, 2009.

[15] Gile, D. Basic Concepts and Models for Interpreter and Translator Training [M]. Amsterdam/Philadelphia: John Benjamins Publishing Company, 1995.

[16] Gile, D. Conference Interpreting as a Cognitive Management Problem. In Joseph H. Danks et al (eds.). Cognitive Processes in Translation and Interpreting. California: Sage Publications Inc. 1997.

[17] Gile D . GRAN, Laura and John DODDS (Eds.) (1989): The Theoretical and Practical Aspects of Teaching Conference Interpretation, Udine, Campanotto Editore, 278 .

[18] Goodyear V. Dulley D. " I'm A Facilitator of Learning! " Understanding

What Teachers and Students Do Within Student-Centered Physical Education Models [J]. Quest，2015 (3)：274-289.

[19] Graham C R. Blended learning systems: Definition, current trends, and future directions [C] // C. J. Bonk and C. R. Graham (Eds.), Handbook of blended learning: Global perspectives, local designs. San Francisco, CA: Pfeiffer, 2006: 3-21.

[20] Hannafin, M. J. & K. M. Hannafin. Cognition and student-centered, web-based learning: Issues and implications for research & theory [A]. In Spector, J. M. et al (eds). Learning and Instruction in the Digital Age [C]. NewYork: Spring Science Business Media, 2010.

[21] Horn M B, Staker H, 2014. Blended: Using disruptive innovation to improve schools [M]. Hoboken, New Jersey: John Wiley & Sons.

[22] Http: // Sloanconsortium. org/sites/default/files/Blending _ In. pd.

[23] Munday, J. Introducing Translation Studies: Theories and APPlications (3rd ed.) [M]. London and New York: Routledge, 2012.

[24] Martínez-Gómez, A. Language rights and interpreting services in Spanish prisons [J]. Babel, 2018, 63 (6) : 813-834.

[25] Norm Friesen, 2011. The lecture as a transmedia pedagogical form: A historical analysis [J]. Educational researcher, 40 (3): 95-102.

[26] PACTE. Investigating translation competence: Conceptual and methodological issues [J]. Meta, 2005, 50 (2): 609-619.

[27] Pochhacker F. Introducing Interpreting Studies [M]. Shanghai: Shanghai Foreign Language Education Press, 2009.

[28] Porter W W, Graham C R, Spring K A, et al. Blended Learning in Higher Education: Institutional Adoption and Implementation [J]. Computers & Education, 2014 (3): 185-195.

[29] Rosendo L R & Conniff D. Legislation as a backdrop for the professionalization and training of the healthcare interpreter in the United States [J]. JoSTrans, 2015 (23) : 292-315.

［30］ Toury，Gideon. Descriptive Translation Studies and Beyond，Shanghai Foreign Language Education Press，1995.

［31］ Woo，Y. & T. C. Reeves. Meaningful interaction in web-based learning：A social constructivist interpretation ［J］. Internet and Higher Education，2007（10）.

［32］ Seleskovitch，D & M. Lederer. A Systematic APProach to Teaching Interpreting ［M］. Pairs：Didier Erudition，1995.

［33］ Schcolnik，M.，Kol，S. & J. Abarbanel. Constructivism in theory and in practice ［J］. English Teaching Forum，2016（4）.

［34］ Su，W. Interpreting quality as evaluated by peer students ［J］. The Interpreter and Translator Trainer，2019，13（2）：177-189.

［35］ Spady W G，Marshall K G. Beyond Traditional Outcome-based Educational ［J］. Educational Leadership，1991（2）：65-74.

［36］ Nida，Eugene A. & Taber，C. R. Theory and Practice of Translation ［M］. Leiden：E. J. Brill，1969.

［37］ Zhang，W. & D. Yu. Can memory training help improve interpreting quality? A case report in China ［J］. The Interpreter and Translator Trainer，2018，12（2）：152-165.

附录1 "英汉汉英口译" 课程育人质量标准

一、课程基本信息

附表1 课程基本信息

课程英文名	E－C/C－E Interpreting				
课程代码	5107F0236	课程类别	理论	课程性质	必修
学分	2	理论学时	32	实践学时	0
归属学院	外国语言文学学院		归属教研室	文学与翻译教研室	
面向专业	英语专业		开课学期	第六学期	

二、课程目标

"英汉汉英口译"是面向英语专业翻译方向本科生第六学期开设的专业核心课程中的必修课。本课程旨在培养学生英汉/汉英口译能力。先修课程为中西翻译理论概述、高级汉语阅读与写作、翻译信息技术、英汉/汉英笔译（1）等，后续课程为高级汉英翻译、交替传译等。本课程旨在通过讲授口译基本理论、口译记忆方法、口头概述、口译笔记及公众演讲技巧等，使学生能较准确、流畅地进行汉英/英汉互译；通过讲授联络陪同口译和交替传译的基本技巧，以及相关技能的基础性训练，使学生能完成一般外事活动中的联络陪同口译和交替传译工作，并为学生将来有机会进一步接受口译硕士的系统训练奠定基础。

具体要求达到的特定教学目标包括：

课程目标1。理解口译的定义；进行交替传译技能训练包括信息听辨、提炼主旨、口译记忆；掌握陈述技能；掌握口译笔记、数字口译；理解口译话语分析；掌握语言重组；掌握跨文化交际分析；掌握口译的应对策略，所占权重 40%。

课程目标 2。经过相关口译技能的训练（如笔记法、记忆法等），能够熟练运用联络陪同口译和交替传译的基本口译技巧，完成一般外事活动中的联络陪同口译和交替传译工作，所占权重 40%。

课程目标 3。具有较高的人文修养、较强的跨文化交际意识，在翻译实践过程中铸造正确的人生观、社会观和价值观，具备较强的社会责任感，中国情怀和国际视野，所占权重 20%。

附表 2 课程目标与毕业要求指标点对应关系

毕业要求	毕业要求指标点	课程目标	支撑权重
素质要求	具有较强的社会责任感、民族自信心和认同感，同时兼具国际视野。	课程目标 3	0.05
知识要求	具备英语语言、文学和文化等基础知识，了解英语国家的历史和当代社会的基本情况；熟悉中国语言文化知识及中西文化的差异，了解中国国情和国际形势；掌握翻译学科的基本理论、基础知识与能力，包括口笔译技能、口笔译理论。	课程目标 1 课程目标 2	0.05
能力要求	具备熟练的英汉/汉英口、笔译能力，以及现代信息技术和翻译工具的运用能力；具备良好的交流与沟通能力。	课程目标 1 课程目标 2	

三、课程教学内容与要求

本课程教学内容聚焦于口译的学习与运用，教学内容主要包括以下四个方面：口译的定义与特点；口译笔记法、数字口译；口译话语分析与跨文化分析；口译应对策略。

"英汉汉英口译"的教学时长为 32 学时。教学持续 16 周，每周 2 学时，完成 10 个单元的教学任务。

第一章　口译简介

1. 教学内容与教学方法

（1）口译的定义及特点（讲授、自学）

（2）口译的主要形式（慕课自学、讲授、练习）

（3）口译的训练模式和主要组成部分（讲授、研讨）

（4）口译员应具备的素质（讲授、研讨）

2. 知识、能力与素质等方面的要求

（1）了解口译的性质与用途

（2）熟悉口译的特点

（3）能运用日常的口译接待活动

3. 重点与难点

了解口译的运用技巧；提高学生的口译素养。

4. 思政融入点

多元、灵活地组合口译教学材料，能够帮助学生在英汉差异、语言能力、文化素养、百科知识等方面获得提升，同时也能够培养学生的文化自信和爱国情怀。

第二章　信息听辨与提炼主旨

1. 教学内容与教学方法

（1）技能概述、听辨关键词、辨识逻辑关系（慕课自学、讲授、练习）

（2）信息的分层与取舍、主旨的提炼与口译（讲授、研讨、练习）

2. 知识、能力与素质等方面的要求

（1）了解主旨口译

（2）熟悉口译材料

（3）能运用口译培养爱国情怀，增强文化自信

3. 重点与难点

短期记忆容量、记忆形态、记忆信息块；记忆法：一句英语的口译。

4. 思政融入点

一方面帮助学生理解、掌握口译技巧，另一方面潜移默化地进行价值输出，加强学习主体对思政内容的理解和认同。

第三章　口译记忆

1. 教学内容与教学方法

（1）技能概述（问题导入、讲授、研讨）

（2）逻辑记忆（讲授、研讨）

（3）形象记忆（讲授、研讨）

2. 知识、能力与素质等方面的要求

（1）了解口译记忆的特点

（2）熟悉口译的礼仪

（3）能运用口译转述他人的观点

3. 重点与难点

记忆法：三句的记忆和口译。

4. 思政融入点

结合教学目标选择与思政教学目标相关的口译材料，如中国国家领导人的国际会议讲话、记者招待会讲话等，引导学生形成坚定的政治立场，提升政治素养。

第四章　陈述技能

1. 教学内容与教学方法

（1）技能概述（讲授、研讨）

（2）声音运用（讲授、研讨）

（3）视觉呈现（讲授、研讨、练习）

2. 知识、能力与素质等方面的要求

（1）掌握对话口译

（2）熟悉篇章口译

（3）能用于日常口译活动

3. 重点与难点

语速的控制、恰当的停顿。

4. 思政融入点

口译练习材料涉及时下热点的政治、经济、文化等话题，在强化学生口译技能的同时，帮助他们深入了解中国文化和话语体系，提高政治敏感度，提升跨文化交际能力、逻辑思维和批判性思维。

第五章　口译笔记

1. 教学内容与教学方法

（1）技能概述（讲授、研讨）

（2）笔记与记忆的交互（慕课自学、汇报、讲授、研讨）

（3）笔记结构安排（讲授、研讨、练习）

（4）提高记录效率（讲授、研讨、练习）

2. 知识、能力与素质等方面的要求

（1）了解口译速记的特点、功能和原则

（2）熟悉中文速记与英文速记

（3）能运用速记符号记忆长句

3. 重点与难点

记忆法：演讲记忆和接续口译。速记法：常用速记符号。

4. 思政融入点

口译课堂不需拘泥于教学材料的讲解和练习，教师可以鼓励学生就思政相关的学习材料发表见解，组织学生进行即兴演讲或辩论，并要求其他学生进行现场口译。在意见的交流和碰撞中训练学生的批判思维，让学生进一步了解中外文化的差异。

第六章　数字口译

1. 教学内容与教学方法

（1）技能概述（讲授、研讨）

（2）数字转换（讲授、研讨、练习）

（3）数字相关表达法（讲授、研讨、练习）

2. 知识、能力与素质等方面的要求

（1）了解数字速记与长字记忆的方法

（2）熟悉不同国家的国名简写与发音

（3）能运用速记符号快速记忆长词

3. 重点与难点

数字的记录、多位整数的口译、倍数的口译和概数的翻译。

4. 思政融入点

在新知识选择的过程中介入，选择与思政相关的材料，以布置听译、视译作业的形式，强化思政知识的内化。

第七章　口译话语分析

1. 教学内容与教学方法

（1）技能概述（讲授、研讨）

（2）口译话语的特点（讲授、研讨、练习）

（3）语境和上下文的分析（慕课自学、汇报、讲授、研讨、练习）

2. 知识、能力与素质等方面的要求

（1）了解话语的特点

（2）熟悉经贸类的口译内容

（3）能运用上下文进行理解和产出

3. 重点与难点

语境上下文的分析，衔接手段

4. 思政融入点

有关教学资料的搜集，一方面要关注思想政治、中国文化的经典读物，另一方面要依托互联网资源寻找新材料。

第八章　语言重组

1. 教学内容与教学方法

（1）技能讲解和训练（讲授、研讨、练习）

（2）语言重组（讲授、研讨、练习）

2. 知识、能力与素质等方面的要求

（1）了解语言表发重组

（2）熟悉语法结构重组

（3）掌握衔接重组

3. 重点与难点

语言重组。

4. 思政融入点

在课堂教学中，围绕口译员应遵守的职业道德，在教学素材中融入体现我们中华民族的诚实守信。教师组织学生参与口译实践活动，在"润物细无声"中对学生进行思想政治引导。

第九章 跨文化交际分析

1. 教学内容与教学方法

（1）技能概述（讲授、研讨）

（2）口译跨文化意识的培养（讲授、研讨、练习）

（3）口译的跨文化交际策略（慕课自学、汇报、讲授、研讨、练习）

2. 知识、能力与素质等方面的要求

（1）口译语境的把握

（2）掌握口译的跨文化交际策略

（3）掌握直译与变译

3. 重点与难点

口译的交际策略。

4. 思政融入点

在口译课堂中深入挖掘思政内涵，提升口译教学的育人功能，肩负起服务于国家"一带一路"国际化人才培养战略。

第十章 应对策略

1. 教学内容与教学方法

（1）技能概述（讲授、研讨）

（2）与理解相关的应对策略（讲授、研讨、练习）

（3）与表达相关的应对策略（讲授、研讨、练习）

2. 知识、能力与素质等方面的要求

（1）了解中英语言的差异

（2）熟悉中英语言的使用特点

（3）能将中英语言流畅转换

3. 重点与难点

主题思想识别的技能，语音障碍、缩略词的障碍、文化差异的障碍、习俗语，以及心理和生理因素。

4. 思政融入点

口译以语言为载体，横跨两种语言的文化内涵转换，是跨文化的意义传递活动，不应拘泥于语法。在传授口译技巧的同时，引领学生了解我国的外交政策和协同发展的理念，让学生全面客观地认识当代中国，看待外部世界，主动投身于中国文化传播交流事业。

四、课程实践环节及其他教学活动

本课程每章节有作业，每次作业按等级制评分，按 10％计入课程总成绩。

本课程每周有自主学习任务，主要通过口译慕课的在线学习，在线视频学习按 10％计入课程总成绩；每个章节有配套练习完成，以百分制评分，按 10％计入总成绩；每个章节有章节测试，以百分制评分，按 10％计入总成绩；每天有线上互动任务（包括讨论、发布话题、跟帖答疑等），按 10％计入总成绩。

五、课程内容学时分配与相关课程目标

附表 3　课程内容学时分配与支撑课程目标

教学内容（按序填写）	学时分配		支撑课程目标	课程目标实现途径
	理论	实践		
第一章口译简介	2		课程目标 1课程目标 2课程目标 3	采用线上和线下混合式翻转课堂教学方法，借助学习通软件，通过课前在线自学、完成配套练习；课上进行在线互动活动、讲授、讨论、答疑；课后进行在线测试等手段，使学生掌握有关口译的知识，习得在不同场合的口译方式
第二章主旨口译	4		课程目标 1课程目标 2课程目标 3	采用线上和线下混合式翻转课堂教学方法，借助学习通软件，通过课前在线自学、完成配套练习；课上进行在线互动活动、讲授、讨论、答疑；课后进行在线测试等手段，使学生掌握有关主旨口译的知识
第三章口译记忆	2		课程目标 1课程目标 2课程目标 3	采用线上和线下混合式翻转课堂教学方法，借助学习通软件，通过课前在线自学、完成配套练习；课上进行在线互动活动、讲授、讨论、答疑；课后进行在线测试等手段，使学生掌握口译记忆方法

续表

教学内容 （按序填写）	学时分配		支撑课程 目标	课程目标实现途径
	理论	实践		
第四章 陈述技能	2		课程目标 1 课程目标 2 课程目标 3	采用线上和线下混合式翻转课堂教学方法，借助学习通软件，通过课前在线自学、完成配套练习；课上进行在线互动活动、讲授、讨论、答疑；课后进行在线测试等手段，使学生掌握口译陈述技能
第五章 口译笔记	4		课程目标 1 课程目标 2 课程目标 3	采用线上和线下混合式翻转课堂教学方法，借助学习通软件，通过课前在线自学、完成配套练习；课上进行在线互动活动、讲授、讨论、答疑；课后进行在线测试等手段，使学生掌握口译速记
第六章 数字口译	4		课程目标 1 课程目标 2 课程目标 3	采用线上和线下混合式翻转课堂教学方法，借助学习通软件，通过课前在线自学、完成配套练习；课上进行在线互动活动、讲授、讨论、答疑；课后进行在线测试等手段，使学生掌握数字口译知识，习得数字口译技巧
第七章 口译话语 分析	4		课程目标 1 课程目标 2 课程目标 3	采用线上和线下混合式翻转课堂教学方法，借助学习通软件，通过课前在线自学、完成配套练习；课上进行在线互动活动、讲授、讨论、答疑；课后进行在线测试等手段，使学生掌握口译话语分析方法
第八章 语言重组	4		课程目标 1 课程目标 2 课程目标 3	采用线上和线下混合式翻转课堂教学方法，借助学习通软件，通过课前在线自学、完成配套练习；课上进行在线互动活动、讲授、讨论、答疑；课后进行在线测试等手段，使学生掌握语法结构与逻辑衔接重组
第九章 跨文化 交际分析	2		课程目标 1 课程目标 2 课程目标 3	采用线上和线下混合式翻转课堂教学方法，借助学习通软件，通过课前在线自学、完成配套练习；课上进行在线互动活动、讲授、讨论、答疑；课后进行在线测试等手段，培养学生的跨文化交际能力
第十章 应对策略	2		课程目标 1 课程目标 2 课程目标 3	采用问题导入和讲授的教学方法，介绍口译中的应对策略，处理口译中的突发事件

右上角：**续表**

教学内容（按序填写）	学时分配		支撑课程目标	课程目标实现途径
	理论	实践		
期末考查	2		课程目标1 课程目标2	采用闭卷考试
合计	32			

六、学生成绩评定方法

1. 考核方式

该课程为考查课程，考试方式为闭卷。该课程采用形成性评价与终结性评价相结合的评价方法，学期总评成绩使用百分制评定，由五部分构成：平时成绩（考勤、课堂互动）10%、网络视频学习（10%）、线上互动环节（10%）、章节测试（20%）、期末成绩50%。

（1）平时考核环节

平时考核主要包括思政课程平时实践、考勤、课堂互动及小组汇报。考勤主要考查学生学习态度；课堂互动和小组汇报主要考查应用所学知识、分析问题的实践能力、口头和文字表达能力等。

（2）网络视频学习考核环节

通过视频学习，学生能掌握每个章节的核心知识点，学习通根据学生在线观看视频的时长和视频学习的完成度进行自动计分。

（3）线上互动考核环节

教师会在线发布一些相关的话题讨论、投票、问卷等即时活动来激发学生对所学知识的思考和内化，学生也可以发布话题讨论、在线提问或者答疑，系统自动记录学生活动的参与情况。

（4）章节测试环节

教师在每完成一章节的内容后，进行章节测试并打分。

（5）期末考核环节

期末考核为期末考试（闭卷），英汉各一段，进行口译考试。

各部分的具体评价环节、关联课程目标、评价依据及方法和在总成绩中的占比，如附表 4 所示。

附表 4　课程内容学时分配与支撑课程目标

成绩构成	考核项目	考核依据与方法	占总评成绩的比重	关联课程目标
平时成绩	课程思政实践	基于每个口译主题，如保护环境。通过课外文献查阅、课堂展示、课堂小组讨论等多种形式，考查学生对相关主题的了解情况以及核心价值观状况	5%	课程目标 3
	出勤	每次课堂考勤，占比 10%	至少包含 3 项，共计占比 5%	课程目标 1
	课堂互动	根据课堂互动参与情况、系统自动计分，占比 40%		课程目标 1 课程目标 2
	小组汇报	根据小组汇报的质量，按百分制评分，占比 50%		课程目标 1 课程目标 2 课程目标 3
在线视频学习成绩	视频学习次数	根据学生视频学习的次数，平台自动计算出平均成绩占比 20%	至少包含 2 项，共计占比 10%	课程目标 1
	在线视频学习时长	根据学生在线视频学习的时长，平台自动计算出平均成绩，占比 80%		课程目标 1 课程目标 2
线上互动	线上讨论次数	根据学生在线讨论的次数，平台自动计分，占比 20%	至少包含 2 项，共计占比 10%	课程目标 1 课程目标 2
	线上抢答次数	根据学生线上抢答的次数，平台自动计分，占比 80%		课程目标 1 课程目标 2
章节测试成绩	章节测试完成度	根据学生在线配套练习完成度，平台自动计分，占比 20%	至少包含 2 项，共计占比 20%	课程目标 1 课程目标 2
	章节测试完成质量	根据学生配套练习完成的正确度，平台自动计分，占比 80%		课程目标 1 课程目标 2
期末考试	闭卷考试	考试成绩	共计占比 50%	课程目标 1 课程目标 2
总评成绩		平时成绩 10%＋自主学习成绩 20%＋口语成绩 20%＋期末成绩 50%	100%	

七、课程目标达成度评价

在课程结束后，需要对课程目标（含思政课程目标）进行达成度的定量评价，用以实现课程的持续改进。

课程目标达成度评价参照《湖南理工学院人才培养目标达成度评价实施方案》执行：

1. 使用教学活动（如课程思政实践、课后作业、课堂练习、单元测验、实验验收、演讲、课堂讨论、互动、阅读报告、大作业等）成绩和期末考试部分题目得分率作为评价项目，来对某个课程目标进行达成度的定量评价；

2. 为保证考核的全面性和可靠性，每一个课程目标的评价考核项目不少于两种；

3. 根据施教情况，各课程目标的评价项目分值应与课程分目标的权重大体一致；

4. 对某一个课程目标有支撑的各评价项目权重之和为 1；

5. 使用所有学生（含不及格）的平均成绩进行课程目标达成度评价。

八、教学资源

附表 5　课程内容学时分配与支撑课程目标

类别	名称	作者	出版单位	出版时间
教材	《英汉口译教程》（第二版）	杨柳燕 苏　伟	上海外语教育出版社	2014 年
	联络陪同口译	黄　敏	北京：时代出版传媒股份有限公司	2011 年
参考文献	口译教程	雷天放	上海：上海教育出版社	2013 年
	新编商务英语口译	黄　敏	北京：高等教育出版社	2008 年
慕课资源	口译	吴　静	湖南理工学院超星平台	2020 年

附录 2　基于混合式学习的《经贸英语口译》线下教学设计案例

Teaching Material 教学素材		Lecture 8：口译笔记法简介	
教学目标	Knowledge Objectives 知识目标	Students are able to： Learn the characteristics，functions，and principles of note－taking in interpreting 了解口译速记的特点、功能和原则 Learn how to take notes and read notes 了解如何记笔记和阅读笔记	
	Ability Objectives 能力目标	Students are able to： Differentiate the interpreting notes，lecture notes，short hand and dictation 区别口译速记与课堂笔记、中文速记和听写的不同 Read and take notes 运用口译笔记法阅读笔记和记笔记	
	Ideological Objectives 思政目标	Students are able to： Realize note－taking is the solid foundation of transmitting information for an interpreter 认识到口译笔记是口译员完整传达信息的基础	
教学内容	Teaching content of this chapter 章节教学内容	口译笔记法简介 口译笔记——汉译英（1） 口译笔记——汉译英（2） 口译笔记——英译汉（1） 口译笔记——英译汉（2）	
	Teaching content of this lecture 教学内容	为什么记？ 记什么？ 怎么记？ 如何阅读笔记？ 汉英口译笔记 英汉口译笔记	

续表

教学重难点	Focal Point 教学重点	What notes to take? 记什么？ How to take notes? 怎么记？	
	Difficult Point 教学难点	How to take notes? 怎么记？	
	Analysis of students 学情分析	Seniors majoring in E－C/C－E translation 英语专业翻译方向四年级学生	
	Teaching Ideas 教学理念	Student－centered learning 以学生为中心 Whole－person Education Principle 全人教育理念 Problem－based learning 基于问题的学习	
	Teaching Methods 教学方法	Video presentation 视频呈现法 Task－based teaching 任务型教学法 Question－based teaching 基于问题的教学法	

教学设计		
教学意图	教学内容	教学方法
口译能力的培养心理素质的培养以小组合作的方式做课前的口译热身，以使学生快速进入口译课堂的紧张状态，并培养学生口译综合素质，同时也培养学生的小组合作能力等	Off－line activities 线下课堂活动（5～8 分钟） Warming－up for the interpreting class 口译课前热身 The class is divided into 6－8 groups, each of which has 3－4 students. One group will finish an interpreting task at the beginning of class. Each member of the group will act his or her own role in the interpreting task and after the task, the other students will give some comments and their opinions	小组合作学习法：学生相互合作，共同完成口译任务
课前： 通过视频播放，锁定本堂课教学重点	Step Ⅰ. Lead－in 课堂导入 （2 分钟） The teacher tells students the teaching focus of this class by presenting ashor clip of vido of the interpreting task.	视频呈现法：获取课堂教学重点

| 课中：
（1）通过对口译笔记法的基本介绍，使学生对教学内容做到完整了解，为下一步实战练习打好基础 | Step Ⅱ. Analysis to difficult points（重点内容的讲析）
（12 分钟）
1. 记什么：关键词、记录的顺序；
2. 怎么记：工具，什么时候开始记，用什么语言记录，口译笔记六大要点。
3. 阅读笔记
笔记六大要点：
少写多划、少字多意、少线多指、少横多竖、快速书写、明确结束
如何阅读笔记：
3 秒后必须发言
gap filling；如那么。
眼神和手势与观众交流。
 | 基于问题的教学：根据学生对口译笔记法的困惑点，教师讲解记笔记和读笔记的具体方法 |
| 课中：
（2）记笔记：通过小组活动让学生进行笔记实践，以此来巩固学生对重点知识的掌握，并培养其记笔记的实践能力
（3）读笔记：要求学生记完笔记后，根据自己的笔记读出原文，并和学生们一起探讨笔记实践中所遇到的困难 | Step Ⅲ. Practice 笔记实践（10 分钟）
1. Teacher reads 4 short paragraphs and students take notes；
2. Ss read the notes.
Example 2
中国周边地区经济都得到发展，我们认为是很好的事。中国一直希望全世界人民都得到发展、繁荣、和平。如果地区间经济差距太大，世界就不会安定。所以，对东盟国家的发展和现代化，我们持高兴态度。从经济角度看，周边国家经济发展水平提高了，互相进口货物的能力也会提高，对我们本身的经济也有促进作用。所以说竞争不是坏事。
Reference Note
周　经↗我　认　好
chi 世人，发，Pros，和
if 差＞∽，世 X 定
Asean 发，现 h，我，高
经角，周经，互←↗
对我经促
∴竞 X 坏 | 任务驱动法：通过笔记实践可以活跃学生思维，积极训练笔记法的实践能力 |

续表

（4）拓展运用：该环节的口译材料主题巧妙地融入了思政内容。该项任务旨在培养学生的记笔记能力、读笔记能力和口译能力	Extension（拓展环节） Step Ⅳ. Interpreting practice 口译实践（10 分钟） Ss act in groups to practiceinterpreting with the help of notes； Teacher evaluates students' practice from the following aspects：fluency, eye contact, form of notes, logic in notes.	小组合作学习法：学生相互合作共同完成口译任务。
课中：梳理本堂课主线，回顾、总结和评价学习情况	Summary：（2 分钟）	讲授法
课后 （1）练习材料与课程思政相结合，让学生学会用笔记法来完成任务，并提交超星平台。 （2）参与"一日一练"线上实践活动	Assignment：（1 分钟） 1. Studentsare asked to take notes according to the audio clip on the topic of "Red history proves impetus for the future" and forward their notes to Chaoxing APP. 2. Participate in the interpreting practice online each day.	讲授法
教学反思（Teaching Reflection）		
教学实施	To make the class more effective：knowledge learning, teaching focus 课堂教学更有效：学生学习知识和教师教学重点突出 To improve students' learning efficiency by self-constructing knowledge 通过线上＋线下相结合的混合式教学方式，提升了学生学习效率，有助于其自我知识的构建 To change the knowledge-teaching class into ability-improving class 课堂重心从以传授知识为主转变为以对学生能力的培养为主	

教学效果	确保了学生的发展：截至 2020 年，学生在"海峡两岸"英语口译大赛、"全国口译大赛""湖南省英语同声传译大赛""湖南省外事笔译大赛""中国视频译制大赛""互联网＋大学生创新创业大赛""大学生研究性学习和创新性实验计划项目"等竞赛中获得各级各类奖励 40 余项；通过人事部全国翻译专业资格（水平）考试（全国最权威同时也是最难的翻译等级考试）人数 12 人；获得省市校级项目立项 13 项等。 确保了教师的发展：2018 年基于口译课程教学与改革的《信息融合，协同实践，多元评价—语言服务人才培养模式创新与实践》获湖南理工学院教学成果奖一等奖。本课程团队成员主持省部级课题相关 22 项，出版专著 2 部，在《中国翻译》《外国语言文学》《外语学刊》《外语教学与研究》等 CSSCI 源刊 5 篇，发表相关教学改革研究论文 17 篇；获省大学外语专业委员会年会论文和湖南省教育规划各类奖项 14 项

附录 3　混合式学习下的教学设计案例

Teaching Material 教学素材	Unit 9 Persuasive Speech 第九单元　劝说性演讲 Lecture 2：Methods of Persuasion 劝说的方法		时长：45 分钟
教 学 目 标	Knowledge Objectives 知识目标	Students are able to： Know the importance of persuasion. 了解劝说的重要性。 Master the methods of persuasion—Aristotle's rhetorical triangle. 掌握劝说的方法（亚里士多德的三角论）。	
	Ability Objectives 能力目标	Students are able to： Do case—analysis according to Aristotle's rhetorical triangle. 依据修辞三角论进行案例分析。 Deliver persuasive speech with the methods of persuasion. 运用劝说的方法进行劝说性演讲。	
	Ideological Objectives 思政目标	Students are able to： Spread and carry forward positive thoughts with the method of persuasion. 运用劝说的方法去传播和弘扬乐观向上的思想。 Realize integrity and credibility is the solid foundation of persuasion. 认识到诚信和可靠性是劝说的基础。	

续表

教学内容	Teaching content of this chapter 章节教学内容	1.Definition of Persuasion　　3.Types of Persuasive speeches 2.Methods of Persuasion　　4.Organization of Persuasive speeches
	Teaching content of this lecture 教学内容	01 The importance of persuasion　　02 Aristotle's rhetorical triangle 03 Case analysis　　04 Assignments
教学重难点	Focal Point 教学重点	Methods of persuasion—Aristotle's rhetorical triangle. 劝说的方法——亚里士多德修辞三角论。
	Difficult Point 教学难点	How to do case—analysis with the triangle. 如何使用修辞三角论进行劝说案例分析。 How to APPly the triangle theory in the persuasive speeches. 如何运用三角论来进行劝说性演讲。
	Analysis of students 学情分析	Sophomores. 大二学生。 English majors and non—English majors. 非英语专业学生。
	Teaching Ideas 教学理念	Student—centered learning 以学生为中心 Whole—person Education Principle 全人教育理念 Problem—based learning 基于问题的学习
	Teaching Methods 教学方法	Blended learning 混合式教学法 Task—based teaching 任务型教学法 Project—based teaching 基于项目的教学法
	Questionnaire Survey 线上课程学习难度调查	To get the teaching focus through questionnaire survey：Aristotle's rhetorical triangle.

教学设计		
教学意图	教学内容	教学方法
信息素养能力的培养 关注国内外形势的习惯养成 以小组合作的方式播报最新国内外新闻，培养学生遴选信息、组合信息的能力，同时也培养学生的家国情怀、国际视野、独立思考能力等	Off—line activities 线下课堂活动（5～8分钟） News report 新闻播报 The class is divided into 6—8 groups, each of which has 3—4 students. One group will give a news report at the beginning of class to introduce 3—4 latest news. Each reporter will explain what has hAPPened, the social comments and their opinions. After the presentation, the reporters will answer the questions raised by the class. 	小组合作学习法：学生相互合作共同完成信息遴选、PPT制作、新闻播报和问题回答等任务。
课堂导入 展示课前线上问卷调查结果，锁定本堂课教学重点	Lead—in 课堂导入（2分钟） The teacher tells students the teaching focus of this class by presenting the results of the questionnaire survey.	问卷调查法：获取课堂教学重点。
课前： （1）通过对学生进行课前测试，再次检测学生对教学重点的具体掌握情况。一方面起到监督线上学习的作用，另一方面又能为线下课堂教学提供指导性方向 （2）以此来确定课堂教学面授的重点难点知识	Evaluation of Pre—class Online Learning Step I. Quiz for on—line learning 线上学习检测（5分钟） The students finish the Test on the cell—phone. Step II. Analysis to difficult points（重点内容的讲析）（5分钟） 1. The method of persuasion 2. Aristotle's rhetorical triangle：ethos，logos and pathos.	基于问题的教学：根据学生线上学习测试的结果，教师讲解错误较多的难点题目、总结线上学习情况。

课中： （1）劝说实践热身：通过小组活动让学生进行"劝说"实践——"Borrow me 200 yuan，please！"来巩固学生对重点知识的掌握，并培养其沟通能力、劝说能力、思辨能力等 （2）劝说演讲的分析：学生完成了该活动后，教师运用"三角论"对学生的演讲内容进行个案分析，并和学生们一起探讨如何运用"三角论"对学生的论点进行修改以达到成果劝说的目的 （3）拓展运用：该环节的演讲主题巧妙地融入了思政内容。线上演讲的主题是"绿水青山就是金山银山"。该环节要求学生运用亚里士多德的修辞三角论具体分析该演讲是如何达到劝说的效果的。该项任务旨在培养学生的思辨能力、分析能力、演讲能力和舞台表现力	Classroom teaching 线下课堂教学 Step Ⅲ. Group work 小组活动（10 分钟） 1. To persuade your group members to lend you 200 yuan? 2. To evaluate group members' effectiveness of persuasion. Tips： ethos：credibility； pathos：evidence and reasoning pathos：emotional APPeal Extension（拓展环节） Step Ⅳ. Presentation 个人呈现（10 分钟） Please make a 2－minute speech to present your analysis of the persuasive speech onlineaccording to Aristotle's rhetorical triangle； Others should evaluate your presentation from the following aspects：fluency，reasonable，logical，language（accurate）. Invite 2students to come to stage to present it； Teacher's feedback.	任务驱动法：通过这种小组活动可以活跃学生思维、产生交流欲望，积极训练"劝说"实践能力。

续表

课中： 梳理本堂课主线，回顾、总结和评价学习情况	Summary：（3分钟） Definition/methods/reasoning of persuasion — Types of persuasive speech — Organization of persuasive speech — Online Discussion Persuasive Speech Pre-class Evaluation — Classroom Teaching — Extension **Online** ➡ **Offline** **Blended Learning**	讲授法
课后 （1）与课程思政相结合，让学生学会用公众演讲的方式来传播正能量。完成说服性演讲稿的撰写并提交超星平台 （2）参与"一日一话题"线上讨论活动	Assignment：（2分钟） 1. Studentsare asked to write a speech draft on the topic of "A lazy youth, a lousy old." and forward it to Chaoxing APP. 2. Participate in the online discussion. 3. Study the Unit 10 through the online course. 3. Get ready for the news report.	讲授法

教学反思（Teaching Reflection）	
教学实施	To make the class is more effective：knowledge learning，teaching focus； 课堂教学更有效：学生学习知识和教师教学重点突出； To improve students' learning efficiency by self－constructing knowledge； 通过线上＋线下相结合的混合式教学方式，提升了学生学习效率，有助于其自我知识的构建； To change the knowledge－teaching class into ability－improving class. 课堂重心从以传授知识为主转变为以对学生能力的培养为主。
教学效果	Course development：Excellent Online Course and Excellent Blended Course in Hunan Province. 确保了课程的发展，本课程被认定为湖南省精品在线开放课程和湖南省混合式一流本科课程。 Students' development：more than 60 provincial academic prizes in recent 3 years. 确保了学生的发展：参与课程学习的学生近三年来获得了60余项各类口译竞赛奖项。

附录 4　调查问卷

亲爱的同学们，感谢你参与本次调查问卷！信息化时代背景下，将多功能的信息化手段和多元的数字资源与立体化的课堂教学相融合，可培养具有专业素养、思辨能力和探究精神的口译应用型人才，填补国家口译人才的缺口。

本问卷旨在了解你目前的口译课程学习状态和你对混合式学习的评价与看法，你的回答有助于学校了解你真实的学习需求和想法，以便为同学们创造更好的学习条件。请把你的答案写在括号中，感谢你的合作！

1. 你的性别（　　）。

A. 男　　　　　　　　　　B. 女

2. 如果你在学习上遇到困难或问题，一般会采用哪种方式寻求解决？
（　　）

A. 请教老师和同学　　　　B. 图书馆查阅资料

C. 上网查询　　　　　　　D. 自己思索

3. 你的网龄有（　　）。

A. 1 年以内　　　　　　　B. 1～3 年

C. 3～5 年　　　　　　　　D. 5～8 年

E. 8 年以上

4. 你平均每天上网的时长是（　　）。

A. 1～3 小时　　　　　　　B. 3～5 小时

C. 5～8 小时　　　　　　　D. 8～12 小时

5. 根据以往的经验，你上网学习的时间所占比重有多少？（　　）

A. 非常多（50％以上）　　B. 比较多（30％～50％）

C. 一般水平（20％～30％）　D. 较少（10％～20％）

E. 很少（10％以下）

6. 你上网的主要场所是（　　）。

A. 寝室   B. 教室、图书馆、自习室等

C. 学校机房   D. 网吧

E. 其他

7. 你上网的最主要目的是（   ）。

A. 查找学习资料   B. 发送电子邮件

C. 购物、娱乐与游戏   D. 聊天

E. 其他

8. 你最喜欢的网上交流方式是（   ）。

A. QQ 和微信   B. 电子邮件

C. 视频或直播平台   D. 论坛

E. 其他

9. 你使用过哪些网上学习资源进行口译学习？（   ）

A. 课程网站（MOOC）   B. 搜索引擎

C. 专业数据库

10. 你选择在网上进行口译学习的原因是（   ）。

A. 学习资源丰富   B. 学习效率高

C. 受同学的影响   D. 感觉有兴趣

F. 比传统的课堂学习更有趣

11. 你了解混合式学习吗？（   ）

A. 非常了解   B. 了解

C. 听说过一点   D. 不知道

12. 你访问过以下哪些网站进行线上口译学习？（   ）

A. 学堂在线   B. 中国大学 MOOC

C. 尔雅   D. MOOC 学院

E. 其他

13. 你认为混合式学习能够对你的口译课程学习有帮助吗？（   ）

A. 肯定有   B. 有

C. 看情况   D. 一般不会有

E. 肯定没有

14. 如果条件允许，你是否会通过混合式学习方式进行口译课程的学习？

（　　）

    A. 肯定会　　　　　　　　　　B. 会

    C. 看情况　　　　　　　　　　D. 一般不会

    E. 肯定不会

15. 如果学校或老师让你用混合式学习方式来完成一门课程的学习，你会怎么做？（　　　）

    A. 非常积极　　　　　　　　　B. 比较积极

    C. 一般　　　　　　　　　　　D. 比较消极

    E. 非常消极

16. 对于口译课程，你希望老师以混合式学习方式教授吗？（　　　）

    A. 肯定需要　　　　　　　　　B. 需要

    C. 一般　　　　　　　　　　　D. 不需要

    E. 肯定不需要

19. 你认为最理想的线上学习资源是（　　　）。

    A. 拓展视野的学习资源　　　　B. 考研辅导资料

    C. 口译课程的辅导资料　　　　D. 其他学校的优质学习资源

    E. 课程教案或讲义

20. 你认为影响混合式学习效果的主要因素有（　　　）。

    A. 线上课程的有用性　　　　　B. 线上课程的易用性

    C. 学习氛围　　　　　　　　　D. 交互行为

    E. 学习背景

21. 你认为在大学生混合式学习方式下影响口译课程学习成绩的负面因素有（　　　）。

    A. 无专业的混合式学习平台或网站　B. 无符合专业课程的线上学习资源

    C. 缺乏线上平台的操作技能　　D. 网上干扰信息过多

22. 你是否认为基于混合式学习的口译课程学习能提升综合能力与素质？

（　　）

    A. 非常同意　　　　　　　　　B. 比较同意

    C. 不同意　　　　　　　　　　D. 非常不同意

23. 你是否认为基于混合式学习的口译课程学习有助于自身的价值塑造？

(　　)

    A. 非常同意　　　　　　　　B. 比较同意

    C. 不同意　　　　　　　　　D. 非常不同意

24. 你是否认为基于混合式学习的口译课程学习有助于培养自身的能力?

(　　)

    A. 非常同意　　　　　　　　B. 比较同意

    C. 不同意　　　　　　　　　D. 非常不同意

25. 你是否认为基于混合式学习的口译课程学习有助于对知识的理解?

(　　)

    A. 非常同意　　　　　　　　B. 比较同意

    C. 不同意　　　　　　　　　D. 非常不同意

26. 你是否希望混合式学习方式能够完全取代常规课堂学习?(　　)

    A. 非常希望　　　　　　　　B. 比较希望

    C. 有一点　　　　　　　　　D. 不希望

    E. 非常不希望

27. 在混合式学习中,你是否经常和同学讨论问题?(　　)

    A. 经常讨论　　　　　　　　B. 有时讨论

    C. 很少讨论　　　　　　　　D. 从不讨论

    E. 没考虑过

29. 你认为口译课程学习中,哪种考核方式更能激发你的学习动机?

(　　)

    A. 线上考试　　　　　　　　B. 线下个人独立完成的课程作业

    C. 线上与线下相结合的小组合作课程作业

30. 在大学期间,你希望混合式学习能帮助你完成以下哪些活动?(　　)

    A. 专业必修课　　　　　　　B. 考研

    C. 在本专业要求之外的课程学习　　D. 在本专业要求之外的语言学习

    E. 参加竞赛或专业技术等级考试

31. 请写下你对《基于混合式学习的口译课程》的建议:

学生感受

1. 与其他课程相比,在这门混合式课程中你与其他学生的互动量增加了。

（　　）

    A．非常同意　　　　　　　　B．比较同意

    C．不同意　　　　　　　　　D．非常不同意

    2．与其他课程相比，在这门混合式课程中你与其他学生的互动质量提高了。（　　）

    A．非常同意　　　　　　　　B．比较同意

    C．不同意　　　　　　　　　D．非常不同意

    3．与其他课程相比，在这门混合式课程中你与教师的互动量增加了。

（　　）

    A．非常同意　　　　　　　　B．比较同意

    C．不同意　　　　　　　　　D．非常不同意

    4．与其他课程相比，在这门混合式课程中你与教师的互动质量提高了。

（　　）

    A．非常同意　　　　　　　　B．比较同意

    C．不同意　　　　　　　　　D．非常不同意

    5．这门混合式课程足够明确，资源充足，其预期也是确定的。（　　）

    A．非常同意　　　　　　　　B．比较同意

    C．不同意　　　　　　　　　D．非常不同意

附录 5   学生访谈提纲

1. 你认为大学口译课程中开展混合式学习的目的是什么？

2. 你认为本校口译课程中开展的混合式学习是否到位？

3. 你认为采取混合式学习对口译课程的成绩提高有帮助吗？

4. 你会在今后的英语课程（不仅限于口译课程）学习中使用混合式学习方式吗？

5. 你认为本校基于混合式学习的口译课程存在哪些问题？

6. 你对开展基于混合式学习的口译课程有何建议？